人事マネジメントの理論と実践

人的資源管理入門

村上良三 著

学文社

はしがき

　本書のねらいは「人事」マネジメントの基本原則とこれからのあり方について，出来る限り網羅した教科書として読者に提供することでである．読者としては現在人事に携わっている実務家の皆さんはもとより，人的資源管理論など経営人事の領域を学ぶ学生諸君に対して「人事マネジメント」の理論とその実践的な方法を考えるためのヒントとなる事を目指している．

　今日，激変する環境変化に対して如何に適切に対応していくかが企業経営に携わっている人々の課題である．このような産業界からの要請に応えるべくマネジメントの研究者はこれまで数多くの理論や具体的な方法を世に送りだしてきた．その内容はP. F. ドラッカーのように経営分野に哲学的な示唆を与え続けている人から，F. W. テイラーをはじめ多くの先駆的な人々が，具体的かつ実務的な経営技術，方法論を提供し，その時代を乗り切り経営の革新と進歩に貢献してきた．

　人事管理の領域に関しても同様に企業経営の実務的な課題に対して，これまで多くの研究者，実務家の努力によりさまざまな理論や方法が生み出されてきた．

　いわゆる人事のマネジメントは，これまで企業経営にとって重要な一領域としてその機能，役割，具体的な施策・手続き等について産業界に貢献してきたと言えよう．

　人事管理はこれまで時代の要請により「労務管理」から「人事管理」，さらに「人事労務管理」へと発展し，80年代に入り「人的資源管理」として新たな展開がなされてきた．

　本書では，これまでの労務管理論，人事管理論を総括し，人的資源管理論の観点からマネジメントにおける人事マネジメントの特質を整理したものである．人事担当の方から経営を担う実務家，並びに経営学関係を学ぶ学生・研究者の

i

皆さんが,「ヒト」のマネジメントに関して,時代がどのように変わろうとも,大切にしなければならない基本原則や継承されなければならない基本的な考え方について網羅したつもりである.これらを踏まえて,さらに新しい観点に立って「人的資源管理論」が目指す基本的な理念や新たなアプローチについて,提案を試みた.

　なお本書をまとめるに当たっては,筆者がこれまでに参加した数多くの国際学会や国内の学界の諸先輩方のご指導,ご鞭撻をいただいた.もともとフィールド主義を大切に40年以上前から労働と経営についての実践研究を続けてきた筆者は,遅れて学界活動に参加することとなったにも拘わらず,暖かく交流をして頂いた学会の諸先生方,とりわけ日本労務学会,日本経営学会,日本経営教育学会の皆様にはお一人ずつお名前をあげられないが,心から感謝申し上げる次第である.

　本書が,これまで時を忘れ議論を重ねてきた多くの企業家,人事担当の皆さん,また多くの国内外のプロジェクトにお誘い頂いた研究者の皆様との出会いがなければ本書はなかったであろう.

　すでに物故された恩師,先生方には遅ればせながら本書を捧げる次第である.

　また,本書の出版に際し企画から5年以上の月日が経過してしまったが,辛抱強く待ち続け,折に触れての心暖かい督励がなければ本書は日の目を見なかったであろう.学文社田中社長には深甚の謝意を表する.

2005年5月

　　　　　　　　　　　　　　　　　　　　　　　　　村上　良三

本書は，これまで筆者が書き下ろした以下の原著をもとに新たに加筆，再構成したものである．当時の共同執筆者，出版関係社には付して感謝申し上げる．

　　・『労務管理の要点』（評言社），・『労務管理』（創研社），・『職務分析の日本的展開』（東京布井出版），・『人事考課ハンドブック』（法令総合出版），・『人材活用フォーマット』（法令総合出版），・『労働の人間化の新展開』（第8章　総合労働研究所），・『人材開発』（産能大学），・『人事労務管理』（産能大学），・『人事情報システム』（産能大学）

目　次

はしがき

第1章　人的資源管理とは何か ― 1
はじめに（*2*）

1．人事労務管理の視点　2
1.人事労務管理の概念（*2*）／2.人事労務管理の対象（*3*）／3.人事労務管理の領域（*4*）／4.人事労務管理の目標（*4*）／5.人事労務管理の性格（*4*）

2．人事労務管理の体系　5
1.理念系（*5*）／2.内容体系（*7*）

3．日本の人事労務管理　9
1.形成基盤（その思想的背景）（*9*）／2.日本企業における人事労務管理の特質（*10*）／3.具体的施策の特徴（*11*）／4.日本における人事労務管理の発展（略年譜）（*13*）

4．人的資源管理への期待　20
1.見直し迫られる日本的な人事労務慣行（*20*）／2.新しい人事労務管理の確立に向けて（*20*）・まとめ（*26*）

■研究課題・力だめし　27

第2章　人的資源管理の形成過程 ― 29
はじめに（*30*）

1．萌芽　30
1.「成行管理」の時期（*30*）／2.「科学的管理」の時期（*31*）／3.福利厚生運動（*32*）／4.萌芽期におけるその他の成果（*33*）

2．労務管理の形成　34
1.背景（*34*）／2.ティードの労務管理論（*34*）／3.スコットの労務管理論（*35*）

3．人事労務管理の確立　36

1. 系譜（36）／2. ヨーダーの労務管理論（36）／3. メイヨーの人間関係論（38）／4. ピコーズ，マイヤーズの人事管理論（41）

　4．行動科学的展開 　　　　　　　　　　　　　　　　　　　　43
　　1. 背景（43）／2. 方法論（44）／3. 具体的内容（44）／4. 代表的理論と応用例（45） ・まとめ（49）

　　■研究課題・理解度テスト・力だめし　　　　　　　　　　　51

第3章　人的資源管理の展開 ─────────────── 53

はじめに（54）

　1．総合的展開 　　　　　　　　　　　　　　　　　　　　　54
　2．「労働の人間化」の展開 　　　　　　　　　　　　　　　　55
　　1. 理念（55）／2. アプローチ方法（55）／3.「労働の人間化」マクロ・アプローチ（55）／4.「労働の人間化」の内容（58）／5.「労働の人間化」ミクロ・アプローチ（58）／6.1980年代以降の課題と展開（61）
　3．「人的資源管理」（HRM） 　　　　　　　　　　　　　　　62
　　1. 人的資源管理の背景（62）／2.「ヒューマン・リソース」（人的資源）のとらえ方（62）／3. 人的資源管理のとらえ方（63）／4. 人的資源管理に関する見解（64）／5. 人的資源管理の内容（64）／6. 人的資源管理の課題（64）
　4．「人的資源管理」（HRM）の構図 　　　　　　　　　　　　65
　　1.「人的資源管理」の2つの側面（65）／2. マクロ・アプローチに関する研究（65） ・まとめ（69）

　　■研究課題・理解テスト・力だめし　　　　　　　　　　　　70

第4章　雇用管理システム ──────────────── 73

はじめに（74）

　1．雇用管理の意義と方針 　　　　　　　　　　　　　　　　74
　　1. 雇用管理の意義（74）／2. 雇用管理方針（74）／3. 雇用管理方針の設定の背景（75）／4. 日本の雇用管理の特徴（76）
　2．雇用管理の計画 　　　　　　　　　　　　　　　　　　　78

1. 要員計画の立案（*78*）／2. 適正要員の算定（*80*）／3. 適正要員計画の方法（*81*）

　3．人事トータルシステムの考え方と構築　　　　　　　　　　83

　　1. これからの人事トータル・システム（*83*）／2. 人事トータルシステムの構築（*85*）

　4．職能資格制度の考え方と課題　　　　　　　　　　　　　　89

　　1. 職能資格制度の意義と目標（*89*）／2. 職能資格制度の概要（*89*）／3. 制度を生かすには（*94*）・まとめ（*96*）

　■研究課題・力だめし　　　　　　　　　　　　　　　　　　97

第5章　要員管理 ―――――――――――――――――― 99

はじめに（*100*）

　1．人材の確保　　　　　　　　　　　　　　　　　　　　　100

　　1. 採用計画（*100*）

　2．人事異動　　　　　　　　　　　　　　　　　　　　　　108

　　1. 人事異動の目的（*108*）／2. 人事異動の種類（*109*）／3. 効果的な人事異動のポイント（*110*）

　3．昇格・昇進　　　　　　　　　　　　　　　　　　　　　111

　　1.「昇格」の基準と運用（*111*）／2.「昇進」の基準と運用（*114*）／3. 昇進・昇格の今日的課題（*115*）

　4．社内試験制度　　　　　　　　　　　　　　　　　　　　116

　　1. 社内試験制度導入の背景（*116*）／2. 社内試験の目的（*117*）／3. 実施上の留意点（*117*）

　5．個別人事情報　　　　　　　　　　　　　　　　　　　　121

　　1. 個別人事情報の意味（*121*）／2. 個別人事情報の内容（*121*）

　6．退職管理　　　　　　　　　　　　　　　　　　　　　　123

　　1. 退職管理の意義（*123*）／2. 退職面接の方法（*124*）／3. 定年の延長（*125*）

　7．雇用調整　　　　　　　　　　　　　　　　　　　　　　127

1.雇用調整の手順（*128*）／2.雇用調整の留意点（*129*）・まとめ（*130*）
■研究課題・力だめし　　　　　　　　　　　　　　　　　　　131

第6章　人材開発 ——————————————— 133

はじめに（*134*）

１．生涯教育と企業内教育　　　　　　　　　　　　　　134
1.生涯教育の時代（*134*）／2.日本の生涯教育（*135*）／3.生涯教育としての企業内教育（*136*）

２．生涯職業能力開発の推進　　　　　　　　　　　　　137
1.「学習企業」への期待（*137*）／2.事業主による「職業能力開発」実施の奨励（*138*）／3.ホワイトカラーへの「職業能力習得制度」の導入（*138*）／4.わが国初，事務系職務の能力評価基準を策定／厚労省（*140*）

３．企業内における人材開発の意義　　　　　　　　　140
1.企業からの期待（*140*）／2.従業員からの期待（*141*）／3.社会からの期待（*141*）

４．人材開発の機能　　　　　　　　　　　　　　　　141
1.企業の事業活動推進への援助機能（*142*）／2.企業のしくみの維持・発展への援助機能（*142*）／3.企業目標達成への援助機能（*142*）／4.よき企業風土，文化の形成への援助機能（*143*）

５．人材開発の発展過程　　　　　　　　　　　　　　143
1.新入社員教育の開始（*144*）／2.CCS講座の実施（*144*）／3.TWIの導入（*145*）／4.MTPの展開（*146*）／5.JSTの開発（*147*）／6.品質管理教育の実践（*147*）／7.その他の教育訓練（*148*）

６．企業内教育の日本的展開　　　　　　　　　　　　148
1.教育訓練活動の体系化（*149*）／2.現場監督者教育の重視（*150*）／3.教育機会，コースの多様化（*150*）／4.教育方法の変化（*151*）／5.OJTの発展（*151*）／6.小集団活動の展開（*152*）／7.組織開発活動の導入（*153*）

７．低成長期の企業戦略としての企業内教育　　　　154
1.CDP（*155*）／2.ヒューマン・アセスメント（*156*）

８．人材開発システムの構築　　　　　　　　　　　　157

1. 人材開発システムの意義（*157*）／2. 人材開発システム構築の考え方（*159*）／3. 人材開発システム構築の手順（*160*）／4. 人材開発システムの総合化（*161*）・まとめ（*165*）

　■ 研究課題・力だめし　　　　　　　　　　　　　　　　　166

第7章　人材開発の方法 ―――――――――――――― 167

はじめに（*168*）

1．集合教育　　　　　　　　　　　　　　　　　　　　　168

1. 特徴（*168*）／2. 集合教育実施上のポイント（*169*）／3. 教材の準備（*170*）／4. 資材・機材の準備（*171*）／5. 会場の手配と事前点検（*172*）

2．ジョブ・ローテーション　　　　　　　　　　　　　　174

1. 特徴（*174*）／2. ジョブ・ローテーション導入のポイント（*175*）／3. ジョブ・ローテーションの実態（*176*）／4. ジョブ・ローテーションの位置づけ（*176*）／5. ジョブ・ローテーションの具体的手順（*177*）／6. ジョブ・ローテーション制度を補完する諸制度（*183*）

3．キャリア・ディベロップメント　　　　　　　　　　　185

1. キャリア・ディベロップメントの考え方（*185*）／2. キャリア・ディベロップメントの特徴（*185*）／3. キャリア・ディベロップメント・プログラムの展開方法（*188*）

4．自己啓発／セルフ・ディベロップメント（SD）　　　　189

1. 特徴（*189*）／2. 自己啓発（SD）システム導入の留意点（*190*）

5．職場の活性化活動　　　　　　　　　　　　　　　　　191

1. 特徴（*191*）／2. 職場の活性化活動のポイント（*192*）／3. 職場の活性化活動の導入（*193*）／4. 問題の意識化と共有化（*194*）／5. 問題の明確化と目標の設定（*197*）／6. 問題解決への取り組み（*199*）／7. 実施と定着（*200*）／8. 職場の活性化活動の形態（*201*）

6．OJT　　　　　　　　　　　　　　　　　　　　　　　203

1. 特徴（*203*）／2. OJTの考え方（*204*）／3. OJTの特徴（*205*）／4. 展開のポイント（*206*）／5. OJT展開上の留意点（*208*）／6. OJTの展開手順（*210*）／7. 指導目標の設定（*210*）／8. OJTの実施活動（*213*）／9. 成果の把握（*214*）／10. 成果把握上の留意点（*217*）／11. OJTの導入上のチェッ

クポイント（218）／12.OJT 実施上の課題（218）　・まとめ（220）

　　■研究課題・力だめし　　　　　　　　　　　　　　　　　　　221

第8章　人事評価 ——————————————————— 223
　はじめに（224）
　1．「人事評価」の考え方と展開　　　　　　　　　　　　　　224
　　1.人事評価の重要性（224）／2.人事評価システムに対する期待（226）
　2．人事評価システムと人事考課　　　　　　　　　　　　　　227
　　1.人事考課の仕組み（227）／2.人事評価の具体的内容（231）
　3．人事考課の具体的設計　　　　　　　　　　　　　　　　　234
　4．業績評価の考え方と進め方　　　　　　　　　　　　　　　236
　　1.業績評価の考え方（236）／2.業績評価の進め方（238）／3.業績評価の
　　留意点（238）
　5．能力考課の考え方と進め方　　　　　　　　　　　　　　　239
　　1.能力考課の対象（239）／2.能力考課の進め方（239）／3.能力考課の留
　　意点（239）
　6．人事考課のフィード・バックとフォロー　　　　　　　　　241
　　1.フォロー計画の構想（シナリオ）作成（241）／2.部下との面接による
　　フィード・バックの実施（244）／3.指導育成目標の検討（244）／4.上司
　　としての援助体制の検討（244）／5.日常の指導育成活動（245）／6.結果
　　の反省と次年度目標の設定（245）
　7．人事考課と管理者　　　　　　　　　　　　　　　　　　　245
　　1.人事考課のステップと管理者の役割（245）／2.人事考課の領域と管理
　　者の任務（249）
　8．人事考課の効果的な運用に向けて　　　　　　　　　　　　251
　　1.整備・点検すべきこと（251）／2.これからの人事評価のあり方（253）
　　・まとめ（255）

　　■研究課題・力だめし　　　　　　　　　　　　　　　　　　　256

第9章　労働時間 ──────────────── 257

はじめに（258）

1．労働時間管理の意義と概念　258

　1.労働時間管理の意義（258）／2.労働時間の概念（259）

2．労働時間管理の原則　260

　1.8時間労働制（260）／2.休日と休暇（260）／3.法定年次有給休暇（261）

3．労働時間管理の例外　261

　1.8時間労働制の変形（261）／2.8時間労働の特例（262）

4．新しい労働時間形態　263

　1.週休2日制（263）／2.交替勤務制（265）／3.フレックス・タイム制（265）／4.ワークシェアリング（266）／5.「みなし労働」時間（267）／6.その他の形態（269）

5．労働時間の短縮　270

　1.労働時間短縮の意義（270）／2.労働時間短縮の基本原理（271）／3.労働時間短縮の進め方（273）　・まとめ（279）

■研究課題・力だめし　280

第10章　賃金管理 ──────────────── 281

はじめに（282）

1．賃金管理の意義　282

　1.賃金の性格（283）／2.賃金管理の目的（283）／3.賃金管理の体系（284）

2．賃金水準の管理　286

　1.賃金水準管理の意義（286）／2.賃金水準決定のための条件（286）／3.総額賃金管理（287）／4.個別賃金額の管理（288）

3．賃金制度の管理　291

　1.賃金形態（291）／2.賃金体系（292）／3.基本給（293）

4．賃金支払原則　294

5．日本の賃金制度　　　　　　　　　　　　　　　297
　1.年功給体系（*297*）／2.職能給体系（*299*）／3.範囲職務給体系（*301*）／4.賞与と退職金（*305*）／5.年俸制賃金（*307*）／6.今後の課題（*309*）
　・まとめ（*310*）

　■研究課題・力だめし　　　　　　　　　　　　311

第11章　福利厚生・安全衛生 ─────── 313

はじめに（*314*）

1．福利厚生の考え方　　　　　　　　　　　　　314
　1.福利厚生の意義（*314*）／2.変化する福利厚生（*315*）

2．日本における福利厚生の特徴　　　　　　　　317

3．福利厚生施策の内容　　　　　　　　　　　　318
　1.日本企業における福利厚生施策（*318*）／2.具体的内容（*319*）

4．今後の展開　　　　　　　　　　　　　　　　320

5．職場の安全衛生　　　　　　　　　　　　　　321
　1.安全衛生管理の意義（*321*）／2.「安全・衛生」管理のとらえ方（*322*）／3.安全衛生管理の内容（*322*）／4.「労働災害」・「職業病」の体系（*323*）／5.「労働災害」のとらえ方（*324*）／6.企業が行う安全対策（*325*）

6．職業病とその対策　　　　　　　　　　　　　325
　1.職業病の定義（*325*）／2.職業病の防止策（*326*）／3.労働安全遵守事項（*326*）

7．職場環境の管理　　　　　　　　　　　　　　329
　1.職場環境のとらえ方（*329*）／2.職場環境管理の内容（*330*）／3.作業環境条件の測定（*335*）

8．労働者の健康増進対策　　　　　　　　　　　336
　・まとめ（*337*）

　■研究課題・力だめし　　　　　　　　　　　　338

第12章　労使関係 ── 339

はじめに（*340*）

1. 労使関係管理の意義　340

　1. 労使関係管理（*340*）／2. 労使関係の理念（*341*）／3. わが国の労使関係の特徴（*341*）／4. 労使関係管理の制度（*343*）

2. 団体交渉と苦情処理　344

　1. 労働組合と団体交渉（*344*）／2. 労働協約（*346*）／3. 争議行為と不当労働行為（*347*）

3. 経営参加制度と労使協議　351

　1. 経営参加制度（*351*）／2. 労使協議（*352*）

4. 今後の課題　356

　・まとめ（*357*）

　■研究課題・力だめし　358

・参考文献　359
・索引　361

第1章

人的資源管理とは何か

―― 〈本章の目標〉 ――

1. マネジメントの発展あるいは企業の成長と人的資源管理の発展とがどのように関連してきたかを理解する．

2. 人的資源管理の形成過程で，その対象領域や方法の重点がどのように変化してきたか，その契機や転機を理解する．

3. 人的資源管理の視点から「マネジメントの諸理論」の成果を正しく評価する．

はじめに

「人的資源管理」とは何か，を理解するために本章ではまずこれまでの「人事労務管理」の基本概念について理解し，その上で今日の「人的資源管理」がどのような特徴を持っているかを学ぶ．

また，日本における人事労務管理の特質についてその発展過程を概観しつつ，人的資源管理の日本的展開の構図を検討する．

1. 人事労務管理の視点

1．人事労務管理の概念

人事労務管理は，経営学の一分野であり，具体的な実務においては経営諸機能のうち"人・ヒト"に関するマネジメント機能を担うものである．

① 人事労務管理とは最小の努力と摩擦および労働者の真の福祉への考慮によって，最大の生産を得ようとして，各組織における人間関係を指導し調整することである．

② あらゆる社会における産業の最終の目的は，人々の欲する財貨の生産，サービスの供給である．この目的を達成するために，この能力が最大の能率を発揮するように保存され，利用されねばならない．これらの機能を完全に行うことが労務管理である（D. ヨーダー[1]）．

欧米では，人事労務管理は次のように表現されている．

・Personnel Management & Labor Relations.
・Personnel Management & Industrial Relations.
・Personnel Administration & Human Resources Management.

2．人事労務管理の対象

いうまでもなく，生きた人間であるが，マネジメントの対象としては，抽象的・一般的な人間ではなく次のような3つの顔をもった人間に分離して考えることになる．

① 企業にとっての**人材**としての人間＝労働力，生産手段としての側面
② 人格をもった，**社会的存在**としての人間＝"個性"としての側面
③ 社会を構成する市民あるいは**賃金労働者**としての人間＝社会人，生活者，労働者としての側面

以上3つの役割を持つ"人間"について，それぞれ独立して，マネジメントしようと試みるのが人事労務管理である．

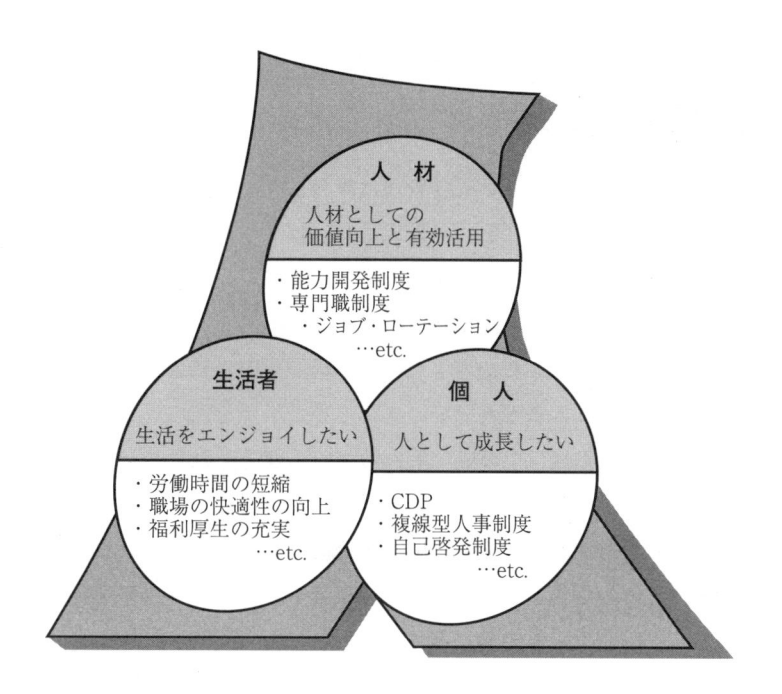

図表1－1　人の構図（人的資源の対象）

人材
人材としての価値向上と有効活用
・能力開発制度
・専門職制度
・ジョブ・ローテーション
…etc.

生活者
生活をエンジョイしたい
・労働時間の短縮
・職場の快適性の向上
・福利厚生の充実
…etc.

個人
人として成長したい
・CDP
・複線型人事制度
・自己啓発制度
…etc.

3．人事労務管理の領域

① 人材管理，または雇用管理，狭義の人事管理と呼ばれる領域
② 人間関係管理，職場におけるコミュニケーション，意欲づけなどの領域
③ 労使関係管理，労働条件に関する基準づくりなどの管理

4．人事労務管理の目標

① 企業目標の達成・業績向上への貢献
② 全従業員の欲求充足・働きがい，満足度の追求
③ 社会からの期待への対応，人々の生活や福祉の向上に貢献する．

〈要点〉
　人事労務管理の目標は，企業の組織目標（社会的貢献を通じての適正利潤の確保）を達成しつつ，従業員の労働生活の向上や福祉の向上を図ることにある．

5．人事労務管理の性格

　以上のような目標をもつ人事労務管理は次のような特性を帯びることになる．
① 近代産業の発展過程において形成され，確立されてきた．
② 企業自身がその社会的使命を達成するために，長期的視点に立って行うマネジメント活動の一分野である．
③ その直接の活動としてめざすものは，経営体内の社会的安定と秩序体系の確立を行いつつ，資源としての人材の有効活用を図ろうとするもの．
④ 具体的な活動領域は，多岐にわたっているが，それぞれが個別断片的でなく，すべてが一連の体系をなした総合施策である．
⑤ 歴史的社会的諸条件の変化に応じて発展し，また規定される性質を持つ．
⑥ さらに具体的な施策としては個々の産業や企業の特性，経営者の理念，姿勢等によっても大きく異なってくるものである．

2. 人事労務管理の体系

人事労務管理の方法論や内容は，次のような体系をなしている．

1. 理念系

A　雇用管理　としての分野＝勤労関係：Industrial Relations
　① 対象：従業員に対する職能としては「生産的側面」を対象とする．
　② 運用場面：従業員の「業務遂行場面」にあてたマネジメント過程である．
　③ 目標：労働生産性の向上である．
　④ 内容：1）作業条件
　　　　　　2）賃金制度
　　　　　　3）雇用関係
　　　　　　4）教育訓練
　　　　　　5）作業組織　などがある．
　⑤ 基礎科学：主として方法科学が基礎となる．
　　　　　　1）作業研究などのIE[(2)]技術
　　　　　　2）人間工学的諸技術
　　　　　　3）労働科学の諸領域
　　　　　　4）環境科学
　　　　　　5）産業心理学，社会学，生理学的方法
　⑥ 論理：底流となる理念・哲学は
　　　　　　1）合理性と経済性の論理である．
　　　　　　2）精緻な科学性が問われる．

B　従業員関係管理　としての分野＝私的，個別的関係：Personnel Relations
　① 対象：人間的側面を対象とし，従業員一人ひとりの感情や意欲面を扱う．
　② 運用場面：職場における人と人とがふれあう接点としての対人場面である．
　③ 目標：コミュニケーションの促進やモラールの向上をめざす．

④ 内容：人間関係管理の諸領域がこれにあたる．
　　　　意思疎通関係，レクリエーション活動，懇親会など
⑤ 基礎科学：社会学，心理学の方法論を駆使し，産業社会学，産業心理学，社会心理学，行動科学，集団力学等の主として人間行動のメカニズムを解明する学問分野
⑥ 論理：底流としてはヒューマニズムの精神であり，個人と集団，私と公，の間における行動の原理としての
　　　　1）統合の論理
　　　　2）調和と調整の論理

C ｜労使関係管理｜ としての分野＝集団労働関係：Labor Relations
　① 対象：社会構成員（社会人・組織人）としての，契約的側面を対象とする．
　② 運用場面：雇用主と被雇用者，経営者と従業員，使用者と労働者間における交渉・折衝場面，時には対立場面であることもある．
　③ 目標：秩序体系の確立，維持，安定と公平さの確立，民主的関係の形成，社会の進歩，発展をめざす．
　④ 内容：契約的事項の決定・改定
　　　　　1）労働時間，賃金制度，福利厚生など労働条件の決定・改定
　　　　　2）経営参加制度，利益分配制度，経営協議会等の労使協調に関する事項
　　　　　3）労働組合，共済組合，社員会等との交渉関係
　⑤ 基礎科学：法学，政治学，経済学，政策科学等を基礎として，労働経済，社会政策，労働法学などの実践応用科学があげられる．
　⑥ 論理：集団を対象とした社会関係における秩序の維持，安定に貢献できるような基準や尺度，ルールを見いだす努力が基本となる．したがって，つねに民主主義，公平，平等，安定といった論理が求められている．

2．内容体系

A　マネジメントプロセス面から
　①　人事の計画：環境の予測，人事政策の企画，要員計画の立案
　②　組織化：仕事，組織の編成，要員配置の決定
　③　目的達成の推進：従業員に対する方向づけ，動機づけ
　④　統制：基準の設定，目標基準との対比・評価

B　人事労務管理機能面から
　①　人材の有効活用
　　1）基礎手続：人事調査・統計（職務調査・分析，人材目録，賃金分布調査
　　　　　　　　など）＝人事情報管理
　　2）労働力の調達，育成，配置：採用，教育・指導＝雇用管理（要員管理），
　　　　　　　　教育訓練管理
　　3）労働力の維持，保全：従業員の安全，衛生，作業条件の整備＝安全管理，
　　　　　　　　衛生管理，作業管理（作業環境，労働条件）など
　　4）労働へのインセンティブ（報酬・刺激）：動機づけ，やりがい，職務配
　　　　　　　　　　　分＝賃金管理，社員制度（資
　　　　　　　　　　　格制度）など
　②　経営秩序の確立・維持
　　1）経営――労働関係の安定化：経営参加，労使協調，職場懇談会，経営協
　　　　　　　　　　議会など＝労使関係管理
　　2）経営――従業員関係の安定化：職場規律の維持，良き職場風土の醸成，
　　　　　　　　　　　レクリエーション，文化活動など
　　　　　　　　　　＝人間関係管理，福利厚生管理
　　3）従業員の安定と生活向上：福祉の充実，生活の保障など＝賃金管理，福
　　　　　　　　　　祉施策

C　人的資源管理面から
　①　人的資源の確保：採用，配置など

② 人材の開発：教育訓練，異動など
③ 人材の活用：労働条件の決定など（労働条件，賃金）
④ 人材の評価：人事考課など

図表１－２　人事労務管理の体系図

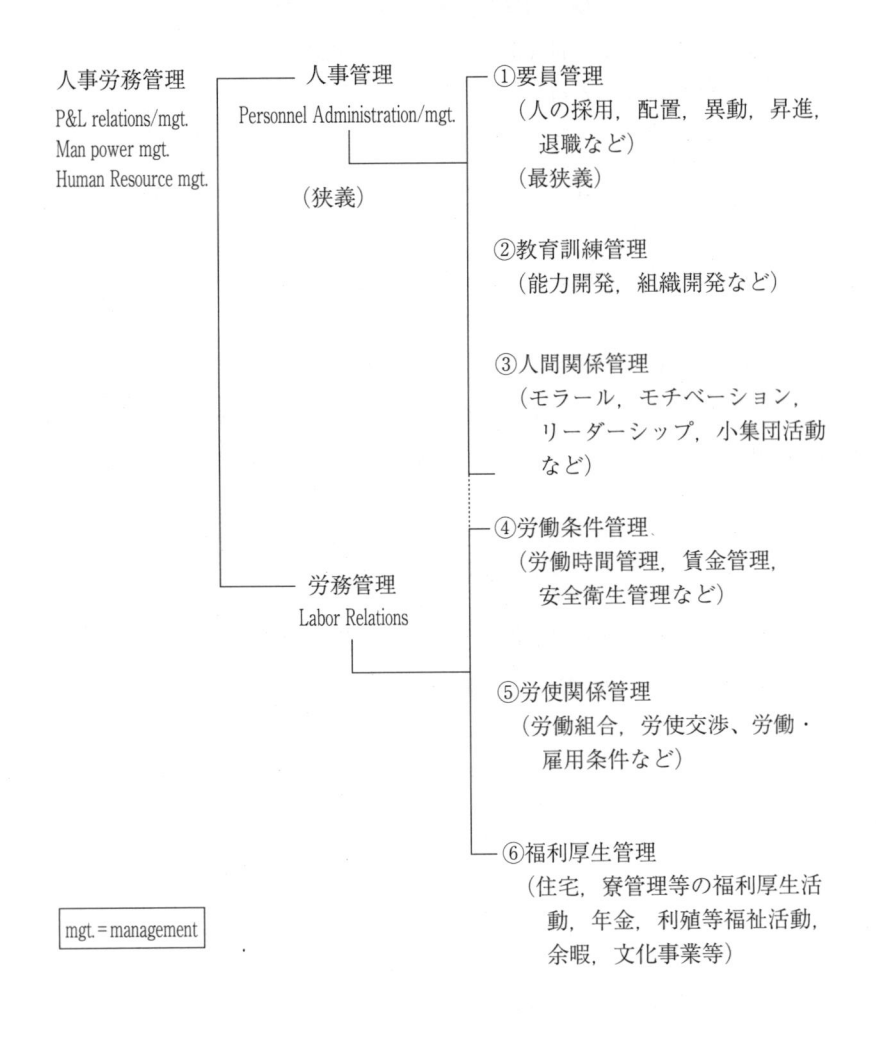

```
人事労務管理 ─┬─ 人事管理              ─┬─ ①要員管理
P&L relations/mgt.   Personnel Administration/mgt.  │   （人の採用，配置，異動，昇進，
Man power mgt.                          │     退職など）
Human Resource mgt.  （狭義）            │   （最狭義）
              │                         │
              │                         ├─ ②教育訓練管理
              │                         │   （能力開発，組織開発など）
              │                         │
              │                         ├─ ③人間関係管理
              │                         │   （モラール，モチベーション，
              │                         │     リーダーシップ，小集団活動
              │                         │     など）
              │                         │
              │                         ├─ ④労働条件管理
              │                         │   （労働時間管理，賃金管理，
              └─ 労務管理               │     安全衛生管理など）
                 Labor Relations        │
                                        ├─ ⑤労使関係管理
                                        │   （労働組合，労使交渉、労働・
                                        │     雇用条件など）
                                        │
                                        └─ ⑥福利厚生管理
                                            （住宅，寮管理等の福利厚生活
                                              動，年金，利殖等福祉活動，
                                              余暇，文化事業等）
```

mgt.＝management

3. 日本の人事労務管理

1. 形成基盤（その思想的背景）

　日本企業の基本理念として次の3点をあげることができる．
(1)　経営家族主義[1]
　血縁にもとづく安定的精神基盤としての家族の思想や働きを，そのまま職場に導入したものである．いわば職場そのものを疑似家族と見なすものであり，ゲマインシャフト（共同社会）の精神をゲゼルシャフト（機能社会）に移植したもので日本企業にみられる独特なものといえよう．したがって機能的には，家族のもつ相互扶助の精神や人間的な絆（きずな）がより強固なものとして作用してきたといえる．
(2)　集団主義[2]
　これは具体的には「稟議（りんぎ）制度」にみられるような特徴としてあげることができる．つまり，意思決定システムとして考えると共同決定あるいは参加型決定方式である．また末端の従業員にも経営の一端に参画することが許されており，日本企業のいわゆるボトムアップ的な特色となっている．
　これらがいわゆる集団主義を強めているが，一方では一人ひとりの職務をあいまいにさせることとなり，また役割意識も希薄なものとなってしまう問題を生みだしている．
(3)　タテ型社会[3]
　日本の社会構造の特徴として挙げられるタテ型社会の構造は，これまで伝統的に家父長型の家族制度をなしていた．この家父長型家族は，いわば典型的なタテ型の社会構造となっている．これにより，日本の企業は社内秩序を整然と保つことができ，ある意味では上下間における命令——報告の流れをスムーズにすることになる．しかし，反面，封建的な権威主義の風土を醸成することとなり，組織の創造性をそこなうという障害をもたらすことにもなる．

2．日本企業における人事労務管理の特質

　前項の日本企業における思想，理念的特質の影響を受け，人事労務管理の特質を形成することとなる．その特質は，これまで日本的経営の「三種の神器」と称されているものであるが，これらは，むしろ日本企業の具体的な人事労務管理制度の特質そのものであるといえよう．以下いわゆる「三種の神器」について説明する．

(1)　終身雇用制度（long-term employment, long-time hiring, life time commitment employment）

　日本の雇用関係を特徴づける制度である．その特徴としては，つぎの2つの働きを果たしている。

　①　生涯雇用保障
　②　長期継続勤務

入社した従業員が定年まで継続して同一企業に勤務すること．

　経営体に雇用された正規の従業員は，定年までの雇用保障が約束される．従業員はひとたび入社すると，定年まで人生の大半を同一企業で過ごし，企業に対する帰属心（ウチ意識）と生活上の依存を深め，運命共同体的な凝集力の強い協働意識を形成することになる．

(2)　年功序列制度（ranking by seniority, seniority ranking system）

　この制度の特徴としては，つぎの2つをあげることができる。

　①　年齢と勤続にもとづく昇進制度
　②　過去の業績，実績に報いる．

　昇給・昇進は，勤続と年齢を主要な資格基準にしており，その昇給基準線（資格等級）は従業員の職場生活での節目を表現するものである．この年功序列型賃金は，労働対価の原則よりむしろ，生涯生活保障の原則であることに特徴がある．「年功」を最も顕著に示すのが年功賃金と呼ばれるものである．

(3)　企業別労働組合（in house, company union）

　日本の労使関係の特徴を示しており，企業内労使関係を形成することになる．

① 特定の企業ないしは事業所ごとに形成
② 従業員・労働者は管理組織と組合組織との二重の構成員となる．

わが国の労働組合は，企業別労働組合である．つまり，組合の構成単位が職場の単位とほぼ一致しており，従業員・組合員は，管理組織と組合組織とが同一所属となる．したがって，第一線管理者層が労使関係の緩衝機能を果たすことになる．

以上の関係を図で示すと，次のとおりである．

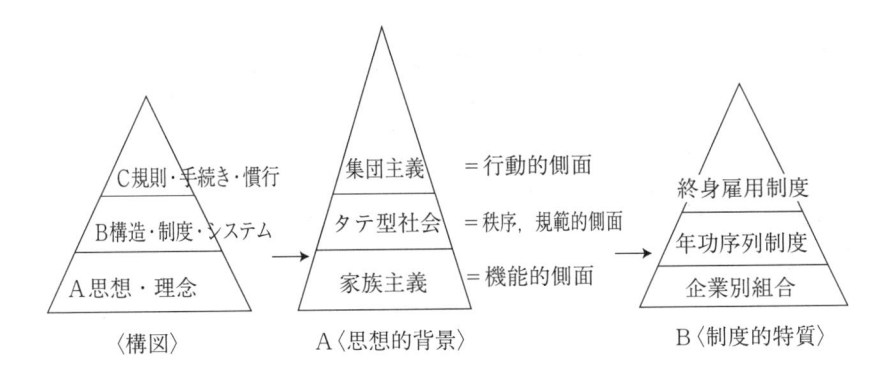

図表1－3 日本的人事労務管理のとらえ方

〈構図〉
- C 規則・手続き・慣行
- B 構造・制度・システム
- A 思想・理念

A〈思想的背景〉
- 集団主義 ＝行動的側面
- タテ型社会 ＝秩序，規範的側面
- 家族主義 ＝機能的側面

B〈制度的特質〉
- 終身雇用制度
- 年功序列制度
- 企業別組合

3．具体的施策の特徴

前にあげた日本的な特徴は，具体的には次のような施策・制度として展開されている．
(1) 賃金管理
　① 賃金体系の存在
　② 総合決定給（属人型）

第1章 人的資源管理とは何か　11

③　疑似的賃金の存在（各種手当，付加給，賞与，退職金など）
(2)　雇用管理
　　①　採用システム（新規・定期，一斉採用）
　　②　昇進・異動，昇格制度（年次・定期，異動・年功昇進，自動昇格）
　　③　定年制度（画一定年）
(3)　教育訓練
　　①　職場教育の重視（on the job training system）
　　②　教育費用の公費負担
　　③　悉皆教育⁽³⁾の実施（教育体系の存在）
(4)　福利厚生
　　①　恩恵的・慈恵的施策（生活支援活動——購買，社宅，寮，食事補助等）
　　②　家庭的施策（一体感の醸成——レクリエーション活動，社員懇親会，慶弔制度等）
　　③　生きがい対策（企業の社会的貢献活動——余暇活動支援，文化・スポーツ芸術活動，教養講座など）
(5)　人間関係的施策
　　①　コミュニケーションの重視（朝礼，終礼，会議体，昼食会等）
　　②　文化活動（クラブ活動・同好会）
　　③　小集団活動の支援（フォーマル，インフォーマル）
(6)　現場主義
　　①　従業員参加の重視（ボトムアップ主義——提案制度，稟議制度等）
　　②　集団決定（コンセンサスの重視——構成員全員の理解と納得）
　　③　現地対応（規則，慣行の現地運用，属人的運用等）
(7)　評　価
　　①　総合評価（要素が複雑，属人性）
　　②　プロセス重視（人物，態度，努力度等）
　　③　非公開（基準，尺度の不明確，相対主義）

4．日本における人事労務管理の発展（略年譜）[5]

（1）前期（元禄時代～明治維新）

〈工　業〉

・手工業制時代，大都市を中心としたいわゆる「成行管理」を中心とした管理
　　雇用形態：①親方→弟子，個人・グループ間の請負制
　　　　　　　②労働市場は流動的「渡り職人」の存在
　　　　　　　③賃職人の「出職（でしょく）」（居職（いじょく）：自宅で仕事を行う）
　　　　　　　　　└──→雇い主宅に出向いて仕事を行う．
　　　　　　　　　　　　　（一種の出稼のルーツともいえる）

・問屋制家内工業から工場制手工業へ（マニュファクチャーの時代）
　　身分：親方→職人→徒弟（年季奉公，平均12才）
　　賃金：作料（能力給），手間及び飯米料（いわゆる工賃として原材料費の
　　　　　　　‖　　　　　　　　実費のほか労賃が支給される）
　　　　　生活給（一律支給）

〈商　業〉

・商人の世界は丁稚制度，子飼制度を中心とした雇用管理
　　雇用形態：①年功制度（今日的年功ではない．純粋な意味での年功といえる）
　　　　　　　②昇給制度（能力主義と競争にもとづく昇進と厳密な身分的昇
　　　　　　　　　給制度）

・商人資本期からマニュファクチャー期を経て，産業資本の形成へ
　　資本形成：講→無尽→資本蓄積へ

発展形態：のれん分けによる系列，グループの強化，発展
　　　　　　　　本家→分家（血縁関係による発展）
　　　　　　　　　　└→別家（非血縁による発展：丁稚20年以上の経験者
　　　　　　　　　　　　　　によるのれん分け）
　　　身分制度：主人→番頭→手代→丁稚（小僧）
　　　　　　　（番頭制の発展により，経営と管理／所有と管理の分離が進む）
〈鉱　業〉
・「友子（ともこ）同盟」にみる共済組織の発生
　（1674年・延宝年間に足尾銅山において発生）
　　　　　慶弔，災難，労災等に対する互助活動を行う．
　　　　　当初5人組ともいわれていたがやがて番長方（ばんちょうがた）（鉱山の労働における
　　　　　交替勤務制のいわゆるシフト長にあたる）による労務管理の機能を
　　　　　有するようになりまた近代の「炭住街」での家族的関係へと発展

（2）萌芽期（明治初期～大正初期）
① 封建的労働関係の時代（～明治20年代）
　　　　・身分的関係　〈職員（官吏→管理，支配層）〉　の分離
　　　　　　　　　　　〈工員（職工，人足）　　　　 〉　（身分格差のルーツ：
　　　　　　　　　　　　　　　　　　　　　　　　　　　　ホワイト／ブルー）

　　　　・雇用形態：多様的，流動的な雇用関係である．
　　　　　　　・月給職工　（定雇（じょうやとい）職工
　　　　　　　　　　　　　　臨時職工（季節労働者もあり）
　　　　　　　日給，月給制
　　　　　　・年俸職員
　　　　　　・伝習工（無給）
② 原生的労働関係（明治20～44，5年）
　　　　　　　　（1887）（1910～20年代）

・紡績中心の軽工業から重化学工業化へ
・政府から民間へ
（官営）（資本の論理へ）
・企業の直傭制でなく→"間接的管理"　　（親方―子会社
　　　　　　　　　　　　　　　　　　　　系列―下請

◎　日本企業の原始的蓄積期
　・「労務管理の特質」
　　　　　　　　①年少，婦人労働による低賃金労働
　　　　　　　　　（一部外国人含む）
　　　　　　　　②労働時間の絶対的延長
　　　　　　　　③中間搾取，中間マージン，
　　　　　　　　　中継ぎ商法による仲介金融商
　　　　　　　　④年季，季節労働等の不安定労働力の雇用による経費の調節
　　　　　　　　　（雇用調整による人件費の削減）

③労働保護の制定へ
　・わが国における初の「労働保護立法」の誕生
　　　　　　明治44年（1911）「工場法」制定
　　　　　　大正５年（1916）　同施行
　・保護立法制定の背景
　　　1）啓蒙的経営者，官僚によるその必要性の認識
　　　2）とりわけ産業界における「労働力」の摩滅防止・労働力維持確保への努力
　　　3）労働者からの苛酷な労働条件に対する改善への要求の高まり
　　　　　　　　　　　　　　　　　　　　　　　　　　　　　　　など

（3）形成期（大正中頃～昭和初期）
①管理技術の導入・展開の時代
〈背　景〉
　　　1）労働保護立法の制定に伴う部門管理徹底の必要性
　　　2）わが国の産業構造の変化──軽工業（紡績中心）から重化学工業へ
　　　　　　　　　　　　　　──（流れ作業方式・新技術の導入等）
　　　3）世界的不況に伴う合理化の必要性
〈科学的管理法の導入〉
　・1911年（明治44）池田藤四郎「無益の手段を省く秘訣」発表
　　　　　　同年　福助足袋「機械制生産体制」導入
　・1912（大正1）「鐘紡」「科学的操業法について」通達徹底
　・1915（大正4）新潟鉄工所東京工場　「テーラーシステム」
　・1918（大正7）東洋紡「動作研究」
〈上野陽一の活動〉
　・テーラー，ギルブレス，エマーソン等の諸原理を上記企業を始め日本全国
　　に指導・展開を行う．
　・「産業能率研究所」の設立　政府産業界，労働界代表による研究機関
　　　　1）「労使協調会（1919年）」がその母体である．
　　　　2）1922年「協調会」産業能率研究所設立（所長上野陽一）
　　　　　　（設立趣旨）
　　　　　　　　1　労働時間の短縮
　　　　　　　　2　適切な休憩時間の設定
　　　　　　　　3　労銀の増加
　　　　　　　　4　福利厚生施設の完成
　　　　3）1925年　分離独立「日本産業能率研究所」となる．
　　　　　　　（「現学校法人 産業能率大学」の母体となる）
　　　　　　（設立趣旨）
　　　　　　　　1　労使間の紛争の平和的解決を図る．

　　　　　　2　能率向上運動により産業平和に貢献．
② 日本的人事労務管理の基盤形成
　◎日本的経営の萌芽，形成
〈その背景〉
　　　1) 労働力の逼迫・不足（労働力の流動化）
　　　2) 重化学工業化に伴う「新しい技術者」の確保・育成（子飼の必要性）
　　　3) 財閥形成による経営の一族意識
　　　4) 労働運動の激化に伴う新しい雇用形態での対応
　　　　　　　　　　　　　　　（臨時工，季節工，社外工など）
〈日本的人事労務管理の萌芽〉
　　　1) 官僚中心の労働保護対策
　　　2) 一斉採用システムによるエリート労働者の確保
　　　　　　　　　　　　（日本的雇用慣行）
　　　3) 定着のための長期雇用システム
　　　　　　　　　　　　（子飼制度／終身雇用制度）
　　　4) 恩情主義にもとづく福利施策
　　　5) 民主主義精神としての参加，公開の促進による経営家族主義の発生

（4）停滞期
　・戦後体制期における産業の国家統制
　・わずかに政府主導型の「産業合理化」運動に伴う「合理化手法」の発展があった．
　・「日本的人事労務管理」の特徴はこの時期にゆるぎないものとなったと評価することができる．
〈産業合理化〉の発展
　　　1) 1927年（昭和2）「臨時産業合理局」（商工省）設置
　　　2) 1930年（昭和5）「臨時産業審議会」設置（「能率増進の徹底実行」，
　　　　　　　　　　　　　　　　　　　　　「職務給」の提案など）

第1章　人的資源管理とは何か　17

3）1935年（昭和10）「能率ハンドブック」着手（約7年間かかって上中下
　　　　　　　　　　　　　　　　　　　　　　　巻を発行——上野陽一）
〈国家統制による労務管理〉
　　1）国家総動員法（1938年）
　　・人的，物的資源動員の統制
　　　　　①従業者雇入制限令
　　　　　②従業者移動防止令
　　　　　③青少年雇入制限令

　　2）国民職業能力申告令（1939年）
　　3）賃金統制令（1939年・1941年）
　　・基本給の保障
　　・平均賃金の維持
　　4）工場事業場技能者養成令（1939年）
　　・事業所内教育訓練の義務づけ
　　5）労務調達令（1942年）
　　・企業内雇用の義務づけ

（5）開放・発展期（昭和20〜45年頃）
〈まとめ〉
　①「管理技法」の導入・展開期
　　1）GHQ労働諮問団による勧告
　　　・属人主義から職務主義へ
　　　（職務分析→職務評価→職務給の導入）
　　　・身分的労使関係から民主主義的労働関係へ
　　　（労働三法の制定）
　　2）公務員に対する「職階制」の導入
　　　・人事院の発足

（行政調査部→臨時人事委員会→「人事院」の発足へ）
　　・研修制度の実施
　　（上野陽一，JSTの開発：Jinjiin Supervisary Trainingの開発）
　3）ヒューマン・リレーションズ（HR：Human Relations）の導入
　　（日本鋼管，モーラル・サーベイの実施，PR活動，提案・表彰制度の導入）
　　　　　　　　　　　　　　　　　　　　　　　　　　　　　昭和35年頃
② 日本的応用展開期
　1）能力主義・少数精鋭主義の展開
　　・日経連「能力主義宣言」（1962年）
　2）春闘方式
　　・日本的労使交渉方式（「年間臨時給」・「定昇」・「総合決定給」の導入）
　　―中労委調停による「定昇」決定→「年功」主義の復活＋人事考課の加味

（6）成熟期（昭和45年以降）

① 行動科学的展開期（行動科学的手法の積極的な導入展開）
　・「目標による管理」の普及（昭和40年上野一郎「目標による管理」刊行）
　・「マネジリアル・グリッドセミナー」（昭和41年産能短大にて導入・紹介）
　・「ヒューマン・アセスメント」の導入（昭和48年）
　・「CDP」の導入（昭和44年―モービル石油他）
　・「組織開発」（OD）の日本的展開（昭和54年）
　・「小集団活動」活発化
② 日本的人事労務管理の模索
　1）「職能資格制度」の導入・応用展開
　　・職能等級制度
　　・人事トータルシステム化
　2）「生産性基準原理」（旧日経連）の提唱・展開
　3）「学習企業」の提唱・展開
　　（昭和59年労働省（現厚生労働省）「企業内教育研究会」報告）

・「生涯学習」を支援する企業の提唱
　　4）「個性主義」の提唱・展開
　　　・複合型人事制度
　③　ヒューマン・リソースマネジメント（HRM）の展開へ

4. 人的資源管理への期待

1．見直し迫られる日本的な人事労務慣行

　これまでの日本における人事労務管理は，いわゆる三種の神器と呼ばれていた終身雇用制度，年功序列制度，および企業別労働組合の三つを特色として，多くの企業に根づいていた．しかし，近年の日本企業を取り巻く環境の変化は，これまでの日本的な人事労務のさまざまなシステムに根本的な見直しを迫ることとなってきた．

　このような変化の潮流のなかで，旧日経連が1992年に発表した「これからの経営と労働を考える」という報告書では，いわゆる日本的経営の理念と運営において変えてはいけないものとして次の二つを指摘している．それは「人間中心主義（尊重）の経営」と「長期的視野に立つ経営」である[5]．

2．新しい人事労務管理の確立に向けて

（1）人事制度の基本原理の確立

　これまでの日本企業は環境変化に対して柔軟に対応してきた．しかし，現在の企業環境の変化のもとでは，全く新しい人事処遇制度の確立が当面の課題となっている．つまり，企業の国際化やまた労働者の勤労意識の変化に伴う労働市場の流動化等には，人事処遇制度の根本原理に能力主義や成果を重視する実績主義などを導入することで対応しなければならないからである．そこで，こ

れからの人事労務管理のスタッフはもとより実際のマネジメント現場にある経営管理者も，新しい視点で人事労務管理システムの構築に向けて努力しなくてはならない．その基本的な視点は，新しい理念にもとづく「人事トータルシステム」の導入である．

（2）「人事管理」から「人的資源管理」へ

今日，人的資源の有効活用がクローズアップされてきたのは，次のような理由によるものと考えられる．

① 企業を取り巻く環境の変化が"急激"かつ"大きな"ものになっていること，つまり，今日わが国は経済のソフト化・サービス化が進み，国際化，情報化，高齢化社会へと急速に展開している．このような状況下にあって，「期待される人材」が大きく変わりつつある．

② 人々の関心が"もの"から"人"とか"心"へと変化してきたこと

今日，わが国は豊かな時代といわれ，人々の"感性"や人と人とのふれあいといったものを大切にする傾向が強くなってきた．

③ 競争激化に伴う企業戦略の新たな展開に対応するため，人的資源の戦略的な展開が期待されてきた．

そこで人的資源に関する開発・活用を目指したマネジメントの考え方として，「人的資源管理」すなわち，ヒューマン・リソース・マネジメント（Human Resource Management: HRM）が重要視されてきたのである．

（3）人的資源管理の特徴

「人的資源管理」については，その特徴について次のようにまとめることができる．

① 人事労務管理と経営戦略との整合性を図る新しいマネジメント分野である

これまでの人事労務管理は，ほかのマネジメント分野に比べて独立性を保つ傾向が強く，それだけにそのマネジメント機能としての果たすべき役割はとかく軽視されがちであったが，今日こそ企業戦略に対して人事労務管理がいかに

図表1−4　HRMシステムの概念図

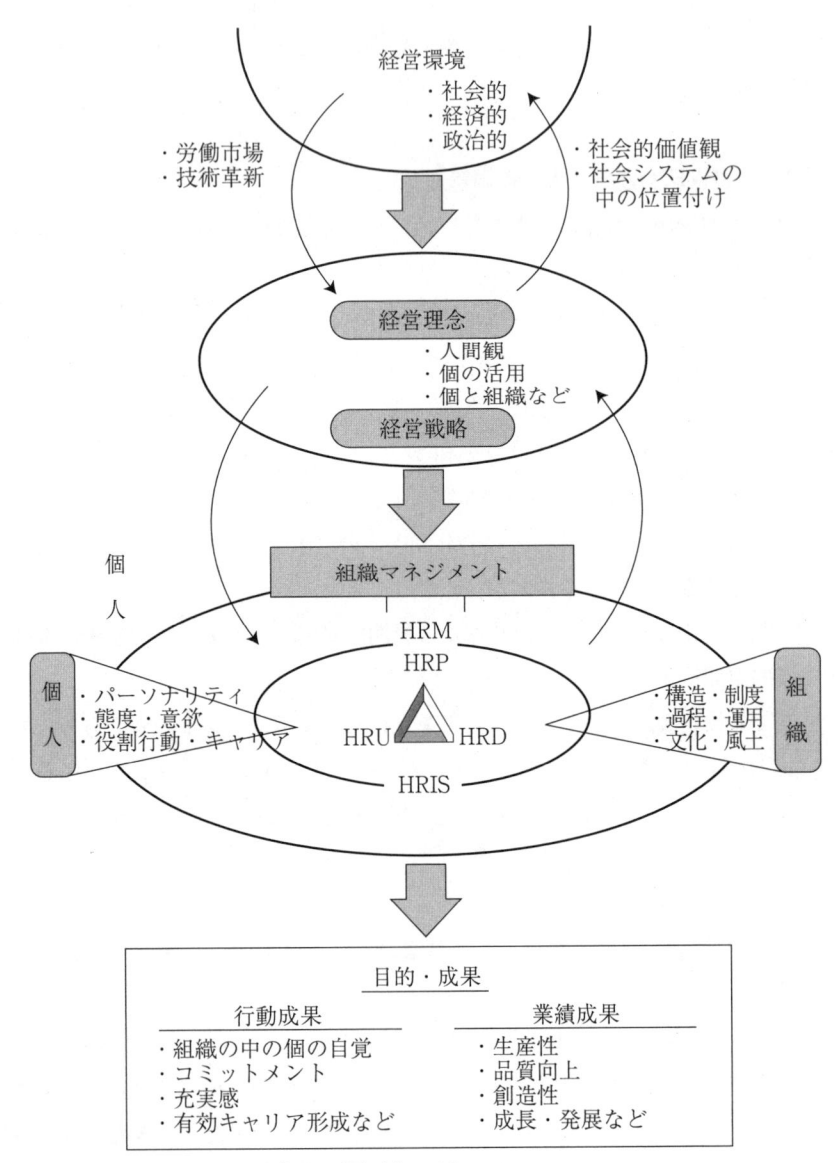

経営環境
・社会的
・経済的
・政治的

・労働市場
・技術革新

・社会的価値観
・社会システムの
　中の位置付け

経営理念
・人間観
・個の活用
・個と組織など

経営戦略

組織マネジメント

個人

個人
・パーソナリティ
・態度・意欲
・役割行動・キャリア

HRM
HRP
HRU　HRD
HRIS

組織
・構造・制度
・過程・運用
・文化・風土

目的・成果

行動成果	業績成果
・組織の中の個の自覚	・生産性
・コミットメント	・品質向上
・充実感	・創造性
・有効キャリア形成など	・成長・発展など

出典：産能大学総合研究所『HRM報告書』p.4 [6]

貢献するかが問われている．これにこたえるのがHRMの考え方である．

② システムズ・アプローチにもとづく展開

マクロには"社会環境システム"つまり"政治システム（行政システム）"や"労働市場の需給システム"，またミクロには，これらの外的環境の変化に対応した個別企業の組織，技術システムや一人ひとりの従業員の価値意識，欲求構造や，さらにこのような人々をマネジメントする各種"人事システム"等が相互に関連しあっている．

③ 総合的なアプローチによる展開

個人に対する各種の手続，施策等が要素的，かつ単独に機能するのではなく，"人的資源"に対するマネジメント機能がそれぞれ総合的に機能するよう，以下のような配慮をする．

・人事管理，教育訓練（能力開発），労使関係等の領域を総合的に取り扱う．
・OD（組織開発，設計）と人事管理の領域とを統合するように図る．
・業績管理との連携を行う．

具体的には，評価という日常のマネジメントとのリンクが必要である．

④ これまでのように人事スタッフのみでなく，他部門のスタッフや事業部門の人々との協力によって効果的な運用を図る総合的なシステムである．

このようなHRMに関して先駆的な研究に取り組んでいる産能大学総合研究所の研究プロジェクトは，次のような提案をしている．

このHRMシステムは，次のような3つの側面から成り立っている．

図表1-5　HRMシステムの3側面

HRP（Human Resource Planning）
　経営ビジョンや経営戦略に結びついた人材の長期計画
　具体的には，人材の採用・選抜，組織や職務の設計，組織開発など，主として人材戦略・人事企画にかかわる面

HRU（Human Resource Utilization）
　人材の現有能力・可能性の把握とその有効活用
　具体的には，業績管理や処遇のシステム，配置やローテーション，人事考課など，主として人事制度や運用にかかわる面

HRD（Human Resource Development）
　人材の現有能力と組織ニーズの統合と可能性の開発
　具体的には，職務訓練や教育研修，能力開発，自己啓発支援など，主として人材の育成・開発にかかわる面

　この3つの側面をトータルシステムとして効果的にマネジメントするのが，HRMなのである．さらにこのHRMを実現するためには，人的資源管理に関する情報システム（Human Resource Information System: HRIS）の整備確立が不可欠となる．またこれら3つの側面には，時間的・組織成長的要素に応じた段階があり（図表1-6），HRMは3側面・3層構造から成るシステムと考えることができる．

　今後，これまでの「人事労務管理」から脱皮し，新たな人事トータルシステムとしてのヒューマンリソースマネジメントを構築するためには，「人事情報システム」（HRIS）が重要な課題となる．

図表1－6　HRMの3層構造

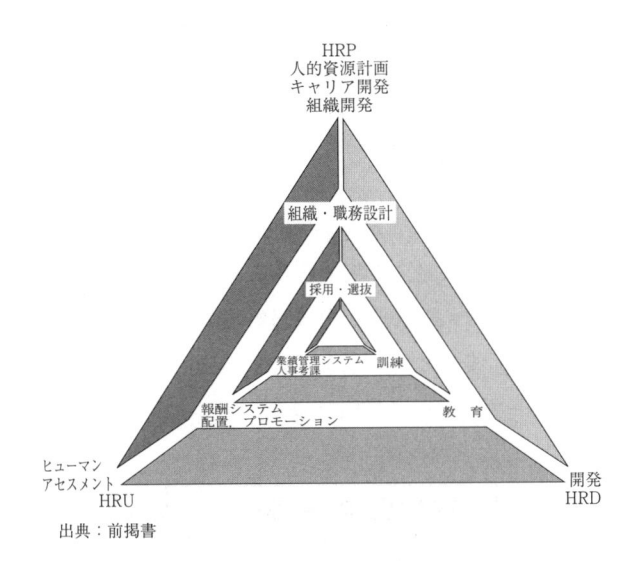

HRP
人的資源計画
キャリア開発
組織開発

組織・職務設計

採用・選抜

業績管理システム
人事考課　　訓練

報酬システム
配置，プロモーション　　教育

ヒューマン
アセスメント　　　　　　　　　　開発
　　HRU　　　　　　　　　　　　HRD

出典：前掲書

注

（1）　D.Yoder, *Personnel Management and Industrial Relations 4th ed.*, Prentice-Hall, Inc. 1956.
（2）　IE：Industrial Engineering　人，設備，材料の総合された生産システム構築を目ざし，工学，数学，自然科学の技法を活用する科学
（3）　新入社員（厳密には入社前教育を含む）から退職前教育まで，すべての従業員を対象とした教育の体系をいう．
（4）　1985年（昭和60年）までの事項の多くは，「日本能率年表（三版）」全日本能率連盟刊に準拠．
（5）　詳しくは日経連の報告書参照（巻末の文献リストに挙げてある）．
（6）　「日本的ヒューマンリソース・マネジメントに関する調査報告書」産能大学総合研究所，1994年4月．

まとめ

人事労務管理は，組織と人間，社会と個人，社会的貢献，業績向上への寄与と個人の欲求充足と満足といった対立的場面でどのように人間の安定と調和を図るか，またいかに矛盾と困難さを含んだマネジメント領域であるかをしっかりと認識することが重要である．

さらに日本における人事労務管理の特徴（「三種の神器」など）をしっかりと理解し，今後の方向性を議論，提案できることが求められる．

また新たな視点としての人的資源管理の基本理念がどのようなプロセスを経て，構築されてきたか，またどのような特質を有しているかを理解してほしい．

本章のキーワード

- 人事労務管理
- 従業員の労働生活の向上や福祉の向上
- 長期的な視点
- 資源としての人材の有効活用
- 体系的かつ科学的な総合施策
- 合理性と経済性の論理
- ヒューマニズムの精神
- 秩序体系の確立，維持，安定
- 公平さの確立
- 人的資源管理
- 人材の有効活用
- 日本企業の基本理念
- 経営家族主義
- 三種の神器
- 終身雇用制度
- 年功序列制度
- 企業別労働組合

■ 研究課題

以下の課題は難易度の易しいものから難しいものへと配列してあるので，自主研究として挑戦して下さい．

課題　1　人的資源管理のルーツとしての人事労務管理は，何をマネジメント対象とするかについて説明しなさい．

課題　2　いわゆる人事労務管理・人的資源管理の日本的特質について，身近な具体例を挙げてあなたの見解を述べなさい．

課題　3　人的資源管理の特質について，従来の人事労務管理と比較しつつ説明をしなさい．

■ 力だめし

以下については，本章に登場した「人的資源管理」の基本用語とか専門用語です．あなたの学習度を試してみて下さい．（判らなければ参考書や辞典などで調べてみて下さい）

問題　1　次の言葉に①読み仮名を付け，さらに②簡潔に100字以内で説明しなさい．

　　　1　稟議制度　　①　　　　　　②

　　　2　三種の神器　①　　　　　　②

　　　3　悉皆教育　　①　　　　　　②

　　　　4　出職　　　　①　　　　　　②

　　　　5　成行管理　　①　　　　　　②

問題　2　以下については，さらなる発展問題です．就職試験や公務員採用試験，その他各種検定試験などを目指す人は，是非挑戦して下さい．過去に出題されたり，また出題が予想される問題です．
　　・以下の設問に対して，200字程度で説明して下さい．

　　　　1　人事労務管理の体系を説明しなさい．
　　　　2　マネジメントの基本機能のうち「人事労務管理」の機能についてその特徴を説明しなさい．
　　　　3　経営家族主義，あるいは，いわゆる人事労務管理の日本的特質についてその功罪，あるいは長短についてあなたの見解を述べなさい．
　　　　4　人的資源管理が今日の日本で注目されてきたことの背景とその意義について，簡潔に説明しなさい．

第2章

人的資源管理の形成過程

―――〈本章の目標〉―――

1. マネジメントの発展あるいは企業の成長と人的資源管理の発展とがどのように関連してきたかを理解する．

2. 人的資源管理の形成過程で，その対象領域や方法の重点がどのように変化してきたか，その契機や転機を理解する．

3. 人的資源管理の視点から「マネジメントの諸理論」の成果を正しく評価する．

はじめに

　人的資源管理がマネジメントの世界で注目されてきたのは，1980年代に入りアメリカの産業界において行動科学の知見が人事労務管理の各領域にわたって急速に応用展開され始めた頃からといえよう．

　本章では人的資源管理が生成されてきた過程について「成行管理」中心の時代から「科学的管理」へと主として「生産管理」技術の発展に対応して登場してきた「労務管理」の形成，さらに「人事管理」から「人事労務管理」への発展過程を概観することにより，人的資源管理の生成基盤を確認する．

1. 萌芽

1.「成行管理」の時期：Drift management（1890年代～1900年初頭）

① 作業方法や速度，作業の段取り等について，すべて労働者の過去の経験にもとづく「成行」にまかせた管理である．

　その内容は主として，仕事の合理化と能率をめざしたものであり，「労務管理」が芽ばえる以前であり，むしろ生産管理の一環としての「作業管理」である．

② この時代の「管理」は，今日におけるような専門的な経営者あるいは管理者による管理ではない．親方などによる，あくまでも仕事の指揮・命令を通じての管理であり，管理の仕方，水準，具体的な内容などのすべてが親方の裁量によって行われることになる．したがって，このような管理をいわゆる後述の"科学的管理"に対して"成行管理"という．

③ 管理の内容は「賃金支払い制度」を中心とした労働者への刺激（incentive）の与え方をいろいろ工夫することである．

④ 当時を代表する管理方式としては，次のようなものがある．

　1）タウン方式：利益分配制度（Towne gain-sharing plan）

・賃金のほかに契約によって，利益の一部を賞与として配分する方式
　「経済人としての技術者」："The Engineers as an Economist"（H. R. タウン，1886年）
2）ハルシー方式：割増賃金制度（Halsey premium plan）
　・労働者が能率を上げ目標の100％以上になったときは，その節約分の1/3を加給として支給する制度である．節約賃金分配制ともいう．（F. A. ハルシー，1891年）
3）ローワン方式：割増賃金制度（Rowan, premium plan）
　・労働者が節約した時間を標準時間に対する割合の時間給相当分に換算して加給する．したがって，労働者の能率が100％以上のときに節約賃金の一部を加給する節約賃金分配制の一形態である．（J. ローワン，1901年）

2．「科学的管理」の時期：Scientific Management（1900年代～1910年代）

（1）背景
① 成行管理の当初は，「単純出来高制」による労働者への刺激であったが，これらはいずれの方式も結果的には労務費の低減をめざしたものとなった．労働者にとっては賃金の引下げとなったので，しだいに労働者の不満が高まってきた．
② つづいて，賃金支払い制度の改善を行う節約賃金分配制（F. A. ハルシー・J. ローワン）が考案されたが，労働者の不満は一向におさまらなかった．
③ そこで，「作業研究」を行うことによって，賃率の認定を行う「要素的賃率決定」（Elementary-rate fixing）の考え方が考案された．（F. W. テイラー）[1]

（2）「科学的管理法」の要旨（「Principles of Scientific Management」1911年）
① 科学の力の利用により，工具の仕事の各要素について旧式な経験則にも

とづくやり方をあらためる．
② 工具の選択や訓練，教育を大切にし，これらを科学的に行わなければならない．
③ 科学の原理の仕事への活用に向けて，管理・監督者と工具が親密な協力関係になるよう心がけること．
④ 仕事と責任とは管理・監督者および工具間に均等に区分されること．

(3) 労務管理形成への成果
テイラーの科学的管理法が後の労務管理形成に対して果たした役割は大きい．
① 「課業」概念の設定
② 「標準」の設定
これらは仕事の科学化を進める基礎となった．
またこのことにより，
③ 労働者の選考に際して，はじめて「適性」という考え方を生みだすことになった．
④ 「職能」の分化を可能にすることになり，労働者の適性配置や教育訓練，という働きを導き出した．また職能の分化は計画スタッフあるいは技師，さらに管理・監督者と労働者というさまざまな異なる役割を持つ人との葛藤，対立を生みだす基盤をつくる結果となり，これらの間での協調関係の重要性をもたらすことになる．

以上のことは労務管理の基礎をなすものである．したがって「科学的管理」は労務管理を生みだす端緒あるいは原型に位置づけられる．

3．福利厚生運動：Welfare Movement（1890年代〜1910年代）

(1) 背景
① 1890年代に入り，労働条件に対する労働者の不満がしだいに高まり，経営者は賃金支払方法の改善などの努力を試みたが，労使間の対立はなかな

か解消することが困難であった．

　そこで多くの企業で労働者の生活条件をなんとか企業内で温情的に改善するようなさまざまな施策やプログラムを用意することになった．

② 当時多くの企業で福利部門：Welfare Department が設定され，また専任の福利係：Welfare Secretary を任用して，福利プログラムを導入した．このことが企業における「労務管理部門」の起こりである．

（２）具体的内容
① 従業員の安全・衛生施策の実施
② 専属医師と看護婦の配置
③ 食堂やレクリエーション施設の開設
④ 教育施策（図書館，移住者のための英語教育）
⑤ 住宅施設
⑥ 従業員の生活援助（社内預金，共同購買施設，財務相談など）

　これらは1910年代に「雇用管理」（Employment Management）の形成とともに吸収される．

4．萌芽期におけるその他の成果

① テイラー；・*Time Study*（1883）
　（F. W. Taylor）・*Shop Management*（1903）
② ギルブレス：・*Motion Study*（1911）
　（F. B. Gilbreth）・「サーブリッグ」（Therblig）による作業改善
③ エマソン：・『能率の12の原則』"*The Twelve Principles of Efficiency*"（1912）
　（H. Emerson）・「能率向上の3S」
④ フォード[(2)]：・"フォード・システム"（1913）
　（H. Ford Ⅰ）（Fordism）

2. 労務管理の形成

1. 背景

① 第1次世界大戦（1914年～1918年）後の労働組合運動に対応して，なんらかの手を打つ必要がでてきた．
② 制定された労働立法にもとづく政策に対応する必要性がでてきた．
　・1914年，The Clayton Act：クレイトン法[3]
　・1915年，労働時間制限法が25州で制定される．
③ 労働移動が際だってきたことへの対応として，大量生産方式による未熟練労働力の能率向上と，半熟練労働の地位向上対策が必要となってきた．
④ 第1次世界大戦中の陸軍人事委員会の設置と人事管理技術の発達
　1) 1917年，陸軍人事委員会（A committee on the classification of personnel.）の設立
　2) 人事管理技術　・適性テストの登場→適性配置
　　　　　　　　　・職務分析の考案→職務明細書による処遇
　　　　　　　　　・訓練手法の開発→教育訓練　など
　　これらは当時発達してきた産業心理学や産業工学（IE）に大きく影響を受けた．
⑤ 経営者の意識変革により各社とも労務部（Personnel Dept.）を設立した．

2. ティードの労務管理論

ティード＆メトカルフ：O. Tead & H. C. Metcalf
"Personnel Administration（労務管理論）" 1920.
① 労務管理の考え．
　労務管理とは：

最小限の人的努力によって協働精神をつくりあげ，労働者の福祉への考慮によって，その組織の目的を実現させる（最大限の生産を上げる）ために組織内の活動を計画し，監督し管理，調整することである．
② 体系：労務管理の内容は次のような6つの職能で構成される．
　1）雇　　用——募集，テスト，選考，職務分析，配置，昇進，解雇
　2）教育訓練——不・未熟練工の訓練，職長訓練，アメリカ化教育，心理的教育訓練（作業への関心の喚起）
　3）安全衛生——労働時間，健康，安全，作業場環境
　4）賃金管理——賃金払い制度，ボーナス制度，利潤分配制度，従業員持株制度，災害保険
　5）従業員サービス——工場内施設（食堂，売店，休憩室など）
　　　　　　　　　　　工場外施設（住宅，運動場など）
　　　　　　　　　　　レクリエーション関係（クラブ，休暇における）
　6）労使関係——従業員代表制，工場委員会，団体協約

3．スコットの労務管理論

スコット＆クロージャー：W. D. Scott & R. C. Clothier
"Personnel management" 1923．
① 労務管理の考え：
　1）労務管理とは，生産と能率という経済的目的および満足と，業績という社会的目的の双方に奉仕するものである．
　2）これまでの労務管理の考え方の中に，はじめて人事管理の思想を取り入れた．
② 体系：内容は以下の2つにまとめられる．
　1）"労務管理"は産業における"人事上"の調整（adjustments）を行うことである．

調整とは ⟨ ・仕事と人間 / ・作業環境と人間 ⟩ 間の調整をいう．

2）調整に際して大切なことは，個人差を十分に配慮した健全なる調整である．

健全なる調整とは ⟨ ・効率性の追求 / ・人間の幸福の追求 ⟩ の調和と並立をめざすことである．

3. 人事労務管理の確立

1．系譜

(1) マネジメント・プロセス的展開：ティード，スコットらの延長上の労務監査，方針，モラール調査，分析を加えた Management Process Approach 的労務管理論
(2) 人間関係論的展開：E．メイヨーの人間関係研究を労務管理に応用した Human Relations Approach 的労務管理論

2．ヨーダーの労務管理論

・D．ヨーダー："Personnel Management & Industrial Relations"．1938 1st ed., 〜'70.6th ed.,

(1) 特徴：

1）方法論：「労務管理論は心理学，精神病理学，社会学，生理学，経済学等の成果を適用した応用科学」である．

2）理念：ティード，メトカルフは心理学の本能説を応用してきたが，D．ヨーダーは人間関係論（モラール分析など）を加味しつつ理念よりも専門的手続きを重視している．

3）目的：①「人力（Man-power）から最大の生産能力を期待することである．」
②「雇用において，人びとの貢献および満足を極大化するために，そこで働く男女を援助し，統轄する機能ないし，活動を行う．」
4）労務管理の主体：①主体は労務部（人事部）のみでなく職長，監督者，部長，トップマネジメント等も含む．
②あくまでも人事労務管理は，トップマネジメントとラインマネジメントが労務部のスタッフとともに，責任を有機的に共有する．

(2) 体系：
1）機能．①労働力の調達，選考，配置
②作業条件の統制
③労働者への諸サービスの提供
④労務記録および人事調整の推移
2）内容．①労務方針，計画，施策
②要員配置，職務分析，職務記述書，職務明細書，職務評価，募集，選考，面接テスト，配置
③教育訓練
④団体交渉，対公共施策，労働協約交渉，労使協議
⑤賃金
⑥労務評定（人事査定）
⑦異動，昇進，解雇
⑧福利厚生（従業員サービスとベネフィット）
⑨モラールとコミュニケーション
⑩労務監査，調査

3．メイヨーの人間関係論

〈代表的論拠〉
　　・メイヨー（E. Mayo）「産業文明における人間問題」，1962
　　・レスリスバーガー（F. J. Roethlisberger）「経営と勤労意欲」，1961
〈ホーソン研究〉
　　・ウエスタンエレクトリック社，ホーソン工場における実験
　　（1924年～1932年の間での実験により構成）
(1)　実験の概要
　実験は大きく次の5期に分類することができる．
　1）照明実験（1924年～1927年）：照度と能率との関係について調べたが，作業環境と作業能率には直接的な因果関係は認められなかった．
　2）継電器組立作業実験（1927年～1929年）：この実験でも作業条件と作業能率に関する因果関係が認められず，むしろ作業者の心理的要因が意味を持ち，「感情」のあり方が作業能率に影響を与えているということを導き出した．
　3）雲母剥取作業実験（1928年～1930年）：この実験は継電器組立第2次実験と雲母剥取実験により成り立っており，これらを通じて経済的な諸要因よりも集団の社会的情況により人間行動は大きく規定されるということを立証した．
　4）面接計画
　　　これまでの実験を通じて，作業者の精神的態度や勤労意欲の変化が作業能率に影響を与えていることを解明したが，さらにその心的変化の過程で監督者の問題が重要な課題となり，作業者への直接的なインタビューによる質問法を行った．この結果，従業員の個人的な生活歴と職場の情況とが密接な関係があることをとらえた．
　5）バンク配線作業実験
　　　集団の社会的作用についての実験である．つまり，作業集団の行動様式

や非公式組織（informal organization）における行動基準が成員の行動に影響を与えるという結論を導きだしたのである．

(2) 結果の要点
1）作業環境や賃金などのような作業条件の改善は，それだけでは作業者の能率向上には直接結びつかず，作業者の自尊心や責任感，親愛感は会社が作業者を人間として正しく扱うことから生まれてくるということ．
2）さらに作業者との面接によって作業者に感情的な解放感を与えると同時に，作業者に勇気を与えたということ．
3）作業者の職場での行動や態度には職場外のさまざまな環境から受ける"感情"が強く影響しているということ．
4）作業者は職場内で会社の組織ルールとは別の仲間集団（インフォーマルグループ）を作っており，この仲間集団のルール（行動規範）が会社のそれよりも優先しているということ．

(3) 理念
1）人間は「社会集団」ということを最小単位として扱うべきである．つまり，社会的存在としての人間を人事管理の対象とする．
・テイラー，ファイヨル[4]などの伝統的管理論では，人間を個（要素，生産システムの一部分）として扱い，管理対象としては"労働者"という抽象化された存在として扱っていた．
・つまり，労働者の幸福は「個人の幸福」を求めればよいとした．
・しかし，現実の産業労働は集団下で行われているというところに着目した．
2）社会集団を解明するには，人間関係一般ではなく，「人間関係論」という特定の理論によって，追求されるべきである．

(4) 主張
1）経営での社会集団（人間の組織）では，企業が作った公式組織と非公式組織が重なって存在している．
2）公式と非公式のズレの原因は，その人の周囲に起こった変化に対して反

対する態度によるものである．

　　この態度はどのように決定されるかを探求する必要があるという．

　3）つまり，態度を決めているのは理性ではなく心情である．言い換えれば「人間関係」を決定づけるのは心情であるともいえる．

　4）以上のことから人を理解しようとするには，その人の生活史に深く立ち入って洞察する力が必要である．

　5）現代の高度化した技術的組織では，"リーダー"に社会的能力（コミュニケーション能力）を必要としている．

　6）このような能力を有する指導者が，リーダーであり，またこの能力のことをリーダーシップという．

(5) 具体的施策

　1）職場のコミュニケーションの円滑化に関するもの

　　a　態度調査，モラール・サーベイ[5]

　　b　提案制度，自己申告制度

　　c　従業員へのPR活動，社内報，朝礼など

　2）個人的バランスの維持に関するもの

　　a　人事相談制度（カウンセリング），個別指導（O. J. T.）

　　b　自己申告制度，フィードバック

　　c　健康管理

　3）社会的バランスに関するもの

　　a　職場懇談会，定例ミーティング

　　b　労使懇談会，労使協議会，経営協議会，青年重役会，工場委員会

　　c　各種レクリエーション活動，慰安会，小集団活動など

(6) 課題

　1）労働組合や団体交渉の機能を度外視

　　・これらは心情の論理からは矛盾する．

　2）人間関係上の"対立（葛藤）は社会的病気"と考える．

　　・つまり"協力（平穏）は健康"と考える．

- 矛盾，対立によって社会が変動していくという動態的な変動論は，対立（葛藤）こそ社会集団の発展成長がもたらされるという考えとなり，ここでは否定されてしまう．
3）労働者の心情の論理によって動かされ，これによりインフォーマル組織を作る根拠となる．
  - しかし，経営体は合理的，論理的に能力を育成し，力を発揮するようになっている．またそうしなければ成立しない．
  - 社会的人間的な能力が育ちにくくなることが予想される．
4）技術の高度化はより一層の単調感，疎外感をもたらすことになり，インフォーマルグループからの抵抗が一層激しくなってくる．

4．ピゴーズ，マイヤーズの人事管理論

- ピゴーズ＆マイヤーズ；P. Pigors & C. A. Myers
  「人事管理」(武沢信一訳　1960年　日本生産性本部)
- 人間関係論的人事管理の体系化，集大成を行った．
- "経営とは人の育成であって物の管理ではない．"(5th ed., 1977)

(1) 特質
  1) これまでの労務管理の機能に組織均衡，協力関係を付加
  2) ライン人事管理責任の重視
     (労務スタッフによるラインへの援助)
  3) ライン管理者の人間関係スキルの重視（管理者に必要な三種の神器）
     (状況思考＋面接技法)
     a　チームワークの重視
     b　ラインの「ものの見方」(a point of view)
     c　管理者の「技法」(skill)（面接，評価，教育）

(2) 主張
  1) 人事管理は公式権限の比較的弱いスタッフ的人事部門の助けを借りつつ，

ラインが行う．
2）労働力管理については，伝統的な合理主義に，情感的な人間関係論を加える．
3）科学的，分析的アプローチは重視するが，機械論的な公式主義はとらない．
4）合理主義の基盤の状況に働く各種の力（Power）の最適なバランスを重視する．つまり状況的合理性を追求する．
5）チームワークを重視し，個人職位概念プラス集団概念を用いることになった．
6）要員管理では職位別体系を基本におくが，組合の立場を考慮して先任権（seniority）を重視する．
7）雇用の長期化，安定化をめざす．
8）異動・昇進においても，先任権を認め，年功的な配慮を重視する．
9）教育訓練は多面的（総合的），長期的育成の考え方に立つ．

(3) 内容

1）作業チームの確立と維持
　・募集→選抜→配置→教育→考課→昇進・昇格→降格→異動→解雇・懲戒・レイオフ
　　（面接とコミュニケーションの制度化，調整，行動基準の明確化）

2）賃金と職務制度
　・賃金水準，企業内賃金格差，賃金支払方法（賃金管理）
　・作業制度と作業時間の変更（不満解消，モラールと動機づけ，職務評価，苦情処理委員会など）

3）従業員サービス，諸計画
　・従業員サービス，安全衛生，生産管理への従業員の参加
　　（参加の相互利益，雇用安定，労使協調，提案制度，労使合同委員会，自発性の尊重など）

4. 行動科学的展開

1. 背景

(1) 1958年アメリカに始まる不況,ドル危機などの新しい動き.1960年代に入ってのベトナム反戦,スチューデントパワーなどの新しい危機的状況に対応できる理論が必要とされた.

(2) 技術革新の一層の高度化に伴う企業の巨大化,コングロマリット化の進展による新しいマネジメント理論への期待が高まってきた.

(3) 労働組合の活況

1960年前後のアメリカ鉄道スト(1955年におけるAFL〈アメリカ労働総同盟〉とCIO〈産業別労働組合会議〉の合同)などを背景に産業労働における"人間"の役割について,とりわけ健康,士気,動機づけなどへの関心が高まり"労働問題への行動科学の積極的な援用"が期待されてきた.

(4) 大統領科学諮問委員会(1962年3月)

「行動科学によって究明されたさまざまな問題は,アメリカの福祉と安全にとって,極めて重要である.これらをさらに強化し,より多く利用する途を見いださなければならない.」[6]

(5) 行動科学の成果と人事労務管理各分野への一層の導入を強調した.

ダンネット&バス;M. D. Dunnette & B. M. Bass, *Behavioral Scientists & Personnel Mgt.*, 1963.

・人事労務管理は利潤追求をめざす企業組織においてのみ実践されるのではなく,むしろ組織一般としての行政体,軍隊,病院,学校,その他の公益事業などでも重要な役割を果たす.

フレンチ;W. French, *Personnel Management Process*, 1964.

2．方法論

(1) 心理学，社会学，文化人類学を中心にあらゆる科学の成果を応用しようとする学際的アプローチである．
(2) 組織における労務管理の現象を，人間行動一般の次元でとり込む．つまり人間行動を可能なかぎり客観化しようと努力する．
(3) 参加型組織を通じて，「自己実現型人間」を実現しようとする．
　（「あらゆる人間は職務上で自己実現を得たいと欲し，また，参加的経営はあらゆる組織において，普遍的に妥当する唯一最良の途である．」）
　ストラウス；G. Strauss, *Organizational Behavior*, 1974.

3．具体的内容

　アメリカで発達してきた行動科学のさまざまな成果が人事労務管理の各領域にわたり，応用され完成されてきた．それらをまとめると次のようになる．
(1) 「労働力管理」の基礎となる職務分析，職務明細表，職務評価などは従業員の欲求分析や職務満足の分析を前提としている．また，雇用，教育訓練などの中にマクレガー，アージリス，ハーツバーグのモチベーション論やリーダーシップ論の成果をとり入れている．[7]
(2) 「人間関係管理」の分野では，非公式集団と公式集団双方への理解とその統合をめざし，組織目標と個人の欲求充足の同時達成を意図した提案制度，人事相談制度，従業員態度調査，感受性訓練等の管理手法が発達した．
(3) 「労使関係管理」では「経済的利害関係の観点」のみでなく，労働組合への加入も団体交渉やストライキ行為についても，人間の欲求分析や動機分析を行うことによって，はじめてその本質が理解できるとしている．労使関係の対象はいわゆる"労使"のほか対政府，対裁判所，等も含めて考え，労使関係管理のシステム化を図っている．

図表2－1　代表的行動科学の理論

〈代表的行動科学者〉

①マズロー（A. Maslow） ： *Motivation and Personality*, 1954.
②アージリス（C. Argyris） ： *Personality and Organization*, 1957.
③ハーツバーグ（F. Herzberg） ： *The Motivation to Work*, 1959.
④マクレガー（D. MacGreger） ： *The Human Side of Enterprise*, 1960.
⑤リッカート（R. Likert） ： *New Patterns of Management*, 1961

4．代表的理論と応用例

　アメリカでは行動科学がマネジメントの各分野に応用され，アメリカ産業の新たな展開の原動力となったわけであるが，日本でもアメリカの行動科学はさほどの時間差なく紹介され，普及することになる．当時の産業能率短期大学の研究所は，テイラーの科学的管理法の日本への実践・普及に貢献したという伝統から，行動科学の日本への紹介に対しても先駆的な役割を果たすこととなった．

　以下に，人事労務管理の領域に影響を与えた代表的な理論と，その実践例をあげておく．

(1) マズローの「欲求5段階説」（欲求階層説）；

　原典は「人間性の心理学」として邦訳され，今日でも行動科学の代表的な成果としてビジネスの世界で評価されその所説はしっかりと定着している．

　主要論点は，人間には生来生理的，安全・安定，愛情と帰属（社会的），尊厳，自己実現の欲求が基本的な下位欲求から高次の欲求へと階層をなしており，

下層の欲求が満たされることによって順次高次の欲求へと触発されていくということであり，この考え方は，労務管理に応用されることとなる．

新設のソニー厚木工場における実践例はまさにこの理論から触発された事例といえよう（小林茂「ソニーは人を活かす」参照）．

(2) アージリスの「未成熟―成熟モデル」（自己実現人モデル）；

「組織とパーソナリティ」・「新しい管理社会の探究」として紹介．

組織と個人の関係に関する研究の先駆者として知られており，その代表的な論説は，人間のパーソナリティの成長・発達にもとづくモデルを示し人格は受動から能動的へ，依存的から独立心の芽生え，さらに自己認知・自己統制へと成長・変化を遂げていく，このような個人のパーソナリティ発達に対応できるような「個と組織」を統合できる「効果的リーダーシップ」（統合的リーダーシップ）のモデルを提案し，新しいスタイルの管理者リーダーシップ・プログラムとして普及した．

(3) ハーツバーグの「動機づけ―衛生理論」（動機づけ理論）；

「仕事への動機づけ」・「仕事と人間性」にて紹介．人間には不満を回避する要因と満足を促進していく要因が存在し，それぞれ独自に人間行動に影響を与えており，前者は不満を予防する働きを持つので，衛生要因と呼び，これらには賃金をはじめとする労働条件やその他の物理的環境要因や管理者のあり方などの社会的要因などがあげられる．さらに従業員が真に動機づけされ自らの意思で働く意欲が起こるのは，「仕事自体」に関する要因であるとするのである．

この考え方は，アメリカでは職務充実・職務拡大（job enrichment, job enlargement）として職務再設計の考え方，手法として注目された．なかでもIBM 社エンディコット工場における長期的な実証研究は有名である．この研究は「労働の人間化」展開の一翼を担うこととなった．

我が国でも単調労働に対する改善への取組として，労働の生きがい策として，また労働能力の開発の視点から，多能工化の促進，ジョブ・ローテイション・

システムの導入へと応用展開されることとなる．

代表的な実践例としては，初期段階では三菱電機をはじめソニーなどのメーカーで実践され，近年では流通販売，サービス産業においても実践されており，従業員の意欲開発，職務能力開発に大いに貢献している．

(4) マグレガーの「X―Y理論」；

「企業の人間的側面」として紹介された．この理論は，上記3者の理論を踏まえ，さらに管理者のあり方として画期的な啓蒙書として注目された．

その考え方は，人間は本来怠惰で仕事を進んですることは好まないので，強制的に仕事をさせなければならない，という「X」理論と，その対照的な見解として，人間は高い理想と目標を持って自ら率先して仕事に取り組むものであるとし，それぞれの人には高い意欲と能力を有しているものであるので，参加と自己統制に基づいたマネジメントが望ましいとした「Y」理論を提唱した．

この考え方は，実践的なリーダーシップ論を展開するきっかけとなった．具体的にはブレーク＆ムートンの「マネジリアル・グリッド理論」や三隅「PM理論」等を生み出す契機となったといえよう．我が国でも多くの企業や行政体における管理者のリーダーシップ訓練プログラムに大きな影響を与えた．

(5) リッカートの「システム4理論」；

「経営の行動科学」として紹介された理論．これまでの行動科学の研究からさらに発展し，「組織管理とリーダーシップ」に関する研究として新しい視点を提案した．組織における管理者のリーダーシップのスタイルとして従業員中心型，あるいは集団参加型の有効性を主張し，この考えに基づく管理監督方式を「システム4」と名付けた．そしてそのほかの「システム1」：独善的専制型，「システム2」：温情型，「システム3」：相談型のいずれのスタイルよりも長期的には，従業員の意識や生産性が高まり，組織の効率が改善され高い業績が期待されることを主張し，多くの研究者・実践家に受け入れられた．

・ここに取り上げた代表的な理論は，1980年代に入り次第に人間性重視のマネジメント理論として登場する「労働の人間化」（QWL; Quality of Working Life），並びに「人的資源管理論」（HRM; Human Resource Management）の素地となたといる．

注

（1） F. W. Taylor（1856～1915）科学的管理法の提唱者
（2） H. Ford Ⅰ（1863～1947）自動車製造業者．フォード社の創始者
（3） 労働組合の団結権と団体交渉権が認められた
（4） H. Fayol（1841～1926）ファーヨリズムと呼ばれる彼の経営理論は，テイラーの科学的管理法とともに近代経営学の古典とされている．
（5） 従業員のモラールを測定する体系的な方法．態度調査ともいう．
（6） 菊野一雄の訳文による．
（7） 1960年代における行動科学の展開には，目ざましいものがある．代表的なものとして，45ページ図表2－1の5人の研究成果について学んでほしい．

まとめ

　マネジメントのルーツといわれるテイラーの「科学的管理法」がなぜ人的資源管理のルーツとしての人事労務管理形成の原型となったかをまず理解することが大切である．その契機は，仕事と管理の科学化にあり，その結果人事労務分野の公平性，客観性を導き出すことになる．

　つまり，テイラーは人事労務管理がマネジメントの一領域としての地位を確立することに貢献したことになる．

　また，このテイラーの成果が，その後，数多くの研究や理論を生み出す結果となった．

本章のキーワード

- 課　業
- 職　能
- 人事管理技術
- 協働精神
- 健全なる調整
- 社会的能力
- インフォーマル組織
- ラインによる人事管理
- 人間行動
- 客観化
- 自己実現型人間

■ 研究課題

問題　1　テイラーの「科学的管理法」が「労務管理」形成の萌芽と言えることの根拠を簡潔に説明しなさい．

問題　2　メイヨーの「人間関係論」と「人事管理」の関連性について簡潔に説明しなさい．

問題　3　人的資源管理に貢献した代表的な行動科学者2人を取り上げ，それぞれの論調について簡潔に説明しなさい．

■ 理解度テスト

第2章を精読のうえ次の問題に答えなさい．

問題　1　次の説明のうち正しいものに○をつけ正しくないものに×をつけなさい．

① ティードのいう労務管理の職能のうちの「従業員サービス」には従業員の"クラブ活動"への援助は含まれていない．

② スコットは心理学を修め「アメリカ陸軍人事委員会」の委員長を務めた．

③ ヨーダーの労務管理論では労務方針や労務監査，等を含まないほうが良いと強調している．

④ メイヨーは高度化した組織におけるリーダーに必要な能力として社会的能力（コミュニケーション能力）をあげている．

⑤ ピコーズ，マイヤーズの人事管理論では"人事管理"は職場の管理・監督者よりもスタッフとしての人事担当者が責任を持って行うべきであると主張している．

問題 2　次の行動科学者の唱えた(A)「理論」と(B)代表的「著作」をあげなさい．

　　　　　　　　　　　　　　　(A)「理論」　　(B)「著作」

① A．マズロー：

② C．アージリス：

③ F．ハーツバーク：

④ D．マグレガー：

⑤ R．リッカート：

■ 力だめし

さらに各種の受験に備えて次の問題に挑戦してみて下さい．

問題　第2章を熟読し，さらに他の文献などを参照のうえ次の用語について，それぞれ100字以内で説明しなさい．
　1　課業：
　2　職能：
　3　協働精神：
　4　調整：
　5　モラール：

第3章

人的資源管理の展開

―― 〈本章の目標〉 ――

1. 「人事労務管理」は社会変化の影響を受け，さらに大きく変化している状況を理解する．

2. 「労働の人間化」がなぜ登場してきたか，その考え方と具体的な内容を理解する．

3. 「人的資源管理」が「人事労務管理」にとってかわりつつあるが，その背景と論点を理解する．

はじめに

マネジメントにおける科学的管理の流れを受けて発展してきた「労務管理」・「人事労務管理」は急速に発展してきた行動科学の成果を取り入れつつ，人のマネジメントについてもこれまでとは異なった新たな展開がなされるようになった．本章では人に対する新しいマネジメントの潮流を概観し，その上でこれからの「人的資源管理」が個人と企業・組織・社会と関係をとりながら，新たな課題に対してどのような役割を果たしていくのかを検討する．

1. 総合的展開

人事労務管理は，これまで心理学，社会学，行動科学など多くの学問の発展によって支えられてきたわけであるが，さらに1960年代以降の急激な社会の変化に対応し，新たな展開をはじめることになる．

背　景
(1) これまでの人事労務管理の考えでは，1960年代後半からのさまざまな社会的不安に直面し，現実妥当性が弱まってきた．
(2) さまざまな個人とその人のおかれている状況との差異を認識し，そのうえで組織ないし経営管理上・人事労務管理上（動機づけ，職務設計，リーダーシップなど）の諸施策がいかなる種類の人間や職務と適合するかということを個々の実態に即して適用・応用しようとする試みが行われてきた（組織行動論的アプローチ）．

このような流れのなかで，2つの潮流が台頭してきた．
① 「労働の人間化」；QWL : Quality of Working Life.
　　　　　　　　　（Humanity of Working Life）
② 「人的資源管理」；HRM/HRD :
　　　　　　　Human Resource Management/Development.

2. 「労働の人間化」の展開

1. 理念

① 労働生活の「主観的状態」と「客観的条件」との双方から学際的アプローチによって労働生活の質の向上をめざそうとする．

② 従業員の論理を優先（個人目的達成）することを重視して労働をより人間的にしようとする．

2. アプローチ方法

(1) マクロ・アプローチ：労働生活の質的向上をめざして，社会保障，社会福祉を通じた人間生活の改善を行う．職場生活も含めた，労働者の日常生活全般の質的向上を目ざす．

　① 労働者の生命と健康の保障
　② より多くの自由時間とゆとりの確保
　③ 労働者の個人能力開発による職業生活の充実

(2) ミクロ・アプローチ：労働者とその諸関係の質を向上させる．いわば職場生活の快適化を目ざす．

　① 職務設計，職務再編成による職務充実化
　② 労働者のモチベーションを高めるための諸施策
　　（各種動機づけ理論の実践，小集団活動など）
　③ 職場環境の快適化のための諸施策

3.「労働の人間化」マクロ・アプローチ

(1) その発端ヘリック，マコビー；N. Q. Herric & Maccoby, *Humanizing work*,

図表３－１　労働環境政策の目的とその内容

① 人　間　化 精神的満足の増加 疎外の克服	主体性の尊重と自由選抜（自己決定）領域の拡大 創造性と技能の発揮と開発（自己実現） 人間的コンタクトの回復 生産物との一体感（identification）の回復 仕事の多様化と変化
② 快　適　化	自然化と芸術化 ゆとりの増加　　作業スピードの最適化 　　　　　　　　休憩時間の最適化 五感の快適化　　色彩の快適化 　　　　　　　　温度と湿度の快適化 　　　　　　　　臭気の減少 　　　　　　　　通風・換気の改善 　　　　　　　　騒音の減少 　　　　　　　　ちりとほこりの減少 便利性の改善 肉体的苦痛の減少
③ 安　全　化	衛生状態の改善 有害物質発生・排出の防止 作業の安全性
④ 効　率　化	モラールと規律の向上 作業停止の減少 欠勤率の減少 転職率の減少 労使紛争の減少

1970.
(2) QWL に関する国際会議（1972）
「労働者と社会の福祉」：Well-being のための四原則を提唱
① 保障：Security
② 公正：Justice
③ 個性化：Individualization
④ 職場の民主主義：Democratisization of the work place
(3) 「労働の人間化」を推進する基本方針
① 安全と健康
② 労働時間の短縮（休暇と新しい労働時間形態）
③ 職場外の生活様式の改善，充実（余暇生活と生涯教育）
④ 作業組織の再編（スウェーデン「人間的労働環境宣言」Hans Günter, 1975.）（図表3-1）
(4) 旧 EC での QWL の取組み
① 「社会行動計画」（「ベルトコンベア廃止宣言」1973.10）
② 「人間化プログラム」（1974.1）
・安全，衛生，健康についてのプログラム
・エルゴノミックス[1]とリハビリテーションについての調査プログラム
・作業組織の変革などについての決議の採択
③ 「作業組織，技術進歩および人間の動機づけに関する欧州会議」
・労働者の創造的能力は，管理の分権化，権限の委譲および，組織の柔軟化，民主化により開発される．（1974.4）
(5) 各国の実践例
・スウェーデン，「ボルボ社・カルマール工場」での"人間化工場"開設（1975）
・西ドイツ，「労働者の人間化研究計画」開始
・アメリカ，GM 社ローズタウン工場での労働者による大規模なストライ

キ発生(1972)が契機となって
「全国生産性及び労働生活の質向上法」制定
(National productivity and Quality of Working Life Act of 1975)
・QWL 実践企業
モンサント，GM，ブジョー，ルノー，トリアッチ，フィアット，モトローラ，オリベッティ，フィリップス，IBM，TI，GF，ATT，ベル，ゼロックス社など

4.「労働の人間化」の内容

① 雇用保障
② 作業環境の安全衛生
③ 適正な賃金水準とその保障
④ 労働生活と労働外生活との調和
⑤ 職場での労働者の社会的欲求の充足
⑥ チャレンジングな仕事，能力発揮の機会
⑦ 能力開発と成長の機会
⑧ 意思決定への参加，職場での発言権
（Suttle, Rifars K. Walton など）

5.「労働の人間化」ミクロ・アプローチ

(1) その発端
1944年　IBM社エンディコット工場での職務拡大（Job Enlargement）の試み──機械工が３つの職務を担当する．
(2) 社会─技術システム論：Socio-technical systems theory.
・1950年，イギリス，タビストック人間関係研究所[2]
イギリス，スカンジナビア諸国，アメリカの研究者達によって実験，研

究が展開された（Louis, E. Davis/UCLA ら）．

〈考え方〉
　企業の設備体系によって構成される技術システムと，そこで働く人間によって構成される社会システムは一方が他を規定するのではなく，相互に独自性を保ちつつ，組織全体の効率を高めるのに，両者の最適化を図らねばならない．
　以上のように2つのシステムの結合に注目するので「社会—技術システム」という．

(3) エメリー，トゥラッドの基本命題：Theory of Fred Emery and Einar Thorsrud.
① ある組織の目標（goals）は事業（enterprise）とその環境との相互依存の特殊な形態として理解される．
② オープンシステムとしての事業は環境あるいは組織の変化にもかかわらず，諸目的へ向かって耐えられる程度の進歩比率と方向性の一貫性を維持することにより環境との関係において安定した状況を維持しようとする．
③ 複雑な環境の中で組織がついていける投入および産出市場の変動（variation）は，技術の柔軟性（flexibility）と構成部分の自己調整（self regulation）の程度に依存する．
④ メンバーのリーダーシップと没頭（commitment）が安定状態を維持する基本的条件である．
⑤ 管理の主要なタスク（課題）は事業領域にある．
⑥ 事業が安定的状態を達成しうるのは，そのメンバーがある程度の自律性（autonomy）と選択可能相互依存性を持つ場合のみである．

(4) 職務設計論：Job-Designing（Redesign Approach）

〈考え方〉

- 職務満足あるいは，労働者の動機づけに注目し，むしろ技術とは無関係に労働者のモチベーションを高めるような職務設計を追求する．

  （ハックマン，オールダム：J. Richard Hackman and Greg R. Oldham）

- 職務設計の理論

  ① 動機づけ——衛生理論

  ② 職務特性理論

  ③ 活性化理論

- 動機づけ理論にもとづく職務設計の考え方

  $\left(\begin{array}{l}\text{ハーツバーグ（F. Herzberg）；「能率と人間性」}\\ \textit{The Managerial choice, to be Efficient and to be Human}, 1976\end{array}\right)$

〈良い職務の構成要素〉

① 業績についての直接的なフィードバック

② 依存的人間関係

③ 新しい学習の機会

④ 日程計画の自己編成

⑤ 独自の専門知識の蓄積

⑥ 資源への統制（原価と利益に関する統制）

⑦ 直接的コミュニケーション

⑧ 個人的責任の明確化——人間の基本的な欲求は個人的成長である．

　　　　　──➤そして各人の職務の中で実現することが人間的な職場であるといえる．

(5) 「労働の人間化」―総合的アプローチ（J. L. Burbidge）
  ① グループ生産方式
  ② 参加
  ③ 職務再設計 ─┬─ i　タスク拡大
　　　　　　　　│　 ii　バッチ頻度の増大
　　　　　　　　├─ iii　職務拡大
　　　　　　　　├─ iv　職務転換
　　　　　　　　└─ v　職務充実
  ④ 訓練
  ⑤ エルゴノミックス
  ⑥ 労働条件の改善

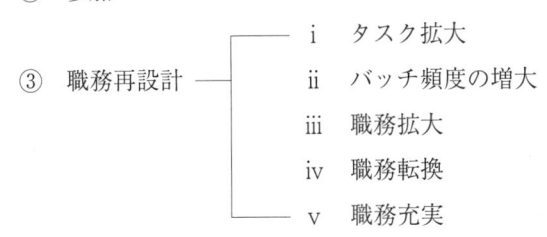

6．1980年代以降の課題と展開

  ① 労働負荷ないし職業ストレスを軽減して，健康を保障すること．
  ② 新技術を人間的必要（Human wants）に応じて利用すること．
  ③ 「労働の人間化」の公共福祉政策への取組み．

　EC における関心の度合いを第 1 回 EC 労働環境調査（1992）でみると，次のとおりである．

　　・つかれやすく痛みを伴う姿勢　　16%
　　・不適切な機械・工具　　　　　　15%
　　・粉じん・有害ガスの吸入　　　　10%
　　・仕事順や方法が選べない　　　　35%
　　・短い周期の反復仕事　　　　　　24%
　　・労働時間の半分以上が夜勤　　　 9%
　　・安全・健康に不安　　　　　　　30%

　仕事の質的向上と安全・健康面への配慮が望まれている．

3.「人的資源管理」(HRM)

1．人的資源管理の背景

　アメリカでは，1960年代より人的資源の計画的な発見，活用，任用に対する期待が高まり1970年代後半よりさらに長期的な広がりをもった戦略的な事業展開が進み，これに呼応した人事が期待されてきた．1980年代に入り，人的資源管理のモデルも登場してきた（ヘネマン；H. G. Heneman，グラハム；H. T. Graham など）．
　今日のわが国の経営環境もまた同様である．具体的な契機として，以下のことが考えられる．
　① 人々の価値観の変化に伴い，雇用機会均等法の制定や労働基準法の改正など，政治的要請へと発展してきた．
　② ニュー・テクノロジーの開発を必要とする企業側の先端的技術者の獲得と維持に対するニーズが高まってきた．
　③ 以上のように，新しい高度なニーズに対する人間能力の開発および管理に応えるような概念やシステムが必要となってきた．

2．「ヒューマン・リソース」（人的資源）のとらえ方

　人的資源管理が対象とするのは「人間」であるが，具体的には，人間の能力である．そのとらえ方としては，次のような見解がある．
　① 投資が積み重ねられた結果としての**「能力」**(ability)のことをいう．設備やシステムに対する投資を行うのと同様に，企業は人間に対しても資金を投資し，有能な人を確保したり，能力を高めるよう努力することが必要である．
　② 人的資源の基礎となるのは一人ひとりが，努力を積み重ねてきた個人の財産である**「才能」**(talent)である．ここでいう才能とは，それぞれ生を

受けた人生の中で培われてきたその人なりのエネルギーのことをいう．
③　現実には個人が所属している組織・集団から期待されている役割を正しく認識し，期待されている目標を達成し，高い業績，成果をあげ，貢献出来る**「能力」**（competence）が求められている．
④　さらに上記のような能力，才能と捉える他に，現在自分が所属する集団，組織，社会のなかで複雑でかつ曖昧な諸条件を受け止めながら長期的，大局的な見地から将来に向けて総合的に予見し適切な意思決定・判断をしなければならない．このような能力をこれまでは**総合判断能力**，あるいは**問題解決能力**（conceptual skill）などと説明されていた概念である．
⑤　そのほか人間の能力を表現する一般的な言葉として**「パワー」**（power；日本語では力，実力という物理的な影響力の大きさを表現する言葉として用いられている），とか**「器」**（capacity；通常は潜在的な能力も含めたその人なりの保有能力を表現している），またはかなり知的で高度な能力として特別に限定して用いる**「能力」**（faculty；芸術的，専門的な知識力を指すことが多い）など，人間の資源としての能力，力，エネルギーのとらえ方には諸説ある．

・いずれにしても，多面的な人間を資源としてとらえ，特定の企業組織・集団・社会において，その構成員としての人間を，それぞれの所属集団の目的に供するようマネジメントしていかなければならない．

3．人的資源管理のとらえ方

①　人間能力の獲得と蓄積，および開発と活用を行うマネジメントである．
②　とくに日本では，新しい日本的経営の確立に向けての"総合的"な人的資源開発の新しいシステムである．
③　これまでの能力開発，教育・研修と異なり，人的資源に対する投資とその活用のシステムと考える．

4．人的資源管理に関する見解

① 「人的資源管理」(HRM)：使用者が従業員のもっているさまざまな能力から最大限の利益を獲得し，また従業員はそれぞれの仕事に従事する中で，金銭的報酬にとどまらず精神的報酬をも得ることを可能にするような方法で，その企業の従業員，つまり人的資源の活用を確実なものにすることを目的にするもの．（グラハム）

② 「人的資産」（人的資源）：技術の向上に伴って引き出されていく能力（知識，技術等）をいう（American Accounting Academy）．

③ 「ヒューマン・リソース・マネジメント」：経済学，会計学のHuman Capitalという概念に照応する．

　「企業にとって，人間は貴重な資源であり企業がその機能をいかに発揮させるかによって人間の価値が変わってくる．」（エリック・フラムホルツ『人的資源の管理』より）

5．人的資源管理の内容

① ミクロには従業員の自主性，主体性を尊重し，自己の尊厳を保持しつつ，組織本来の目的の達成を図る．

② マクロには，人間と環境との媒介変数としての国家（政策）や社会，企業，組織との各レベルにおける人的資源とのかかわりのシステムや関連運用諸制度を検討しようとするもの（モデル参照，図表3−2，3−3）．

6．人的資源管理の課題

人的資源管理がその目標を達成するための課題として次のようなことが考えられる．

① 異質，異能な人材を採用，確保し，維持できる人事労務システム

② 創造性を認め，支援・促進するシステム（組織・仕事システム）
③ 個性を重視，尊重する職場風土，文化の醸成（特にマネジメントの価値観がこのようなことを承認するものになっている．）
④ 変革の推進者となり得るような能力開発を行っている．
⑤ 以上のようなことに対する評価システムおよび保障のシステム（処遇を含む）が用意されている．

4.「人的資源管理」(HRM) の構図

1.「人的資源管理」の2つの側面

(1) マクロ的側面

「人間資本」の視点——労働市場，雇用問題としての"人的資源"の確保と開発，活用に関する諸問題を取り扱う．

(2) ミクロ的側面

「人材資源管理」の視点——人手としての人材確保と開発，活用に関する諸問題を取り扱う（図表3-2参照）．

2．マクロ・アプローチに関する研究

(1) エリ・ギンズバーク（Eli Ginzverg）

  "Human Resources" — Wealth of Nation

  1958（コロンビア大学）：『「人間能力の開発」—現代の国富論』（大来佐武郎訳，日本経済新聞社）

〈論点〉

経済の発展はなによりもまず国民全体が到達している技術の水準と技能獲得の潜在的能力に依存する．

(2) ゲイリー・ベッカー（Galy S. Becker）
　　 "Human Capital"
　　 1975（コロンビア大学）：『人的資本』（佐野陽子訳，東洋経済新報社）
〈論点〉
　人々のもつ資源を増大することによって，将来の貨幣的および精神的所得の両者に影響を与えるような諸活動を取り扱う．このような活動が人的資本投資と呼ばれている．この投資の形態は学校教育，職場教育，医療，労働援助，さらに価値や所得に関する情報を探知することまでを含める．

(3) セオドア・シュルツ（Theodore W. Shultz）
　　 "Investing in people"
　　 1981（カリフォルニア大学）：『人間資本の経済学』（伊藤長正・大伴檀訳，
　　　　　　　　　　　　　　　　日本経済新聞社）
〈論点〉
　人間の質を過小評価してはいけない．土地自体は貧困の決定的要因ではないが，人間は決定的な要因である．人間の質を改善するために投資を行えば貧しい人々の経済的な将来性と福祉を大幅に改善できる．
　育児，家庭ならびに職場の経験，学校教育による知識や技能の習得，健康や学校教育などに対する投資は，人間の質を改善するのに役立つ．

注
　（１）　ergonomics：人間工学．人にやさしい技術のこと
　（２）　Tavistock Institute of Human Relations

図表3−2 人事労務管理モデル（ヘネマン他）

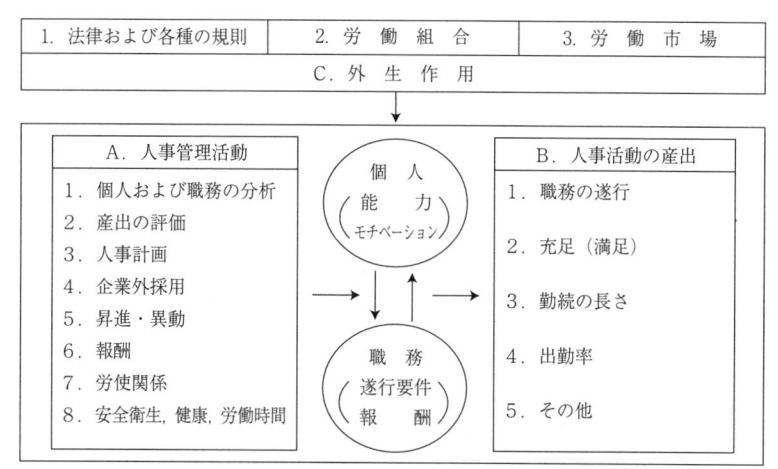

1. 法律および各種の規則	2. 労働組合	3. 労働市場
C. 外　生　作　用		

A. 人事管理活動
1. 個人および職務の分析
2. 産出の評価
3. 人事計画
4. 企業外採用
5. 昇進・異動
6. 報酬
7. 労使関係
8. 安全衛生, 健康, 労働時間

個　人
能　力
モチベーション

職　務
遂行要件
報　酬

B. 人事活動の産出
1. 職務の遂行
2. 充足（満足）
3. 勤続の長さ
4. 出勤率
5. その他

出典：H.G.Heneman Ⅲ, et.al., Personnel : Human Resource Management, 1980, p.9
津田眞澂『人事管理の現代的課題』税務経理協会, 1981年, p.21

図表3−3　HRM領域の概念マップ

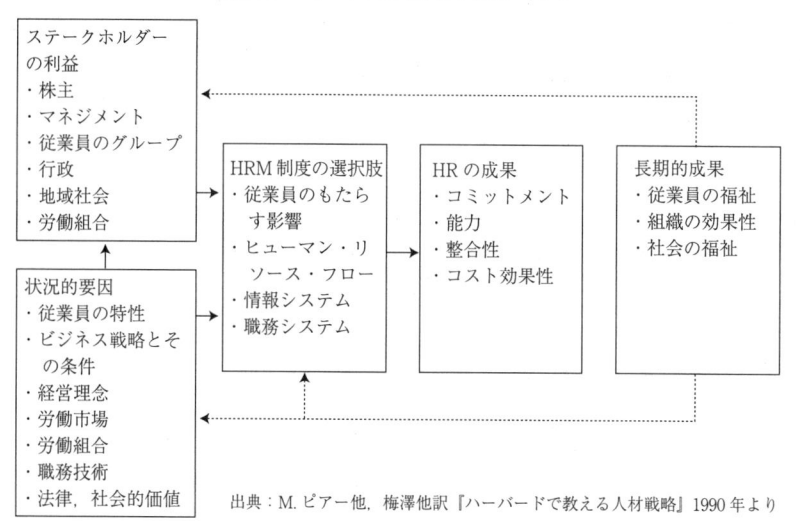

ステークホルダー
の利益
・株主
・マネジメント
・従業員のグループ
・行政
・地域社会
・労働組合

状況的要因
・従業員の特性
・ビジネス戦略とそ
　の条件
・経営理念
・労働市場
・労働組合
・職務技術
・法律, 社会的価値

HRM制度の選択肢
・従業員のもたら
　す影響
・ヒューマン・リ
　ソース・フロー
・情報システム
・職務システム

HRの成果
・コミットメント
・能力
・整合性
・コスト効果性

長期的成果
・従業員の福祉
・組織の効果性
・社会の福祉

出典：M. ピアー他, 梅澤他訳『ハーバードで教える人材戦略』1990年より

第3章　人的資源管理の展開

図表3-4 人的資源管理／ヒューマン・リソース・マネジメントの構図

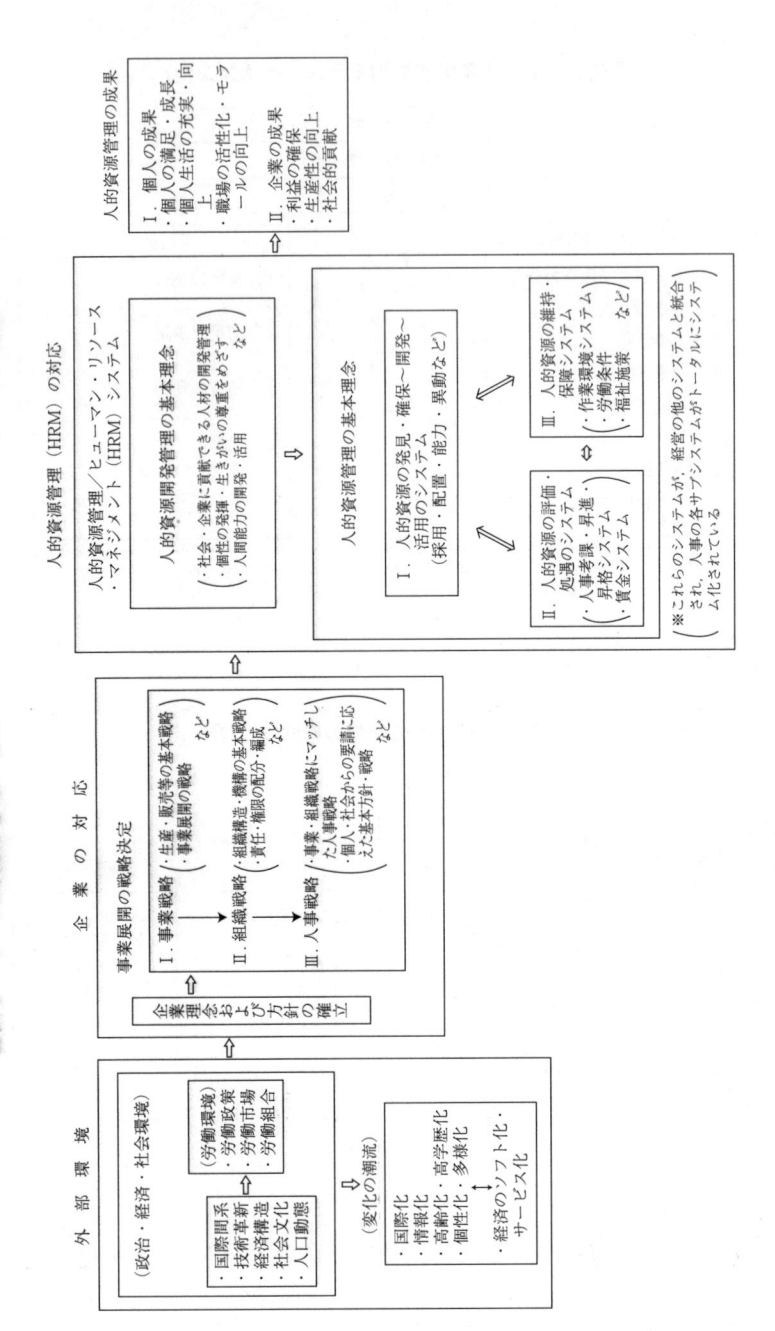

外部環境

(政治・経済・社会環境)

- 労働環境
  - 労働政策
  - 労働市場
  - 労働組合
- 国際関係
- 技術革新
- 経済構造
- 社会文化
- 人口動態

(変化の潮流)
- 国際化
- 情報化
- 高齢化・高学歴化
- 個性化・多様化
- 経済のソフト化・サービス化

⇩

企業の対応

企業理念および方針の確立 ⇒ 事業展開の戦略決定

- I. 事業戦略（生産・販売等の基本戦略・事業展開の戦略 など）
- II. 組織戦略（組織構造・職権の基本戦略・責任権限の配分・編成 など）
- III. 人事戦略（事業・組織戦略にマッチし、かつ個人・社会からの要請に応えた基本方針・戦略 など）

⇒

人的資源管理（HRM）の対応

人的資源管理／ヒューマン・リソース・マネジメント（HRM）システム

人的資源開発管理の基本理念
（社会・企業に貢献できる人材の開発管理・個性の発揮・生きがいの尊重をめざす・人間能力の開発・活用 など）

⇩

人的資源管理の基本理念

- I. 人的資源の発見・評価・活用のシステム（採用・配置・能力・異動など）
- II. 人事考課・処遇のシステム（昇格システム・賃金システム など）

⇔

- III. 人的資源の維持・保障のシステム（作業環境条件・労働条件・福祉施策 など）

※これらのシステムが、経営の他のシステムと統合され、人事の各サブシステムがトータルにシステム化されている

⇒

人的資源管理の成果

I. 個人の満足・成長
- 個人生活の充実・向上
- 職場の活性化・モラールの向上

II. 企業の確保
- 利益の確保
- 生産性の向上
- 社会的貢献

出典：法政大学大原社会問題研究所編『労働の人間化の新展開』p.182 村上論文より

まとめ

人事労務管理は急激な環境変化に対して，これまでのさまざまな成果を尊重しつつ，新たな理論構築の試みがなされてきた．「労働の人間化」と「人的資源管理」がそれである．

いずれも社会労働環境などの社会システムとの連携をとりつつ展開するマクロな領域と，企業内人事労務管理において，従来とは異なる新しい領域や課題があることを認識することが大切である．

本章のキーワード

労働の人間化　　　　　　　　　人的資源管理のマクロ・アプローチ
労働の人間化のマクロ・アプローチ　職務充実・職務設計
労働の人間化のミクロ・アプローチ　「人的資源」のとらえ方

■ 研究課題

問題　1　人的資源管理と行動科学の関連について簡潔に述べなさい．

問題　2　人的資源管理が発展してきた背景について説明しなさい．

問題　3　「労働の人間化」の展開に際して，マクロ，ミクロの両面からそのアプローチを検討することの意義について説明しなさい．

■ 理解度テスト

問題　1　well-being の 4 原則とは何か．
　　　　①
　　　　②
　　　　③
　　　　④

問題　2　「人的資源管理」でいう"能力"について説明しなさい．
　　　　(1)　ability：
　　　　(2)　talent：
　　　　(3)　competence：

■ 力だめし

さらに研究を高めるために下記の問題に挑戦してみて下さい．

問題　1　次の略語について完全な英語の綴りを書き，それぞれについて200字程度で説明しなさい．
　　　　(1)　QWL：
　　　　(2)　HRM：

問題 2 次にあげる研究者の人的資源に関する著作についてその主張点を簡潔に説明しなさい．

　　　　　　　　　　　　　　　　　　　著作名（英文）

(1) エリ・ギンズバーク：

(2) ゲイリー・ベッカー：

(3) セオドア・シュルツ：

第4章

雇用管理システム

――〈本章の目標〉――

1. 厳しい企業環境下にあって，まずどのような雇用管理方針を設定し計画を立案していくか，マクロな視点でとらえる．

2. 新しい観点から人事システムを有効に機能させるための，トータルシステムの考え方と設計の手順について理解する．

3. これまでの「職能資格制度」を日本的な人事トータルシステムとして再検討を試みる．さらに，職務主義的な発想についても検討する．

はじめに

本章より「人的資源管理」のいわば各論になる．企業内で扱う人事問題として従来から変わらず押さえなければならない事柄と，新しい観点から検討をしなければならないこと等さまざまな領域・テーマがある．

本章ではまずこれまでの人事制度のフレーム・ワークを再確認し，具体的な人事システムの設計の展開モデルを提示している．

1. 雇用管理の意義と方針

1．雇用管理の意義

雇用管理は，従業員の採用から退職に至るプロセスを通して，人と仕事の対応関係の合理化を図り，経営の人的要素である労働力の効率的活用を目的にする領域である．

雇用管理の具体的内容は，職務設計にはじまり採用，配置，異動，昇進，教育訓練等がある．さらに広義には安全衛生および賃金・労働時間などの就業管理を含む場合もある．

2．雇用管理方針

雇用管理は人と仕事の関係から生ずる労働力の有効活用を目的とするものである．

その実現のためには，2つの視点からのアプローチが考えられる．その一つは，人間の側面から，もう一つは仕事の側面からである．そのために，雇用管理の具体策はこのアプローチの違いから次のような2つの構想の違いが考えられる．つまり前者からは，従業員に期待または可能とされる職務遂行能力を基準として採用，配置の適正化を行おうとするものである．これはいわば「属人

的雇用管理方針」といえる．また後者つまり仕事の側面からのアプローチは，職務標準を基準として採用，配置の適正化を目ざそうとする「職務主義的雇用管理方針」にもとづくものである．

雇用管理の方針は，あくまでも各企業がそれぞれの経営理念や置かれている状況，内外の諸要因によって確立すべきであるが，最近の産業界の一般的な動向としては，年功的なものから職務主義，ないしは職能主義への転換が進みつつある．

3．雇用管理方針の設定の背景

方針は，たとえば理念—目的—方針—制度—手続き—実施といったステップと考えられるが，基本的には，体系性，基準性，時間性，納得性という要件を備えていなければならない．

雇用管理の基本方針は，次の与件に対応していなければならない．
① 経営風土（経営理念・従業員の欲求水準・社会的価値体系）
② 労働市場の構造
③ 技術革新
④ 労働組合

雇用管理方針の設定のための上記4つの与件から，わが国の雇用管理の基本方針の特徴をあげれば次のとおりである．

1．経営風土——経営風土の面では，従業員の教育水準，生活水準の上昇に伴い，自己実現の欲求が強まり，社会的価値体系が多様化・複雑化している．これまでの「和」を尊しとする経営家族主義的理念は，わが国の人事労務理念として支配的であった．しかし戦後世代が中心となっている現在，経営家族主義的な温情論は，理念としての社会的有用性は次第に喪失しつつある．したがって，個々の企業は改めて独自の行動理念を掲げ，自社なりの新しい経営風土を形成していくことが迫られている．

当面は個人主義的理論をいかに受けとめ，いかに企業内価値体系に組み入れていくかということが問題である．この問題は，管理者に与えられている権限やまた一人ひとりの行動規範のあり方が重要な影響を与える．

2．労働市場——労働市場の構造は，マクロ的経済の変動に応じ需給関係は流動的であり，日本経済全般に低成長が続いても，業種の違いにより需給のアンバランスが顕著になることが予想される．また労働力供給源は，とくに新規学卒のフリーター傾向の増加やリストラの進展や，企業間のM&Aの増加などにより中高年労働者が増加しつつある．また労働市場は旧来の閉鎖的労働市場から開放的労働市場へと移っている．こうした労働市場の不安定化と多様化は，新たに雇用保障と雇用調整の問題を生みだしている．

3．技術革新——年功的熟練が職場の主役である条件のもとでは，年功格差と職能格差が対応する．しかし，IT化の進展がみられる今日では年功序列的方針は労働力の有効活用という雇用管理の目的を達するが，しかし，技術革新につれて，旧来の年功的熟練は機械装置・管理システムに移行され，新しい技術・技能にとってかわられつつある．つまり，年功格差と職能格差との対応関係が崩れ，年功的方針の基盤が崩れるのである．したがって，技術革新は，職能的秩序の再編成をもたらす要因となる．

4．労働組合——わが国の労働組合は，企業別組合が一般的である．この形態は，個別企業の特性に対応する独特な労使慣行を形成することに大きな影響を与えた．しかし今日では，労働者の意識変化が急速にみられ，労働組合の意義が問われている．しかし，三種の神器といわれる日本的人事労務管理の特性のうち，企業別組合は当分残っていくものと予想されている．

4．日本の雇用管理の特徴

(1) 属人的であるということ

　日本の雇用管理は採用から配置，異動，昇進，退職に至るまで"人"が中心に据えられ，むしろ"仕事"（厳密には"職位"）との関連ではとらえられるこ

とが少ないという傾向がある．

このような属人的な雇用関係は，賃金制度などにも大きな影響を与えている．すなわち"本人"の生活の基盤をつねに考えていくということになり，しかも終身の生活を保障するという雇用管理にならざるをえなくなるのである．

このようないわば年功序列型で，終身雇用体制の人事労務管理では，仕事ぶりの評価などが組織に対する貢献度とかけはなれて行われることになってしまう．この結果多くの問題が生じることになる．

まず第1に，これまでの年功を中心とした昇給・昇格制度の運営に際して，特に若年層，中堅層からの批判が生じることになる．この結果，社内のモラールを低下させてしまうことになる．とりわけ優秀な若手，中堅社員のモラール・ダウンは重大な問題である．

また第2に，終身雇用体制ということは，企業内に事なかれ主義を醸成し，組織の革新性が停滞することになる．このことは一層企業の体質を弱くすることになり，今日のように厳しい企業環境下においては，企業の浮沈にも影響を与える結果になりかねない．事実このような現象はすでに現れはじめている．

(2) タテ型であるということ

属人的傾向が強く，しかも年功序列にもとづいているということは，結果的には人事の序列はタテの系列がハッキリしているということになる．そしてこれが強固なものとなっている．

日本の企業では，このタテ型の社会組織であることにより，社内の秩序が整然と保たれており，命令——報告の流れ，仕事の流れがスムーズに行われ，組織内の統制がとれやすくなっている．

しかし，このことは反面では整然としたピラミッド組織をつくってしまうことになり，形式やタテマエによって動く人間関係に陥ってしまい，組織における"仕事"本来の機能を果たすことができなくなってしまう．

以上のように日本の雇用管理は"人"を中心にした管理だったわけであるが，今後は"職務"を取り入れた近代的な雇用管理制度が要請されることになる．

もちろん以上のような属人的な考え方はこれまでの日本ではそれなりに意義があり，評価されてきた．

しかし今日では，社会的には労働力構成の変化，社会意識の変化により，経済的には低成長の常態化など企業環境の変化，そしてとりわけ若年層を中心とした個人主義化の傾向ないしは企業に対する帰属意識の希薄化などにより，職務中心の考え方を取り入れた企業運営の必要性がしだいに高まってきている[1]．

2. 雇用管理の計画

雇用管理の基本方針として，何を中心に据えるかが決定されたら，次に雇用管理の具体的な計画を立案することになる．

その第一歩が人員計画の立案であり，つづいてこの計画にもとづいての要員の確保と，有効活用という雇用管理の実務へと展開されるのである．

1．要員計画の立案

(1) 要員計画の考え方

要員計画を立案するにあたっては，2つの面から考えていく必要がある．

その1つは，マクロ的ないしは割り付け的な方法であり，もう1つは，ミクロ的な積み上げ的方法である．マクロ的な方法の考え方は要員を経営にとって不可欠な3要素の1つとしてみている．そしてこの要員（人材）によって，企業は事業活動を営んでいるのである．しかし，これは企業の観点からは人件費として計上されることになる．したがって，費用は最小限にとどめておくにこしたことはない．この人件費の限度を各企業の生産性を1つの指標にして，適正な労務費，人件費を設定し，保有可能人員の概数を算定するわけである．

一方，ミクロ的な要員計画の立て方は，企業経営にとって必要な機能や業務を設定し，これらの機能を果たすためにはどのくらいの業務遂行要員が必要か

を算定していく．そのためのアプローチとしては，職務調査・分析にもとづいて職務標準を設定し，その職務標準の遂行状態（仕事の配分状況など）を把握したうえで職位の数を最終的に設定していくという方法がある．

その他ミクロな視点からの要員計画の方法としては，時間研究（time study）や，動作研究（motion study）によって各職務ごとの標準作業時間，あるいは標準作業量を設定し，職務の稼働率や余裕時間などを考えて適正人員数を算定するという伝統的な方法もある．

(2) 適正要員の設定

要員計画を立てる際には，その企業なりに最適の人員数を設定することになるが，この場合，今日のように厳しい環境下にあっては，たとえ新規採用数を極力抑えたにしても，企業が支出するコストとしての人件費は，低成長とはいえ，それが微増だとしても，人件費は上昇することになる．この人件費増の傾向に対して，企業としてはなんらかの手を打つ必要がある．その方法としては，まず従業員1人当たりの生産性を高めるということである．この1人当たりの生産性を高める努力こそ，これからの雇用管理において重要な課題である．そのためには，まず，人件費増を吸収するために，"仕事量"そのものの見直しを図る必要があるだろう．

一方，人件費そのものを減少させることもまた，"仕事の質"的な転換を図り，より効率的な仕事の設計を行うという意味で必要である．しかし日本では世間相場などの関連から，企業独自で簡単に決められないこともある．また，いたずらに減少させると，従業員のモラールを低下させることになり，結果的には生産性を低下させることになってしまう．このようなことから，要員計画立案の第一歩は，前項であげたいわばミクロの視点からの適正要員計画を考える前に，マクロの視点からの適正要員計画設定からはじまる．そのために，まず企業にとって適正な人件費総額と1人当たりの人件費（その中心は支払賃金の額になるが）から適正要員の枠を設定する必要がある．

2．適正要員の算定

(1) 人件費計画の考え方

適正要員の算定にあたっては，その企業の生産性を人件費との関係で算出するが，この場合，どれだけの生産性を上げているかを判断する場合の指標として付加価値を基本として考える必要がある．付加価値とは，その企業が生みだした利益のことをいうが，一般に，外部から購入するさまざまな物資の費用（原材料費や，動力費，燃料費等）を売上高から除いたものをいう．

この付加価値を生みだすためには，人件費をはじめ各種の費用が必要となるが，この諸費用を控除した残りが純利益となる．

このようなことから，付加価値が一定であっても，人件費以外の諸経費の節約がなされるならば，そのぶんだけ人件費に回すことも可能になる．

そこでまず，付加価値や人件費，その他の諸経費や，純利益についての将来予測を行い，そのうえで賃金水準についても検討を加えたのちに，適正要員数を算定することになる．

(2) 適正人件費の算定

適正人件費の目途をつけるためには，人件費をどの程度までは許容できるか，その範囲を算定することが必要となってくる．その判断の指標として，

1）人件費が売上高全体に占める割合

2）人件費の付加価値に占める割合

をとらえてみるとよいだろう．

一般に前者を人件費比率，後者を労働分配率と呼んでいる．

人件費比率は，産業別，企業別に異なるが，この数年来日本企業は高水準にあり，各社とも低下への努力を行っている．

また，労働分配率は，近年上昇を続け，欧米先進諸国なみの70％に達している．

適正人件費を算定する場合，これらの数値を1つの目安にして自社の数値を比較してみるとよいだろう．またこれらの指標の自社での数値の変化を過去何

年かにわたって算出し，比較検討してみることもよいのである．売上高や付加価値の伸び率と，人件費の増加傾向とを比べた結果，もし人件費の伸び率の方が著しい場合は，当然，人件費比率や労働分配率が上昇することになってしまう．そこで企業としては，原材料費の切りつめや経費の節減，あるいは雇用の調整を行うということになる．

(3) 適正要員の算定

以上のようなことを考えたうえで，企業としては採算許容範囲での適正要員を算定していくわけである．次のような方式で算定することができる．

$$適正要員数 = \frac{付加価値 \times 労働分配率}{1人当たりの人件費}$$

3．適正要員計画の方法

企業が必要かつ適正な雇用管理を進めるために，利益計画から適正人件費を算定し，これにもとづいて適正要員の枠をマクロな視点から設定していくわけであるが，現実には，賃金の世間相場や，採用しようとする人材の労働市場の需給関係，特に，ある特定の専門職関係については企業の財務状況等をある程度乗り越えて，要員計画を立てざるをえない場合も起こってくる．

このような場合，まず人件費を企業としてはなんらかの方法で吸収ないしは解消するように努力せざるを得ない．そのためには，各企業とも売上高を上昇させたり，製品の充実をしたり，また生産工程の技術的な改定をしたり，多くの試みがなされている．要員管理上からも大きな課題であるといえる．

(1) 労働生産性の向上をめざす

このためには，売上高はたとえ同じであっても，必要な労働量そのものを減少させる努力をすることによって，生産性を高めることができる．

1人当たりの人件費増を伴うにしても，人手が省力化されればよいことになる．

(2) 直間比率の見直し

　人手の省力化を図る際に，投下労働の効率を高めるように工夫する必要がある．その方法としては，少数精鋭化を進めることになる．とりわけ間接部門の人員をできるかぎり削減し，直間比率[2]を少なくとも欧米なみの8対2ないしは9対1の割合になるよう，要員を調整する必要がある．

(3) 職務の再編成と職務拡大

　人員の有効活用という視点から，業務を再検討し，個人作業を共同化し，これまで以上の効率アップを目ざすとか，従業員の手待時間などできるかぎりムダのないように，作業所要時間の測定や業務分析などを行ってみることも必要である．

(4) 賃金体系の見直し

　これまでの日本の賃金体系は，主として年功型を柱としたものであったが，しだいに中高年齢化が進み，これまでの体系では，人件費増は売上高や純利益の伸び率を上回る現象が目だつようになることが予想される．個人の職務遂行能力や，担当している仕事の内容によって処遇される，いわば職務・職能給の体系へと移行させることも，今後真剣に考える必要がある．

(5) その他コストダウン対策など

　原材料費や，さまざまな経費を再検討し，ムダのないよう心がけることが大切である．これまで日本の企業では，ZDサークル活動[3]やQCサークル活動[4]，改善提案制度[5]などによって努力してきた．しかし，今後は，間接部内の集約化，専門子会社による外注化など，さらに抜本的，かつ戦略的な対策を検討しなければならない．

3. 人事トータルシステムの考え方と構築

1．これからの人事トータル・システム

　今日，人事トータル・システムの構築が，先進企業を中心に展開されている．また近年，日本経団連をはじめ経済団体も，この「人事トータル・システム」の考え方を今日的人的資源管理体系として提唱し，各企業にこの考え方が浸透するよう積極的に推進している．

　ところで，人的資源管理システムには，以下のように基本的な3つの領域がある．

　① 人材の確保から異動までの要員管理に関する人的資源計画
　② 確保した人材の育成・開発に関する人的資源開発
　③ 人材の有効活用評価・処遇に関する活動[6]

　これらの各領域が，それぞれサブシステムとして十分に機能し，かつ，これらのトータルとしての人的資源である人材が，組織を通じて最大限に開花し，従業員1人ひとりのモラールもこれまで以上に高まっていくように人事管理システムを設計することが，ここで考える「トータル」化である（図表4-1参照）．

　この「人事トータル・システム」を構築する場合の基本的な論理体系としては，大きく以下のような2つの考え方がある．

　まず第1に，従業員に期待される職務遂行能力に応じた人事管理体系である「職能資格制度」がある．第2に，従業員が担当する仕事の役割や責任といった仕事の質に応じた人事管理体系である「職務体系による人事制度」がある．

　これらは，いずれも伝統的な年功序列型の人事管理システムに代わるものである．

図表4－1　職能資格制度を核とした新人事制度設計の概念図

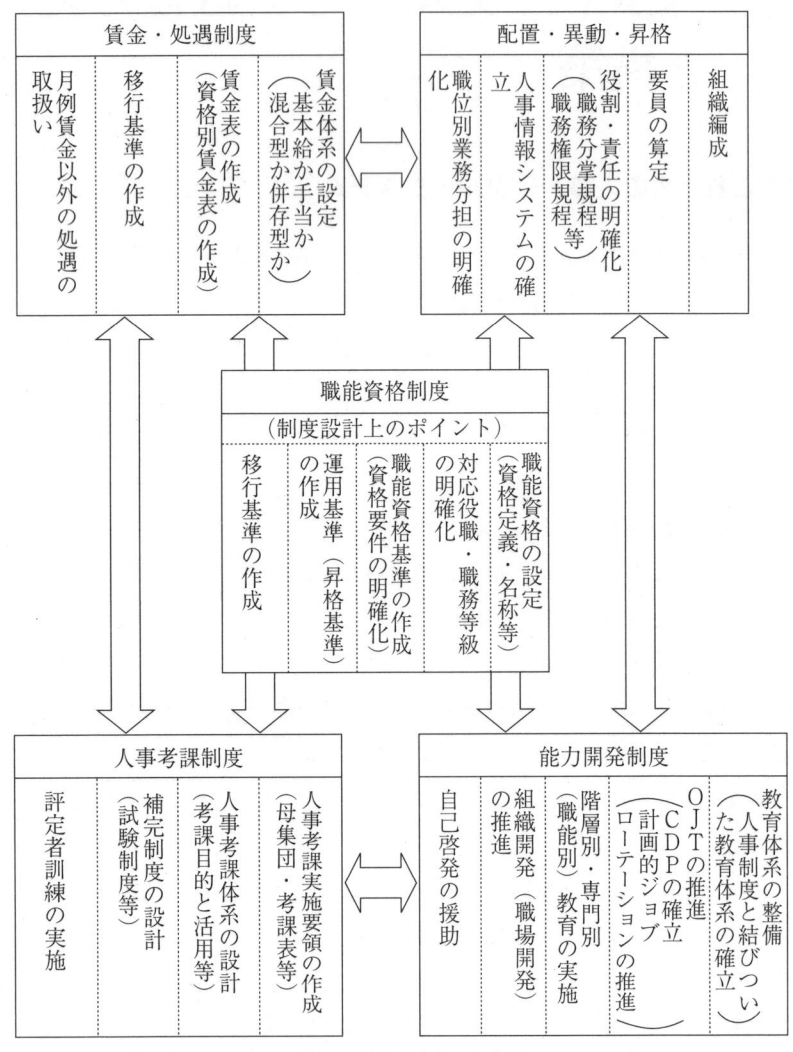

```
┌─────────────────────────────┐      ┌─────────────────────────────┐
│       賃金・処遇制度         │      │       配置・異動・昇格       │
├─────────────────────────────┤      ├─────────────────────────────┤
│月例賃金以外の処遇の取扱い    │      │組織編成                      │
│移行基準の作成                │      │要員の算定                    │
│賃金表の作成                  │◀────▶│役割・責任の明確化            │
│（資格別賃金表の作成）        │      │（職務分掌規程・職務権限規程等）│
│賃金体系の設定                │      │人事情報システムの確立        │
│（基本給か手当か              │      │職位別業務分担の明確化        │
│　混合型か併存型か）          │      │                              │
└─────────────┬───────────────┘      └──────────────┬──────────────┘
              ▲                                     ▲
              │                                     │
              │       ┌─────────────────────┐       │
              │       │    職能資格制度      │       │
              │       ├─────────────────────┤       │
              │       │（制度設計上のポイント）│      │
              │       ├─────────────────────┤       │
              └───────┤移行基準の作成        ├───────┘
                      │運用基準（昇格基準）  │
                      │　の作成              │
                      │職能資格基準の作成    │
                      │（資格要件の明確化）  │
                      │対応役職・職務等級    │
                      │　の明確化            │
                      │職能資格の設定        │
                      │（資格定義・名称等）  │
                      └──────────┬──────────┘
              ▲                  │                  ▲
              │                  ▼                  │
┌─────────────┴───────────────┐      ┌──────────────┴──────────────┐
│       人事考課制度           │      │       能力開発制度           │
├─────────────────────────────┤      ├─────────────────────────────┤
│評定者訓練の実施              │      │自己啓発の援助                │
│補完制度の設計（試験制度等）  │◀────▶│組織開発（職場開発）の推進    │
│人事考課体系の設計            │      │階層別・専門別（職能別）      │
│（考課目的と活用等）          │      │教育の実施                    │
│人事考課実施要領の作成        │      │OJTの推進                     │
│（母集団・考課表等）          │      │CDPの確立                     │
│                              │      │計画的ジョブローテーションの推進│
│                              │      │教育体系の整備                │
│                              │      │（人事制度と結びついた教育体系の確立）│
└─────────────────────────────┘      └─────────────────────────────┘
```

出典：日経連職務分析センター「新職能資格制度」より作図

今日，日本の多くの企業で属人的な要素が残っている「職能資格制度」[7]を導入している．

また，ME化をはじめ，わが国の企業を取り巻く環境要因は労働移動を促進させている．この傾向は今後一層進み，国内の企業間ばかりでなく，国際間の労働移動も進めざるを得なくなってくるであろう．

このような情勢からも，これからの人事トータル・システムの柱に"職能主義"のみを推進するのではなく，さらに"職務主義"についても検討する必要があると考える．「成果主義」にもとづく人事制度や「目標管理制度」を中心に据えた人事制度は，基本的には「職務主義」の考えにもとづいた制度といえる．

2．人事トータル・システムの構築

以上のように考えると，「人事トータル・システム」の再構築を行うには，まず新しい人事制度の基本的なビジョン，方針を打ち出すことがスタート台となる．

その基本的な手順をあげると，図表4－2のようになる．

実際には，この手順に従って新しい人事システムを検討する場合，それぞれの企業の歴史や風土，さらに業務の特性に応じた展開方法を考える必要がある．

そこで参考として，次に最近の筆者の実践例を紹介しておく．

事例1　図表4－3は管理職の活性化を目ざし，「職能資格制度」を基軸として，トータルシステムを構築した例である．

事例2　図表4－4は当面は全社員の職務の標準化を図りつつ，ライン管理職および本部スタッフの新しい役割形成を目ざしたものである．したがって，この企業ではまず「職務主義的な人事システム」を構築しようとしている．この企業はわが国では数少ない「ほんものの専門職」の育成を軸とし，また複数の業態を抱え，これまでの経営環境の変化には柔軟に対応しており，今後とも業界のトップを走り続けようとしている．

図表4－2　人事制度構築のフロー

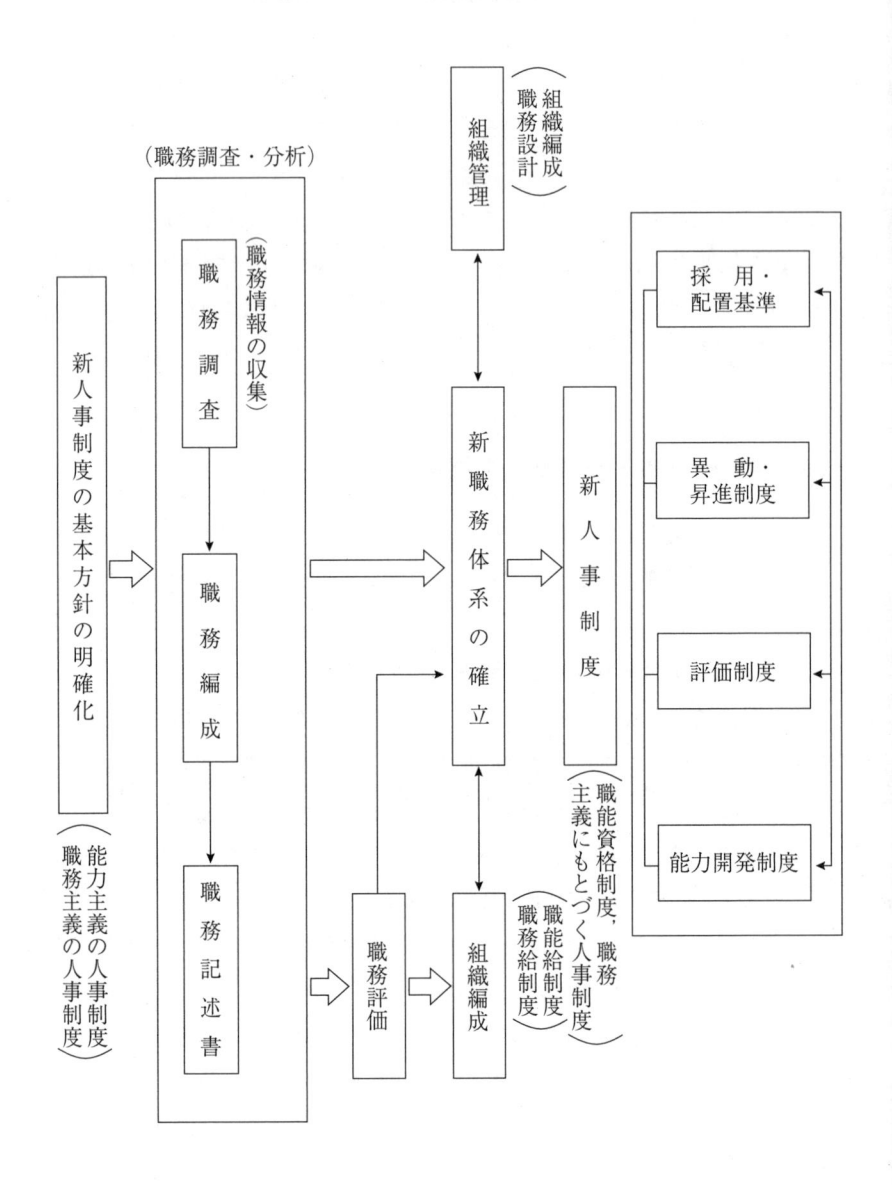

（職務調査・分析）

新人事制度の基本方針の明確化
（能力主義の人事制度／職務主義の人事制度）

⇒

- 職務調査（職務情報の収集）
- ↓
- 職務編成
- ↓
- 職務記述書
- ↓
- 職務評価
- ⇒
- 組織編成

⇒ 新職務体系の確立 ⇔ 組織管理（組織編成／職務設計）

⇒ 新人事制度（職能資格制度、職能給制度、職務給制度、職務主義にもとづく人事制度）

- 採用・配置基準
- 異動・昇進制度
- 評価制度
- 能力開発制度

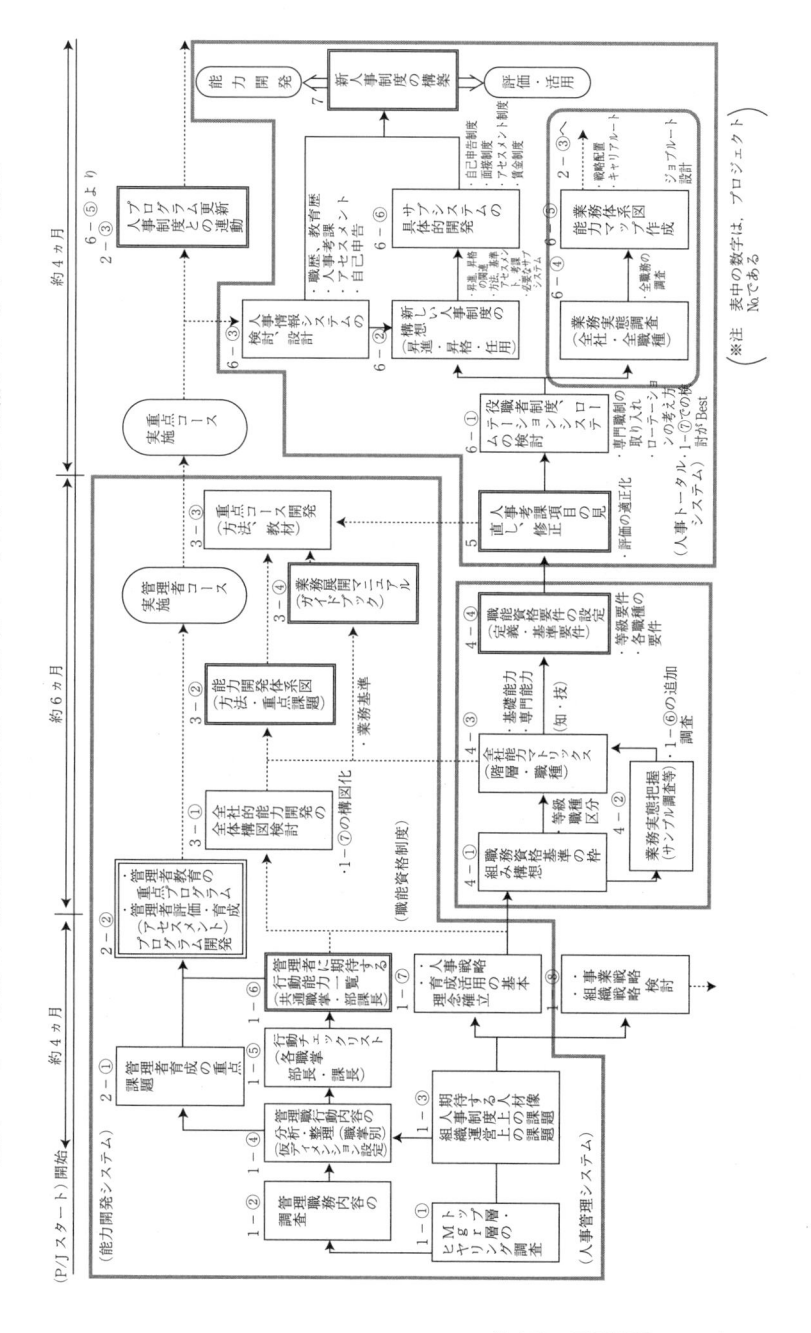

図表4-3 〈事例1〉職能資格制度を基軸にした人事トータルシステム設計フローチャートモデル

(※注 表中の数字は、プロジェクトNo.である)

第4章 雇用管理システム　87

図表4−4 〈事例2〉職務主義を基軸とした新人事トータルシステム設計展開図

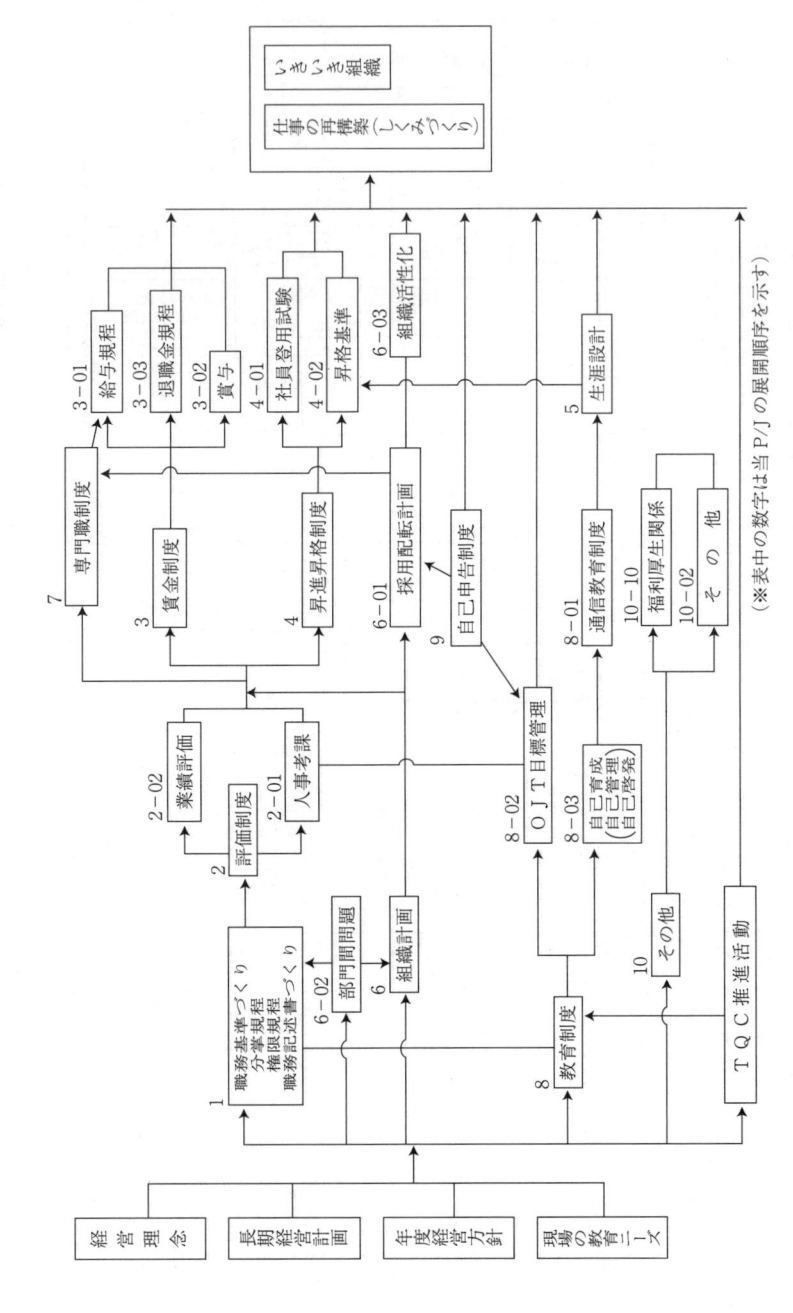

(※表中の数字は当P/Jの展開順序を示す)

4. 職能資格制度の考え方と課題

1. 職能資格制度の意義と目的

(1) 「年功」に代わる人事処遇システム

　旧来，日本的人事制度の根幹をなしていた「年功主義」は，高齢化・高学歴化，低成長のもたらすポスト不足等により行き詰まってきた．これに伴い，「能力主義」を加味した制度の必要性が高まり，年功に代わるものとして，「職能資格制度」が導入されてきた．

(2) 評価，育成の基準

　能力主義が目ざす，一人ひとりの能力に応じた処遇は，正しい評価と育成がなされたときにはじめて実現する．職能資格制度は，企業が期待する職能像・人材像を明確にし，評価の基準，育成（能力開発）の目標を全社員に明示するものである．

(3) 個の尊重と活用

　能力主義人事では，一人ひとりの能力に焦点をあてるところから，あくまでも個の尊重，個の活用がベースになる．価値観の多様化，勤労意識・帰属意識の変化等が進展している今日，「個」を尊重した人事システムによる人と組織の活性化が課題である．

2. 職能資格制度の概要

　企業が期待する職能像を，職種別・等級別のマトリックスに分類して示したものが職能資格制度であり，これを明らかにするためには，職務調査・分析を行うことが必要である．職能資格制度のフレーム図表4－5を設計するには，次の6項目について検討しなければならない．

(1) 等級の数

企業の実態や従業員の数に応じて検討する．一般的に，従業員数100～1,000人程度の企業では9～10等級，100人未満の企業では8未満の等級数であり，1,000人～5,000人の企業で10～11等級，5,000人以上の大企業では12～13等級が目安となる．高齢化の進んでいる企業では，上位職能の等級数を1つか2つ多めに設定しておくことが現実的である．

(2) 等級定義

職能要件書を別に作成して詳細を明記するが，フレームの段階では簡単な定義でよい．

(3) 初任格付け

図表4－5では，大卒は3等級に，短大卒は2等級に，高卒は1等級に格付けしている．能力主義人事では，満22歳の時点で，学歴・性格によらず同一のスタートラインに立って，本人の能力と努力次第で昇格が決定していくシステムが望まれる．

(4) 昇格のための必要年数

各職能における最低滞留年数のほか，下位職能における自動昇格年数を決めておく．最長自動昇格年数は，一種の救済措置として労使間での決定事項となる場合が多い．

(5) 昇格基準

昇格の考え方として，一般職は勤続年数を中心に，監督職・リーダークラスでは能力を重視，管理職・専門職では業績を重視して格付け評価を行うのが一般的である．

(6) 任用役職位

昇進と昇格を分離するので，どの資格等級がどの役職位に対応するかを決めておく必要がある．たとえば，図表4－5では，課長になるのは6等級以上の者，部長になるのは8等級以上の者としている．

職務調査の結果にもとづき，職能等級基準を設定し，職群の編成を行い，職群ごとに職能要件を設定する．図表4－6に職能資格等級基準の例を示す．

図表4－5　職能資格制度のフレーム

職能基準ランク	定義	資格等級（初任格付）	経験年数＊ A－B－C	昇格基準	任用役職
統括・高度専門職能	統括業務 政策決定業務 高度専門業務	10等級	－（一年）		部長
		9等級	6		
管理・専門職能	管理業務 高度判断業務 高度企画業務	8等級	5	（業績）	課長
		7等級	5	登用試験	
指導職能	初級管理業務 判断企画業務 指導業務	6等級	3－5		係長
		5等級	3－4－10	（能力）	
熟練職能	定型熟練業務 軽い判断業務 繰り返し業務	4等級	3－3－8	昇任試験	
		3等級（大卒）	3－3－5		
一般職能	定型業務 補助業務 単純業務	2等級（短大卒）	2	（勤続）	
		1等級（高卒）	2		

＊経験年数A：最低滞留年数（1～2等級は自動昇格年数）
　〃　　　B：標準（モデル）年数
　〃　　　C：最長自動昇格年数

図表4−6　職能資格等級基準

資格等級	職　能　基　準
10等級 （部長相当）	①全社的立場に立って，経営トップ層に対する適切かつ経営的な補佐や上申ができる． ②著しく広範囲にわたる，または著しく高度の専門知識・技能・経験を有し独力により高度の企画計画力，折衝力を要する職務を遂行できる． ③豊富な専門的知識・技能・経験から下級者および他部門に対し，適切な指導・助言が行える．
9等級 （次長相当）	①全社的立場に立って，経営トップ層または上級者に対する適切かつ経営的な補佐や上申ができる． ②かなり広範囲にわたる，またはかなり高度の専門知識・技能・経験を有し独力により高度の企画計画力，判断力，折衝力を要する職務を遂行できる． ③豊富な専門的知識・技能・経験から下級者および他部門に対し，適切な指導・助言が行える．
8等級 （課長相当）	①特定分野についての高度な，または広範囲にわたる専門知識・技能・経験を有し，独力により高度の企画計画力，判断力，折衝力を要する職務を遂行できる． ②全社的立場に立って，経営トップ層または上級者に対する適切かつ経営的な補佐や上申ができる． ③豊富な専門的知識・技能・経験から下級者に対する指導・援助および関係部門への援助が適切に行える．
7等級 （課長代理相当）	①特定分野についての比較的高度な，または比較的広範囲にわたる専門的知識・技能・経験を有し，独力により高度の企画計画力，判断力，折衝力を要する職務を遂行できる． ②部門の経営戦略の策定と実施について部門長を補佐できると同時に，上級者に対する適切かつ経営的な補佐や上申ができる． ③下級者に対する専門的な指導・援助ならびに関係部門への援助ができる．
6等級 （係長相当）	①特定分野についての専門的知識・技能・経験を有し，原則として独力によりやや高度の企画計画力，判断力，折衝力を要する職務を遂行できる． ②部門長や上級者に対する適切な補佐や上申ができる． ③下級者に対する専門的な指導・援助ならびに関係部門への援助ができる．

資格等級	職　能　基　準
5等級	①特定分野についてのある程度専門的知識・技能・経験を有し，原則として独力により企画計画力，判断力，折衝力を要する職務を遂行できる． ②上級者に対する適切な補佐や上申ができる． ③下級者に対し，ある程度専門的指導・援助ができる．
4等級	①特定分野についての広範囲にわたる一般的知識・技能・経験を有し，上司または上級者の指導をある程度受けながら企画計画力，判断力，折衝力を要する職務を遂行できる． ②上級者に対する適切な補佐や上申ができる． ③下級者に対する指導・援助ができる．
3等級	①特定分野についてのある程度広範囲にわたる一般的知識・技能・経験を有し，上司または上級者の指導を受けながら企画計画力，判断力，折衝力を要する職務を遂行できる． ②上級者に対する補佐や上申ができる． ③下級者に対する指導・援助ができる．
2等級	①特定分野についての一般的知識・技能・経験を有し，上司または上級者の直接的指導を受けながら計画力，判断力を要する職務を遂行できる． ②上級者に対する補佐ができる． ③下級者に対する援助ができる．
1等級	①特定分野についての一般的知識・技能・経験を有し，上司または上級者の密接な指導を受けながら計画力，判断力を要する職務を遂行できる． ②上級者に対する補佐ができる．

3．制度を生かすには

　企業の「制度」というものは，人事制度に限らず，それ自体は目的ではなく，企業の「理念・ビジョン」を実現するための手段の一つにすぎない．ゆえに，制度以前に理念・ビジョンが明確に示されて，はじめて制度は意味を持ち，有効に機能することになる．

　また，制度は確実な「運用」があってこそ手段として生きてくる．つまり，その制度によって従業員一人ひとりを最適な形で生かしてこそ，制度は有効となる．

　さらに，制度も運用も，一人ひとりがその手段を積極的に活用し，機能させようとする「意識」があってこそ，その存在価値がある．

　つまり，理念・制度・運用・意識が一貫してトータルにそろったときに，制度は本当の意味をなし，生きてくるわけである．

　経営者，管理者，人事部門，労組および一般従業員が，各々の立場でこの重要性を認識し，新しい制度の設計と活用に取り組んだとき，新しい時代にふさわしい能力主義制度が実態としてできあがるといえる．

　能力主義制度そのものの導入は，制度・システムとしてはすでにかなり進んでいるが，これからはむしろ，理念・運用・意識の変革と確立が求められてくる時代である．

注

（1）　詳しくは，第1章3，4参照
（2）　直接部門と間接部門の比率
（3）　Zero Defects 無欠点運動のこと．元アメリカ国防長官マクナマラ氏が米軍一人ひとりの欠点をゼロにしようとして取り入れた手法
（4）　QCサークル活動：アメリカにおいて発達した統計的品質管理（SQC）を基本としたものを，第2次世界大戦以降，品質管理（QC = Quality Control）という手法で導入し，日本の経済社会事情に合わせた「品質管理の組織的運営強化の時代」（1955～60）を経て，今日的な「日本的QCサークル」が誕生するに至った．

（5） 改善提案活動：「提案制度」はホーソン実験以来，その効果について評価されてきた．その効果の一つとして，これまで社員のモラール・アップや職場の活性化があげられ，主として生産部門を中心とした現場で活発に取り組まれてきた．しかし「提案」の具体的な内容による効果もしだいに，重要な役割を担うようになってきた．

今日では職場の改善運動として，信頼性向上，品質改善運動，コストダウンなどのさまざまな活動と結びついて活用されている．

（6） 詳しくは，第1章pp.23～24参照
（7） 詳しくは，第1章p.19参照

まとめ

　雇用管理システムは，人的資源管理の領域の中で，最も注目されている領域であろう．それは雇用管理が，直接従業員の一人ひとりの「処遇」に影響する内容であり，また一人ひとりの「個性」のとらえ方によって直接その内容が異なってくるからである．さきが見えにくい時こそ，その根本思想をしっかりと定め，一貫した雇用管理の論理によって諸制度を見直していかなければならない．

　その視点としては，マクロな雇用問題を見据えた新しい「人的資源管理」の視点に立って社内外に有効な独自の人事システムを構築しなければならない．

本章のキーワード

労働市場	職能資格制度
雇用管理方針	人事トータル・システム
日本の雇用管理	人件費率・労働分配率
適正要員計画	職務主義

■ 研究課題

第3章を熟読し以下の問題に対して400字程度で答えなさい.

問題　1　雇用管理の基本方針を設定するに際して検討すべき事柄をあげ,その基本的な留意点を述べなさい.

問題　2　今日の企業環境下にあって,適正人件費をどのように定めたらよいか,身近な事例を挙げつつ説明しなさい.

問題　3　日本においてなぜ「職能資格制度」が多くの企業に受け入れられてきたのか,その理由についてあなたの見解を述べなさい.

■ 力だめし

今後のために次の問題に挑戦して下さい.(できる限り実例などを調査しつつ検討を加えてみるとよい)

問題　1　日本の企業における人事トータル・システムとして「職務主義」の立場に立ったシステムへと移行していく可能性についてあなたの見解を述べなさい.

問題　2　職能資格制度を新たに導入するに際して留意すべき事柄について説明しなさい.

問題　3　日本における「労働分配率」の動向について先進欧米諸国と比較しつつ論評しなさい.

第5章

要員管理

―― 〈本章の目標〉 ――

1. 企業の中で「人がうごく」ということはさまざまな事情によるものである．その事情に応じた「人の動き」について，どのようなシステム，手続きがあるのかを理解し，これらを正確に運用していくポイントをしっかりと把握する．

2. 要員管理の具体的な手続きとして採用から退職までの，いわば最狭義の「人材管理」の領域を理解する．

はじめに

要員管理は従来から企業等の組織における人事管理機能として最も基本的かつ重要なテーマである．歴史が流れ，今後企業環境が如何に変わろうとも，人的資源管理担当者は役割を果たしていかなければならない分野である．

本章では人的資源の確保，調達から配置，異動・昇進，維持管理，退職に至る一連の要員管理の要点を，基本原則，並びに今日的な主要テーマについてまとめてある．

1. 人材の確保

1．採用計画

採用は，人事管理，人材開発のスタートである．会社の求める優秀で健康な人材を採用することによって，その後の会社の発展に結びつくことはいうまでもない．

したがって，採用に当たっては，どういう人材が不足しているのか，どういう人材が欲しいのか，また将来の人材計画についてを事前に十分調査したうえで，全社的に取り組むべきものである．

そして，採用に関する資料，チェック表，面接票など実情に合わせて体系的に準備し，活用していかなければならない．さらに，採用時に集めた諸資料（データ）はその後の教育・能力開発の場面にも活かされるように設計されていることが大切である．ある意味では，将来の人材の姿を予測できるものが必要である．

採用は，うっかりすると権限のある者の主観的な意思や直観・記憶で処理されるなど安易になりがちである．そのために客観的でシステマティックな資料・情報を提供するフォームの整備が大切になってくるのである．

(1) 採用計画に当たり留意すべきこと
　① 全社的な目標，戦略に基づいた計画であること．
　② 現在の人員がベースになるが，採用はあくまでも将来のためのものであること．
　③ 少なくとも10年位先を想定して，そのうえで年間の計画をたてること．
　④ 現在必要がなくても，将来を見越してあえて採用する場合もある．単純な数字合わせであせってはいけない．
　⑤ 採用計画では，質，量，時間的経過の3次元の側面で考える必要がある．つまり，どういう能力をもった者を何名採用するか，そしてそれらの者が10～20年後どうなるか，ということである．

(2) 採用計画の手順
　① 年齢構成，退職状況，人件費計画などを考慮して，5～10年後までの全社的人員推移表を作成する．
　② さらに，部門別（企業の状況によっては職種別）の年度別人員推移表を作成する．これも10年程度にわたって作成したい
　③ 一方，それぞれの部門長より「部門別・職種別人員要求票」を提出してもらい，先に作成した推移表と照合し，調整する
　④ 調整に当たっては，人事担当者と要求部門長との間で，要求票をもとに面接形式で十分な相互理解を得るようにする．
　⑤ 調整が終えたら，再度最終の人員推移表を作成し，部門ごとの年間採用数を決定する
　⑥ そして，部門ごとの採用数を満たすために，新卒，既卒（中途）採用別に（学歴，年齢，能力，資格など明らかにして）具体的にどういう手段で募集採用をするかということを計画する

(3) 採用活動を行う前に
　① まず採用予算を決めておくことが必要である．予算は企業の規模，職

種などでさまざまであるが，一般に1人採用するために，100〜500万円かかるといわれる．採用は，人材投資という観点で予算化したい．
② 次に，年間のスケジュール表を作成することである．新卒採用では，就職協定はどうなっているか，学校の就職部や学生はいつ頃どんな活動をするか，また既卒採用では，1年間のいつ頃転職を考えているのか，募集はどのタイミングで行うか，他社の進め方はどうかなどを事前に十分調査して，月ごとの計画表を作成する．
③ そして，採用予算をスケジュールに合わせてそれぞれ配分する．いつ頃，どの項目に，いくらかけるかを具体的に決めておく．項目としては，募集広告，会社案内，学校訪問費用，会社訪問・採用試験費用，セミナー等イベント費用，内定後のフォローに要する費用などがある．

(4) 採用選考の方法

現在，一般に行われている採用選考の方法として，次のようなものがあげられる．
　① 書類選考（エントリーシート，リポート等の事前提出資料等）
　② 筆記試験（一般常識，専門知識など）
　③ 各種適性検査（SPI，クレペリンその他）
　④ 身体検査（企業により精・粗の差がある）
　⑤ 面接試験（1次，2次を何度か実施することが多い）
その他，体験演習，インターンシップ等を通じて選考する企業も増加している．

(5) 採用選考の手順
　① 書類選考の段階——決定されている企業側の資格要件を，応募者が備えているかどうかを審査するために行うものであり，受験志願者，あるいは成績証明書や内申書，健康診断書などの書類をチェックするものである．この段階では，あまり応募者を制限せずなるべく広い範囲から多く受験させる方がよい．今では「エントリーシート」と呼ばれる事前応

募用紙に記入し提出させ，これをもとに，選考対象者をしぼり込むことが多くなってきている．

② 第1次選考段階——書類選考によって一定の要件を満たした応募者をまとめ，企業が求める能力を見るために「筆記試験」を行う．

前段階の「書類選考」は書類作成者が異なっているために，その作成基準についての問題がある．「筆記試験」はこれを補充する意味もあるので，対象者の能力を同一条件下においてできるかぎり客観的にとらえるよう努力しなければならない．

「筆記試験」は，大きくは一般的な知識検査，職務適性を見る適性検査および基礎知識，専門知識などの学科試験からなっている．試験終了後，各科目の合格基準に照らして第1次選考の判定を行う．

③ 第2次選考段階——第1次選考に合格した者に対して行うもので，面接試験（集団面接，個別面接），健康診断，性格検査などの方法があげられる．

企業によっては専門的な学科試験，論文や感想文などを課していることもある．

面接試験の長所としては，書類や筆記試験ではわかりにくい受験者の総合的な人間像を理解しやすいことである．短所としては，面接に立ち合う側の態度や素養，さらに面接技術が重要な問題となる．

最近，性格や態度を重視する企業が多くなり，第1次選考の筆記試験に先だって面接試験を行うことが多くなっている．

また，一方的な被面接者を面接者による面接のほかに集団面接を実施する企業もある．この場合，特定のテーマを投げかけて，一定の時間内に見解をまとめさせる「集団討論」をとり入れている企業も増加しつつある．

④ 総合判定段階——第2次選考対象者の各得点・所見を一覧表にまとめ最終的な選考を行う．この際さらに役員面接や社長面接を行って，採否の最終判定を行うのが一般的である．

(6) 募集活動

　外部から新しく従業員を募集するためには，その前提として，まず採用計画が決定され，資格要件が明確になっていなければならない．これにもとづいて，具体的な募集活動の準備が進められるものである．

① 雇用条件の決定

　新たに従業員を募集する場合，賃金，手当，労働時間，休暇制度，福利厚生制度，その他の労働条件を確定しなければならない．このことは，求職者にとっては，もっとも基本的なことである．

② 募集方法の決定

　次に，どのような方法，手段によって応募者を集めるか決定しなければならない．

　このためには，最終的な採用予定の職種，および人員，募集対象の地域，学校，採用予定の時期，選考の方法，募集のための費用など企業側の諸条件によって，募集方法の検討をしなくてはならない．最も希望にかなった人材を採用するためには，この募集方法が重要なポイントである．

　募集の方法としては，次のような種類があるので，その特徴を十分理解したうえで決定するとよい．

1) 文書による募集——自由に行うことのできる募集活動．新聞，雑誌など刊行物に広告して募集する方法である．これは，一般に手軽に行える方法であるが，通勤可能地域以外からの募集活動については，所管の職業安定所へ事前に報告しなければならない．

2) 門前募集による募集——求人広告を直接募集する工場や事務所・商店等の掲示板や建物に直接提示するもの．この場合は，1) に比べ限定された人しか目に入らず，応募者も数多く集めることはややむずかしいが，地元の人の採用が容易であり，また会社のアピールにもなるので手軽な手段として活用できる．

3) 直接募集——文書以外の方法で直接対象者に働きかけて募集活動を行うもの．職業安定法の規定により，労働大臣（現厚生労働大臣）の許

可を受けなければならない．いわゆる公式な縁故採用に近いものである．

4）公共職業安定所による募集——もっとも自由に行える募集活動で，募集コストも削減できるので大いに活用すると良い．

5）学校で行う募集——学校教育法，および職業安定法の規定により，公共職業安定所の行う業務の一部を学校が分担できることになっている．したがって，企業は，学校に対して求人を行うことができる．

以上は通常，広く一般に募集を公開していることから，一般公募と呼ばれている．

6）縁故募集——企業が親戚・知人，指定の学校や大学のゼミナールの指導教員などに直接求人を依頼する方法で，身元や人柄などが事前につかめ，企業側としては有効な方法の一つである．公募に比べ選考の手数などが省略できるが，この方法によって入社後トラブルが起こるケースもあるので，必ずしも最善の方法であるとは断定できない．

(7) 募集案内の作成

募集方法が決定したら「募集案内」「募集要項」を作成しなければならない．この内容としては，

1）事業所名，所在地，事業概要（現在および将来構想など）
2）募集職種と予定人員
3）採用条件（給与手当，身分資格制度，昇給の見込み，勤務時間，福利厚生制度および施設など）
4）募集条件（年齢，性別，学歴，所要資格，その他の制限条件など）
5）選考要領（面接，筆記試験の要領，日時・場所など）
6）応募手続（申込先，申込方法，締切日，必要書類など）
7）合格発表（発表日，発表方法など）

などである．

(8) 面接評定表の活用（新卒者）

① 新卒者面接上の留意点

1）受験者には，面接日時，場所，方法，所要時間等を正確に知らせておく．
2）面接に当たっては事前に十分な準備を行うことである．
3）面接会場は，照明が暗かったり，狭すぎたりしないようにし，受験者がリラックスできる雰囲気づくりを行う．
4）控室のセッティングにも気を配り，面接会場にあまり遠すぎないような場所を選ぶようにする．
5）受験者にとっては，人事担当者以外の会社の人がどんな人か気になるものである．会社のイメージを下げないように社員全員で配慮したい．

② 面接評定表の作成

1）事前に，氏名，住所，学校，提出書類などを記入しておくこと．
2）面接担当者は，1人1枚面接評定表に面接内容を記入していく際，受験者の前で，いかにも記入しているというスタイルは避けた方がよい．受験者をいたずらに緊張させるだけである．
3）家族の状況などを聞くときには特に注意し，細かく聞いたり，また聞いたことを刻明に記入したりしない方がよい．あくまでも，自然に話のなかで聞いていくことである．
4）第一印象は，できるだけ多くのことばで，思いついたままを記入しておくとよい．どんなタイプか，誰に似ているか，顔形の特徴など記入しておくと，後でその人物が生き生きと思い出されるからである．
5）最後の総合評価は，できる限り中央の3「どちらでもよい」に印をつけないようにしたい．つまり，採用できるか，できないか，面接担当者の意思をはっきりともつことが必要である．

図表5－1　新卒者の面接評定表

面　接　評　定　表		年　　月　　日
氏名（ふりがな）	（　年　月　日生　　歳）	住所
学校・学科・会社名等		連絡先 TEL.
提出書類 　1．家族の状況　　　　　4．その他の受験企業 　2．健康状態　　　　　　5．希望職種 　3．趣味・クラブ　　　　6．転勤の可否		
第一印象 (自由記入)		
創造性 個　性	1．話題が豊かなほうか □ 2．発想におもしろさ，ユニークさはあるか □ 3．本人の質問の内容はどうか □ 4．独創性があるか □ 5．他者と違う何かを感じるか □ 6．趣味・特技など得意なものをもっているか □	1 2 3 4 5 □□□□□
表現力 理解力	1．話す内容がわかりやすいか □ 2．説得力を感じるか □ 3．こちらの質問を正確に受け取っているか □ 4．ユーモアがあるか □	1 2 3 4 5 □□□□□
信頼性	1．一貫性はありそうか □ 2．忍耐力はありそうか □ 3．責任感はどうか □ 4．誠実な感じを受けるか □	1 2 3 4 5 □□□□□
意　欲 積極性	1．学生生活のすごし方はどうか □ 2．当社入社への熱意はどうか □ 3．自分のものの見方を確立しているか □ 4．ものごとを自分から進んでするタイプか □ 5．都合の悪い質問に悪びれた様子を見せないか □ 6．生き生きとした感じがするか □	1 2 3 4 5 □□□□□
総　評 (判定理由)		総合 評価　1 2 3 4 5 　　　□□□□□

2. 人事異動

　今日，人事異動には，さまざまなスタイル，方法がある．とくに近年，人材の流動化が進み，新規事業への進出に伴う外部からの人材の導入が進んでいる．また，従業員の年齢構成のアンバランスによって，必要な人材と調整しなくてはならない人材とが出現してきている．このように，内外の条件によって人事異動はこれまで以上に盛んになることが考えられる．

1．人事異動の目的

　企業で異動を行う目的として，次のようなことがあげられる．
① 事業戦略の変更に対応するため
　企業の外的要因によって，ある事業から撤退しなければならない，また逆に拡大・新設する場合に生じる．この場合，従業員の配転は避けられないことである．
② 従業員の能力開発のため
　いわゆるジョブ・ローテーションといわれている．本人の現有の能力と潜在的な可能性を考慮し，長期的な視野に立って計画的に行うものである．これは今後増加すると考えられる異動スタイルである．また個人の専門性を高めるためのプログラムとしてキャリア・ディベロップメント・プログラム（CDP）導入企業も増加すると考えられる．
③ 従業員の意欲向上のため
　いわば本人のヤル気をさらに喚起するために行うもので，その理由として，1つには本人の自己啓発や精進にもとづいて能力開発が進み，現在の職務では不満足となった場合が，もう1つには同一職務に長く従事していたことによるマンネリで意欲を失っている場合がある．

④ 従業員の希望の充足のため

　上記よりも積極的なものであり，本人からの自己申告による希望を尊重し，そのチャンスを与えることをねらいとする．

⑤ 能力に見合った職務への異動のため

　このためには，従業員の適性を正しく把握しなければならない．また異動予定の職務についての資格要件も，どのようなものかを正しくとらえておく必要がある．この結果，人的資源管理の重要課題である人材の有効活用を行うことができる．

⑥ 職務再編成を行うため

　従来の仕事の流れやそれに伴う要員配置の変更によって生じるものである．一般にこのケースは，仕事の合理化の必要性とか，業務量の変化による配置転換を余儀なくされる場合と，積極的に従業員の働きがいを目ざした再設計を行う場合とがある．

⑦ 職場内の人間関係の改善のため

　特にチームワークを重要視する職場では，仕事の能力と合わせて良好な人間関係を保てないような人がいると，結果的には職場の生産性に影響を及ぼすこともある．そこで，場合によっては職場の人間関係をよくすることを意図して職場のメンバーの組み合わせを考えてみることが必要になる．

　以上のような理由から異動を行うが，いずれの場合も本来，異動を行うからには，異動する本人にとっては，本人の能力がこれまで以上に向上する可能性を期待できるものでなければならない．また，このことが当然企業にとっても大きなメリットとなる．

2．人事異動の種類

　人事異動には，社内のある職位から同程度の他の職位に「配置転換」になる，いわば水平的な異動，上位の職位への「昇進・昇格」と，下位職位への「降格」という垂直的な異動とがある．さらに社内から社外へ離れていく「退職」

も人事異動に含まれる．

その他広義には，「出向」「転籍」「派遣」なども人事異動の一種の形態である．

3．効果的な人事異動のポイント

　一般に，異動は定期異動という形で行われる．しかし，現実には多くの日本企業の人事異動では，人員が不足すれば，その穴埋めとして不定期に異動が行われている．また一定期間を過ぎると配転を行うことがある．この場合，本人の希望や，その時点での能力の状態を調査，分析せずに実施し，仕事への意欲を減退させてしまうこともある．

　人事異動は，人材の活用を目ざし，本人のヤル気を喚起し，また組織の期待に沿うような働きを推進するような結果をもたらす必要がある．

　このような効果的な人事異動を実施するために，企業はどのような方法によって情報を得ているかというと，人事考課や自己申告，教育訓練，資格検定，適性検査，上長による観察などがあげられる．

　人事異動を公平かつ有効なものにするためには，その目的別に適正な方法によって得た情報を基礎に実施しなければならない．納得性が高く，かつ有効な異動を行うためにも，人事考課制度の整備が重要な課題である．

　以下に異動を有効なものにする原則をあげておく．
① 適材適所に徹する
　形式的な個人の学歴，経験あるいは年齢といった属人的な条件ではなく，あくまでも担当する職務と個人の能力や適性との結びつきを十分に考慮すべきである．そのためには，できるかぎり客観的な人事情報の整備が何よりも大切である．
② 業績・能力を重視する
　垂直的異動である役職や上級職位への昇格・昇進に伴う新しい職位での仕事ぶりや能力を適正に評価し，これに見合った処遇を与えることが大切である．とくに管理・監督者への昇進に際しては，これまでの年功序列主義を排し，能力主義，実力主義に徹し，名実ともにその職位の要件を満たすものを登用すべ

きである.
③ 人材の育成,能力開発に役立てる

意識的にこのような目的を掲げた異動がジョブ・ローテーションである.終身雇用制のもとでのOJTは,主にゼネラルな人材育成には強みがあった.今後は,より戦略的な専門能力を高めていくシステムとして,CDPが重要な役割を果たすであろう.

④ 本人の希望を尊重する

人事異動は,基本的には会社の方針にもとづいて行われるが,異動する本人にとっては環境の変化を伴うものである.したがって,次のような配慮が必要である.

1) 異動の発令には余裕を設け,少なくとも1カ月前に予告すること.
各企業とも内示という形で1カ月前には,事前通告するのが一般的である.
2) 自己申告制などにより,本人からの申し出を参考にし,決定する(図表5-2).

管理職社内公募制などや,特定の仕事にヤル気のある社員を挑戦させる「チャレンジ・システム」は,これをさらに徹底したものといえよう.

3. 昇格・昇進

1.「昇格」の基準と運用

昇格の基準と運用の原則をあげると以下のとおりとなる.
① 能力の向上が条件であり,職能資格等級基準に定められた職務遂行能力が第1の基準となる(図表5-6参照).
② 人事考課の結果や最短滞留年数などを勘案して「昇格基準」を作成し,社内に公開しておくことが必要である(図表5-3・5-5参照).

図表5-2　自己申告書

自己申告書

（異動希望者）

<表>

氏名		所属	部・室	課・担当	資格等級

現在の職務内容	（具体的に）	所有資格・免許等	法定資格 _____ （取得　年　　月） 免　許 _____ （取得　年　　月） その他の得意とする能力，技能等 _____

希望の職務	●職掌・職群 _____ ●職　　務 _____ ●具体的な仕事 _____ ●希望の部 ____ 課 ____ 担当 ____	異動の理由	

異動の時期	

<裏>

（異動決定欄）

希望職務の適性	●職務能力，技能 ●基礎能力 ●資格・免許 ●関連職務の経験 ●業務処理の可能性

異動の決定	適格性について	①あり．早期異動を認める． ②やや不十分．時期をみて再考する． ③なし．現職務にとどまるか，適当な他の職務を検討する．	決定理由	

備考	（担当者所見）

受付	____年____月____日㊞	決定	____年____月____日㊞	異動予定	____年____月____日

図表5－3　昇格基準

昇格要件	基準書等	昇格申請基準	備考
1. 在任等級の滞留年数		●在任等級において、それぞれ最短滞留年数を経過していること。 | 在任等級 | 最短滞留年数 | | 1等級～5等級 | 各2年間 | | 6等級～9等級 | 各3年間 |	最短滞留年数とは、上位等級への昇格に必要な経験年数であって、標準または十分条件を意味するものではない。
2. 職務遂行能力の適格性	①職能資格等級基準 ②職群別職能要件	●別に定める左記の基準に照らして、昇格の対象となる上位等級の職能要件にある程度適合していること。	
3. 人事考課	①能力評価 （主として昇格のための人事考課） ②業績評価 （主として賞与のための人事考課）	●人事考課において、次の条件に適合していること。 | ①能力評価 | 当該年度を含む直近の2年間（2回）でC以下の評価がないこと | | ②業績評価 | 当該評価期間を除く直近の2年間（4回）でC以下の評価が2回まで |	人事考課の評価基準は、上位等級への昇格に最低必要な条件であって、標準または十分条件を意味するものではない。
4. 抜擢昇格		●上記1および3の昇格基準にかかわらず、人事考課（能力評価および業績評価）が抜群・優秀で、職務遂行能力から上位等級に昇格させることが適当である、と昇格申請された者については、正規の昇格認定手順を経たうえで抜擢昇格させることがある。	抜擢昇格においては、飛び級（2ランク昇格）は行わない。

第5章　要員管理

③ 昇格の運用原則
1)「卒業方式（＝現等級に求められる能力要件を十分に満たし終えた場合に昇格する）」がとられることが一般的である．
2) 公正かつ安定した処遇が確保されることを目ざす．
3) 降格は，（長期間の病気など現等級の資格要件を遂行できない場合を除き）行わないことを原則とする．
4) 辞令には，○等級を「任ずる」と表記するのが一般的である．

2.「昇進」の基準と運用

昇進の基準と運用の原則をあげると以下のとおりとなる．
① 昇進の条件は，能力だけでなく，役職者としての適性・資質，将来性や本人の意思および定員（＝役職位の数）を勘案したうえで決定される．
② 昇進の基準
1) 役職位に求められる主要職務，基本的職能などを明示した「役職位任用基準」を作成し，社内に公開しておくことが必要である（図表5－4・5－7参照）．
2) とくに，役職者としてふさわしい人物かどうかを判定することが大切である．
3) ヒューマン・アセスメント・システムなどによる事前評価，多面的評価の方法を取り入れることが望ましい．
③ 昇進の運用原則
1)「入学方式（＝上位の職位に求められる職責を果たし得ることが期待される場合に昇進する）」がとられることが一般的である．
2) 適材適所の原則により，組織全体の効果性を高めることを目ざす．
3) 組織の要請による職位の廃止や降職もあり得る．
4) 辞令には，○○を「命ずる」と表記するのが一般的である．

図表5−4　役職位任用基準

	部　　長
任用の対象範囲	（職能資格等級）10等級〜8等級
基本的任務	経営方針にもとづき，組織単位＝部の管理者として経営に参画し担当部門全体を総括する．
主要職務	①経営方針，事業計画にもとづく，部門の目標設定および運営推進計画の企画立案ならびに実行・推進 ②各課の業務目標，遂行計画の調整・指導・監督および結果の総括 ③他部門および社外との諸関係業務の総括 ④部門内運営の合理化・効率化の促進および部内組織人事の策定・管理
基本的職能	統率力	部門の方針，事業計画等を明らかにし，部下の意識を高め，組織の力を結集させて，目標達成のために指揮・統率する能力を有する．
	動機づけ・指導育成力	部門の教育・指導ニーズを把握するとともに，部下の職能を的確に把握し，幅広い見地から能力・適性に応じた育成プランを立て継続的に実施・フォローができること．また，広く自己啓発による職能向上の意識づけができること，などの能力を有する．
	評価力	部下の業績，能力，特徴などを的確に把握し，定められた基準に照らして，公正に評価する能力を有する．
	ストレス耐性	部長の職責に伴って生じるストレスに耐え，安定的に課題達成に向かうことができる精神的・肉体的強靭性を有する．
	信頼性	部門の統率者として，幅広い教養，誠実さ，責任感，およびリーダーシップ等において，他人から信頼を得るにふさわしい人間性を有する．

3．昇進・昇格の今日的課題

① 「単線型」人事から「複線型」人事への移行

　従来の管理職を唯一の目標とする「単線型」の職群設計から，今日では専

門職, 専任職, 技術職等の多様な職群設計により, 個人個人の適性と本人の意思によって進路選択が可能となる「複線型」人事システムが求められている.
② 資格と職位の柔軟な運用システム

処遇は資格にもとづき安定的に, 配置は柔軟かつ機動的に行われる人事が実際的である. 職能資格制度では, 昇格（資格）と昇進（職位）が分離して運用されるので, 高齢化・高学歴化への対応, 管理者予備軍の増大への対処として有効である.
③ 「抜擢人事」の導入

変化の激しい時代にあって, 適材適所と若返りを進めるためには, 抜擢人事を可能にする制度が求められている.

4. 社内試験制度

1. 社内試験制度導入の背景

進学率の上昇, 出生率の低下などによる若年労働力の構造的な不足状態がつづき, さらに企業を取り巻く経済環境の厳しさ等の影響により, また企業の内部的には, 人件費の増大, 若年層の意識変化などにより, わが国の企業経営は, 大幅な体質改善を迫られており, 人的資源管理についても, 企業内外の変化に対応した新しい方策が望まれてきている.

これに呼応するように, 近年わが国独特の人事労務制度として, 長年定着していた年功序列型の人事労務制度に対する反省がなされ, これに代わって従業員個人の職務遂行能力を中心とした能力主義がクローズ・アップされてきた.

この能力主義の考え方は, 能力の正しい把握のための試験制度や能力開発のための教育制度, 能力評価を加味した新しい人事考課制度, また適性配置の促進など, 多くの人事労務管理諸制度の変革を進めることになった. このような背景のもとに, 先駆的な役割を果たしてきたのが社内試験制度である.

2．社内試験の目的

　社内試験は職務を遂行するにさいして，要求される基礎的および専門的知識と，その応用能力をみるのである．実際問題として，この試験によってさまざまな人事労務上の処遇にリンクするので，この制度を導入する場合，事前に十分な検討を行い，公正かつ科学的な社内試験を行う体制づくりが必要である．

　また，社内試験は，学校の試験や，また入社試験などとも異なり，合否の判定をしたり，点数評価のために行うというのではないので，試験を通して，適性を把握し，適材適所にもとづく人材配置を行い，また結果として能力開発のプログラムを用意しなければならないこともある．

　このため，従業員の職務遂行能力を測定把握するには，社内試験だけでは不十分である．人事考課制度，自己申告制度，カウンセリング制度などの諸施策を併せて行う必要がある．

3．実施上の留意点

　この制度を実施するうえで配慮すべきこととしては，まず，
① 　受験資格をどうするか，また試験内容，実施者，採点基準などを事前に十分検討しておくことである．
② 　試験問題作成にさいしては，事前に十分な職務調査を行い，対象職務の資格要件を抽出し，必要な知識や技能が把握できるよう最善の努力をする．
③ 　試験の方法としては，筆記試験，面接試験，および実習などが考えられる．筆記試験はあまり狭い範囲にかたよらないよう，職務の変化を予想できるかぎり幅広い知識と高い専門知識の両面からとらえるよう検討する．
　　面接は，自己申告と結びつけて実施するとよい．また，このほか実務に関連した技術力を実際に近い模擬的な場を設けて実習させて評価することも併せて行うとよい．
④ 　そのほか，技術的な注意点として，一つのテストのみでなく，あらゆる情

図表5-5 昇格審査のステップ（事例）

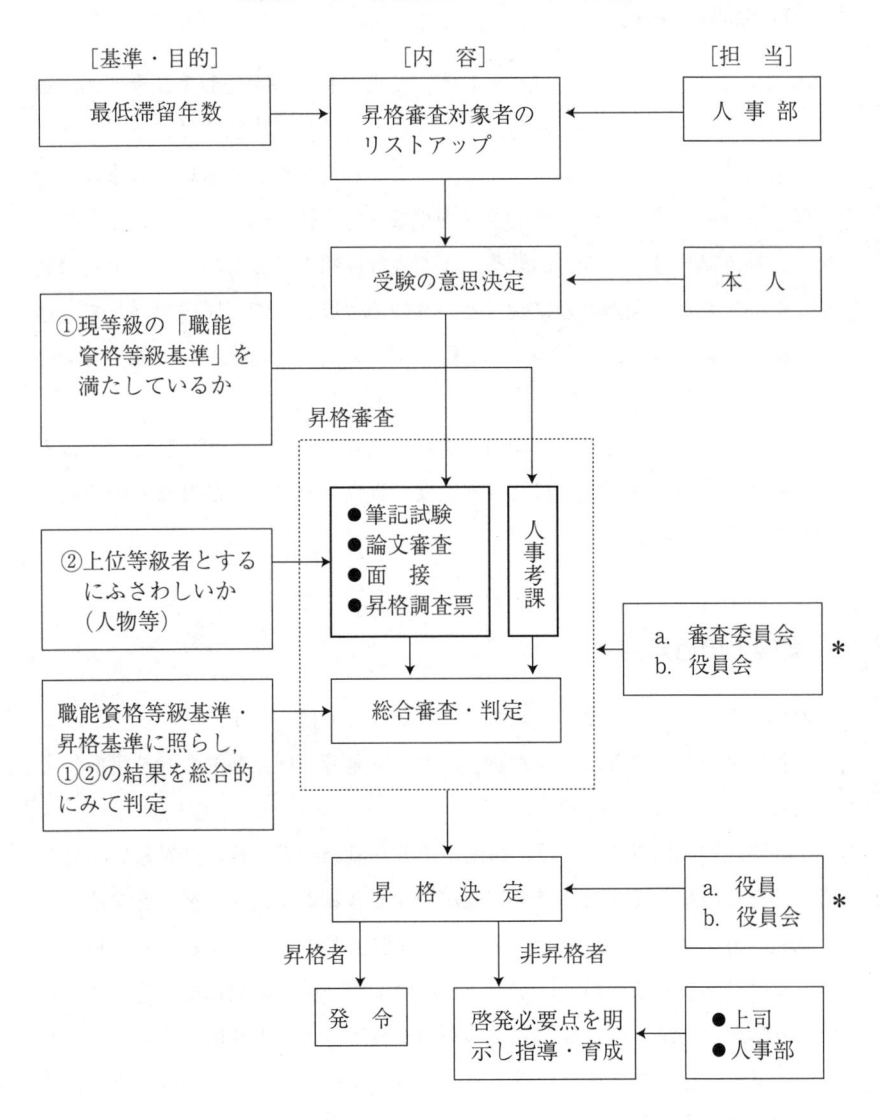

[基準・目的]

- 最低滞留年数 → 昇格審査対象者のリストアップ ← 人事部（[担当]）[内容]
- 受験の意思決定 ← 本人
- ①現等級の「職能資格等級基準」を満たしているか

昇格審査
- ②上位等級者とするにふさわしいか（人物等）
- 筆記試験／論文審査／面接／昇格調査票
- 人事考課
- 職能資格等級基準・昇格基準に照らし，①②の結果を総合的にみて判定
- 総合審査・判定 ← a. 審査委員会　b. 役員会　＊

昇格決定 ← a. 役員　b. 役員会　＊

- 昇格者 → 発令
- 非昇格者 → 啓発必要点を明示し指導・育成 ← ●上司　●人事部

＊ a：6等級までの昇格
　　b：7等級以上への昇格

118

図表5-6　昇格判定票（係長相当職）

　　　　　　　　　　　　　　　　　　　　　　　　　　　　年　　月　　日

昇格候補者氏名	職群	等級・年数	入社年次	所属・部課	過去の判定

	判定項目	着眼点	判定尺度
要素判定	統率力	課および係の目標等に沿って，部下の意欲とチームワークを高め，目標達成のために指導・監督する能力を有するか	S　A　B　C
	動機づけ・指導育成力	課長の指示を受けながら，部下の職能向上のために研修・指導計画の立案・実施・フォローができ，また，日常業務のなかで自己啓発の動機づけができるか	S　A　B　C
	評価力	部下の業績，能力，態度などを日常の指導・監督を通じて適格に把握し，公正に評価する能力を有するか	S　A　B　C
	ストレス耐性	係長の職責に伴って生ずるストレスに耐え，安定的に課題達成に向かうことのできる精神的・肉体的強靱性を有するか	S　A　B　C
	信頼性	係，グループのリーダーとして，教養，誠実さ責任感およびリーダーシップ等において，他人から信頼を得るにふさわしい人間性を有するか	S　A　B　C

総合判定	1. ただちに係長昇格が可能である　⇒　A. 適性 2. 係長昇格には少しの経験と能力　　　①部下を持つ監督者タイプ 　　開発を必要とする　　　　　　　　②部下をもたない専門職タイプ 3. より多くの経験を積ませ，能力　B. 職務特性 　　開発を行った後に判断すべし　　　①現在の部門が最適である 4. 係長昇格の可能性はきわめて少　　②他部門での活動が期待できる 　　ない　　　　　　　　　　　　　　　　推薦部門名〔　　　　　　〕
	特記事項：

（上記2，3，4の場合）今後の指導・育成方針と内容：
　　　　　　　　　　　　　　　　第1次判定者　　　　　　　　　印

昇格試験	筆記試験		教育受講歴	
	論文審査		昇格審査委員会の所見：	
人事考課	能力考課		委員長　　　　　　　　印	
	業績考課		最終判定	（発令日：　　　）

＊判定尺度：S＝抜群，A＝優秀，B＝標準，C＝標準に達しない

第5章　要員管理

図表5-7　昇進・昇格試験の構成

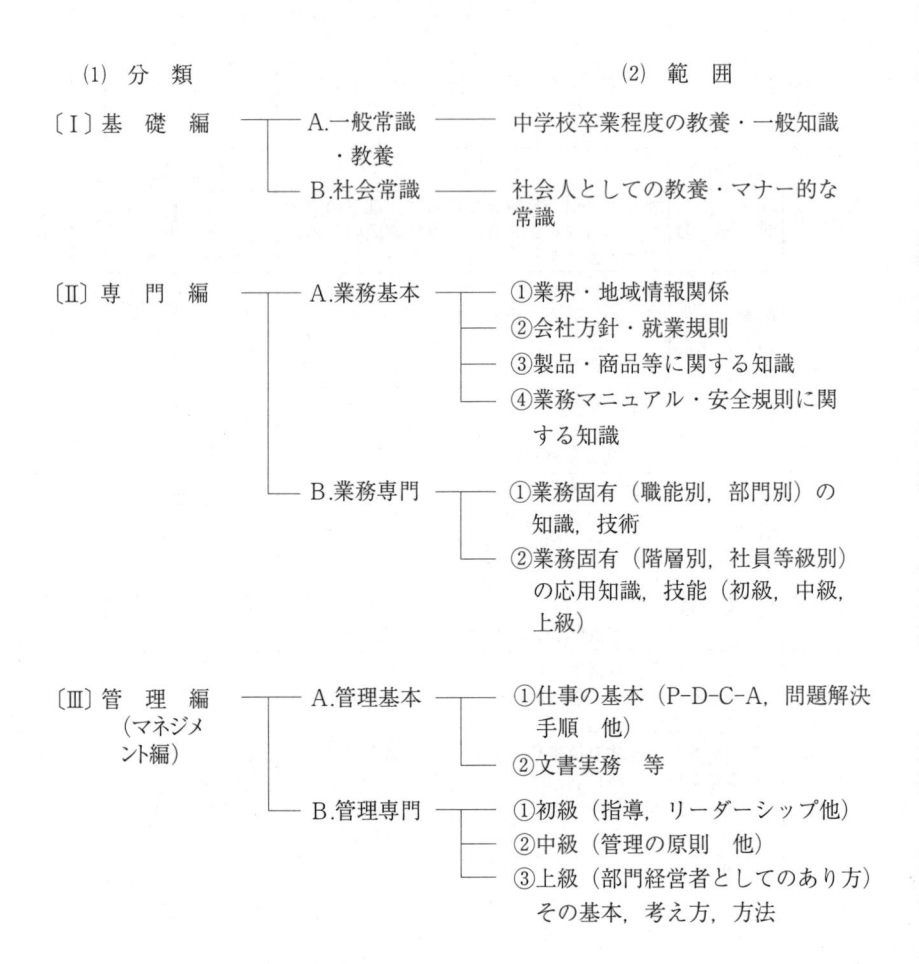

```
                (1) 分 類                        (2) 範 囲
〔Ⅰ〕基 礎 編 ─┬─ A.一般常識 ──── 中学校卒業程度の教養・一般知識
              │   ・教養
              └─ B.社会常識 ──── 社会人としての教養・マナー的な
                                  常識

〔Ⅱ〕専 門 編 ─┬─ A.業務基本 ─┬─ ①業界・地域情報関係
              │                ├─ ②会社方針・就業規則
              │                ├─ ③製品・商品等に関する知識
              │                └─ ④業務マニュアル・安全規則に関
              │                    する知識
              │
              └─ B.業務専門 ─┬─ ①業務固有（職能別，部門別）の
                               │    知識，技術
                               └─ ②業務固有（階層別，社員等級別）
                                    の応用知識，技能（初級，中級，
                                    上級）

〔Ⅲ〕管 理 編 ─┬─ A.管理基本 ─┬─ ①仕事の基本（P-D-C-A，問題解決
    (マネジメ   │                │    手順 他）
    ント編)     │                └─ ②文書実務　等
              │
              └─ B.管理専門 ─┬─ ①初級（指導，リーダーシップ他）
                               ├─ ②中級（管理の原則　他）
                               └─ ③上級（部門経営者としてのあり方）
                                    その基本，考え方，方法
```

報を総合して判定すること．たとえば，筆記，面接，実習，人事考課の結果，自己申告などの情報を参考にするとよい．
⑤ 教育の機会を十分に与えること．突然に試験を実施しないで，事前に十分な準備，心の準備，余裕時間を与えてから実施することである．
⑥ 社内試験では単に点数評価，合否の判定をすることが目的ではないから，試験後担当者による適切なフィードバックとフォローの指導を行うことが大切である．

5. 個別人事情報

1．個別人事情報の意味

　従業員の異動・昇進管理を有効に進めるために，現有の従業員の人的能力構成を，つねに正確に把握しておく必要がある．そこで，従業員個々の能力評価，性格特徴，業績評価などさまざまな個別情報を必要に応じて，すぐ引き出せるように記録，整理したものを「人事記録」「スキルズ・インベントリー」，「パーソネル・インベントリー」，また「人材目録」などと呼ぶ[2]．

2．個別人事情報の内容

① 基本経歴
　1）学歴
　2）職歴，技能
　3）過去に受けた教育制度の内容，機会など
　4）加入団体名，およびその活動状況
　5）海外出張状況，留学記録
以上の項目は基本事項であり，これらについては，とくに過去においてどの

ような職務遂行能力の習得をしたかを浮きぼりにするよう記録しておかなければならない．
② 人事記録
  1）人事考課実績（業績考課，能力考課，適性）
  2）自己申告書，自己評定結果
  3）フォロー面接，および面接結果記録
  4）個人指導用記録

　人事考課の結果についての記録は，賃金などの人事労務諸施策とは直接結びつかないもので，日常の職務活動を通じて向上した能力開発の結果を記録したものである必要がある．

　このようなことが十分に記録されていれば，有効な資料として活用できる．確かに客観的な把握は可能であるが，さらに本人の仕事への取り組み方，行動パターンなどは，本人自身の判定を参考にすることが大きな意味を持つ．つまり，自分で自分の行動や能力などを判定することは，なによりも本人の欲求の傾向，あるいは関心のあり方，問題意識などを知ることができるからである．

　しかし，本人自身の自己判定，自己分析はやはり主観的であり，文章で記入したものを提出させて転記するだけでは，十分な把握ができるとはいえず，必ず上長との面接と組み合わせる必要がある．つまり，自己申告制度と面接制度は，一体としてシステム化しておくとよい．

　もちろん面接は自己査定や自己申告結果についてのフォロー，あるいはフィードバック面接のみでなく，日常業務にかかわる面接も含まれる．また単に直接の上司との面接のみでなく，人事労務担当者などのスタッフ面接も含まれる．

　以上のような情報から今後の育成プランを考え，能力開発のために必要な指導の重点ポイント，援助すべき方策などを具体的に記入した個人指導用記録を作成しておく必要がある．
③ 付帯記録——以上のほか予備的な人事記録として，
  1）勤続年数

2）健康状態
3）賃金記録
4）賞罰の状況
5）住宅事情
6）家族状況

などがあげられる．

　以上のような項目が一般的に考えられるが，これをさらにどの程度詳細に記録しておくかは，その企業の異動・昇進システムの精緻度，あるいはジョブ・ローテーションのサイクル，あるいは定着度の制度によって異なってくる．この個別人事情報を有効に活用するためには，人事記録をシステム化し，人的資源管理の意思決定のための情報処理効率を高めることが必要である．

6. 退職管理

1．退職管理の意義

① 　退職情報の収集

　企業にとって，退職者がでた場合，退職者から情報を収集し，その結果を要員管理に反映させていくことは大きな意味がある．つまり，退職者が中途退職であろうと，定年退職であろうと，本人にしてみれば職業生活の中のひとくぎりであるわけであり，いままでの職場生活を振り返るのによい機会である．とりわけ，中途退職者については，退職に至った経過を分析し，企業としても今後の人的資源管理の諸施策に生かしていく必要があるだろう．

② 　退職理由の面接

　中途退職者が退職に至る過程は非常に複雑な心理的プロセスがあり，退職に至った原因を簡単に把握することはなかなか困難である．時には本人自身でさえもはっきりとして原因がつかめず，あいまいな場合もある．

つまり，現実には退職の原因は労働条件や職場の人間関係などさまざまな要素が複合している．

　退職理由を客観的に把握するためには，退職者からアンケートを集め，まとめればよいのであるが，一般に退職者の退職理由は，退職願にあるような「一身上の都合」ということしかわからない．そこで退職者と面接を行い，話し合いの中からほんとうの退職理由を把握することができる．このように把握した退職理由は，分析の上，今後の要員管理に役立たせることが大切である．

２．退職面接の方法

① 退職面接の担当者

　まずだれが面接を行うかということであるが，原則的には退職希望者の直属の上司が行うのがよいが，要員管理上の情報・資料を入手するという本旨からすれば，人事スタッフが適している．

　また，なかには上司には話しにくい情報もあるので，できれば上司に代わって人事スタッフが行うという形が無難である．しかし現実の問題として，スタッフ不足や手数を省略するために，ラインの管理者が行う場合がある．この際には，得た情報を有効に活用するために，面接のときに使用するチェック項目を，一定の様式にまとめておき，直属の上司がこの様式に従って面接を進め，その結果を，スタッフに報告し，さらに詳細な説明を要する項目などについては，記入した面接担当者と話し合うとよい．

　理想的には，直属の上司でも人事スタッフでもない，第三者のカウンセラーを委嘱して行うとより自然な面接が行える．

② 退職面接の時期

　退職したいという気持の表明があれば，できるかぎり早い時期に面接を実施すべきである．即ち，退職は一般に心理的な葛藤がきっかけとなる．どのような理由から退職したい気持になったか，まず気持を第三者が受け止めてやる必要がある．そして，本人が自ら真の気持を整理するように援助すべきである．

原因は具体的な職場の問題であったり，また個人的な理由（仕事のミスや人間関係，また家庭の事情，健康状態など……）であったりする．はっきりとその原因が意識化され，第三者からもその理由が納得できるような理由であれば，なるべく早くその問題を解決するための方策を考えなければならない．このようなことから，申し出たらできるだけその日のうちにでも面接の機会を作った方がよい．

③　退職面接の仕方

1）気軽な雰囲気を作り，緊張をほぐし，自然な気持にさせる．雑誌によって，いままでの職場の感想などを聞く．
2）退職する気持になった経過理由を時間をかけてゆっくりと話し合う．
3）今までの職場での問題点を探し出す．仕事や作業環境等のつらさ，きびしさ，給与や休日などの労働条件，さらに人間関係のことなどを聞きだす．ここでは，だいたい仕事のことや労働条件のことから入ると話が進みやすくなる．さらに人間関係について話し合うとよい．

またこのような話し中には，必要なことはメモにとどめておき，面接後，報告書にまとめるとよい．

3．定年の延長

① 定年延長の背景

1）平均寿命の延び

　　生活水準の向上，医学の進歩などによって，日本人の平均寿命は年々延びる一方であり，世界的にも最高の水準に達しており，企業としても対応に取り組むべき重要課題となっている．

2）技術進歩による労働負担の軽減化傾向

　　さらに技術革新の影響によっても，労働可能年齢が上昇している．機械化，自動化の進展は重筋労働を軽労働化し，全般的に労力負担が軽減してきている．以上のような社会的な背景のほかに，次のような経済的な背景も見逃すことはできない．

3）高年齢者の生活上の理由

　　最近の核家族化の進展は，従来のように高年齢者を扶養するという意識が希薄となり，さらには住宅事情や物価の上昇などによって，老後の生活は必ずしも安定したものとはいえなくなった．労働能力があり，また働く意思がある者に対して，働く場を積極的に提供していかなくてはならない．その意味からも，企業には定年制を延長して，これに応えることが社会的に要請されることになる．

4）若年労働力の不足

　　一方，企業側としても近年の進学率の上昇および出生率の減少ということにより，全般的に若年労働力の不足傾向はまぬがれない．これに対応するためにも，中高年齢層の有効活用を考える必要に迫られている．

② 企業における定年延長のための諸施策

1）賃金制度の建て直し

　　わが国における定年制度は伝統的な年功型の賃金制度や，終身雇用制度などの人事労務諸制度と密接な関連がある．したがって，定年を延長するにはまず賃金・退職金制度の手直しが必要となる．

　　まず第1に，従来の年功型の賃金制度を職務遂行能力，あるいは担当職務の性質による賃金制度にあらためる必要がある．知識，技能の向上がなくても単に年齢が上昇すれば，賃金も上昇するというのでは，若年層にとってはモラールの低下にもつながることになる．

2）人事労務管理制度の改善

　　年功型の人事労務管理では，とくに賃金をはじめとして，配置，昇進など主として処遇制度上の問題について若年層からの批判がでるだろう．また，ぬるま湯的な安易なムードになるおそれがある．少なくとも，個々の従業員の能力を重視した配置，昇進，昇格を考えなければならない．そのための一つの方策として，職能資格制度導入がなされている．

　　また人員計画等についても従来以上に，より緻密な計画を立てる必要がある．とりわけ各職能，部門あるいは職種ごとに企業の将来構想を踏まえ

たうえで，要員計画を立て，採用や配置，昇進等を効果的にリンクした人員計画を練る必要がある．
3）能力開発制度の充実

　高齢者の労働能力が上昇してきたとはいえ，少なくとも新しい問題に対する適応力とか，新知識の吸収力，あるいは新しい技術の習得の力などは，一般的には高年齢になるに従って，停滞ないし低下してくるが，これを補う意味からも，能力開発のための十分な教育の機会が必要となる．

4）適職開発，職務再編成の促進

　さらに高齢者が意欲をもってとり組めるような新しい仕事を開発するとか，また現在ある仕事を高齢者の特性を尊重し，効率的に仕事をしやすいようにする，ということも積極的に進める必要がある．

5）仕事環境の整備と健康管理

　健康状態がよくなったとはいえ，高齢者の雇用が増大してくれば仕事場の環境条件は，今まで以上に快適に働けるよう整備しなければならない．また事故の起こらないよう，安全管理にも十分な方策が必要となる．また健康管理についても最善の配慮が必要である．

7. 雇用調整

　低成長下の今日，産業界では雇用調整が重要な課題となってきている．またこのような経済動向とは関係なく，企業の発展過程において，その事業を縮小せざるを得ない場合もある．また事業戦略上（企業の合併・吸収・統合など）による人員調整は，今後いっそう増加することが予測される．

　いずれの事態であれ，雇用調整を行う場合，いきなり解雇をするというのではなく，ステップを踏んで段階的に実施することが大切である．

　とくに従業員の生活に大きな影響を与える人員整理については，従業員や組合の理解を十分得る必要がある．雇用調整のステップとそれを実施するときの

基本的な留意点は，以下のとおりである．

1．雇用調整の手順

　雇用調整を行う場合，優秀な人材を残すという方向で進めるよう考慮しなければならない．

　雇用調整を進めるには，次のようなステップに従っていく必要がある．

① パートタイマー，臨時工，季節工など企業と結びつきの弱い者から逐次整理に入る．

　　ただし，同じパートタイマーなどでも，それによって生活の大半を賄っている人の場合には，特別の配慮を要する．

② 新規学卒者の採用を削減または中止する．

　　新規学卒者は，再就職する者に比べて有利な立場にある．したがって，①で雇用調整が完了しない場合，新規学卒者の採用を抑制する．

③ 欠員が生じても，その補充をしない．

④ 退職者の再雇用を中止する．

⑤ 以上のような対策を講じても，雇用調整が完了しない場合，正規従業員の雇用調整が必要である．その方法として，配置転換，出向，一時帰休，人員整理などがある．

　　1） 配置転換——閑な部門・不採算部門を縮小，閉鎖し，他の職務への配転をすること．

　　2） 出向——系列企業への援助，関係会社の販売力増強のために，従業員を他社へ出向させること．これは雇用調整というだけでなく，自社従業員の人材育成といった積極的な意義もある．

　　3） 一時帰休——不況，企業内事情のやむを得ない要因により，一定期間または特定日に会社を休ませること．実施にあたっては，実施期間，帰休の対象，帰休実施の原因を明らかにする必要がある．また会社の責任により帰休させた場合，労働基準法第26条により，平均賃金の6割を

休業手当として従業員に支払う義務がある[3].

4) 希望退職者募集——退職者募集はいろいろトラブルが生じやすい. 会社側は, どのような理由により退職者を募集するのか, 今後どのような経営姿勢で会社を再建していくのかを従業員に伝えなければならない. そのほか, 退職してもらいたい従業員の基準（年齢, 勤続, 休職, 長欠など）, 人員整理の規模, 退職条件（普通は退職金プラスアルファ）, 募集期間なども明示しなければならない.

2. 雇用調整の留意点

① 雇用調整, とくに人員整理は, 経営者の決断, 強固な意志力を要する.
② 管理者にその必要性を納得させることが必要である. 管理者が十分に理解していなければ, 全社的なコンセンサスを図ることは困難である.
③ 経営者, 管理者の率先垂範の態度, たとえば, 賃金カット, 人員削減は, 上層部から始めることが原則である.
④ 実施のタイミングを考慮すること. タイミングを失したら取り返すことのできない混乱した事態に陥ってしまう.
⑤ 組合や従業員へ, 雇用調整の必要性を十分にPRすること.

注
（1） internship；学生・生徒が，自己の適性や，適職を発見するために，在学中に企業等において様々な就労体験を行うこと．欧米の企業では，大学・大学院の新卒者の採用については，このプログラムを終えていることが前提とされているが，日本でも，近年注目されてきている．その背景には，近年新規学卒者の早期退職者の増加傾向，勤労意識の希薄傾向等が社会問題化されてきたことから産・官・学三者が協議し連携しながら，この制度の導入を奨励・推進している．
（2） 個人の保有する主な属性，能力，性格などの要素をスキルとしてとらえ配置や人材育成に役立たせようとするもの
（3） 日本でも「レイオフ（一時解雇）」を採用する企業があらわれてきた．これはアメリカでは一般化されている雇用調整の制度である．あくまでも労働者を「一時解雇」するのであるが，アメリカのレイオフは「先任権」にもとづいて雇用の優先順位をつけて解雇する．

まとめ

　要員管理は，なんらかの方向性，計画性を持って行われるものである．要員管理が網羅すべき項目について十分に理解を深め，一貫した要員管理の理論を構築していくことが重要である．その上で各企業の状況に応じて，合理性・納得性のある手続きを行うことである．

本章のキーワード

人事異動	昇　格
採用選考	社内試験制度
昇　進	定　年
雇用調整	一時帰休・一時解雇

■ 研究課題

第5章を熟読し以下の問題に対して400字程度で答えなさい．

問題 1 採用計画の立案に際して，これからの企業にとってあなたが重要と考える事柄について簡潔に説明しなさい．

問題 2 人事異動としての「昇進」と「昇格」について比較対比しつつ，これからの日本企業における昇進・昇格のあり方についてあなたの見解を述べなさい．

問題 3 日本における「定年制度」のあり方について，あなたの見解をまとめなさい．

■ 力だめし

今後のために次の問題に挑戦して下さい．（できる限り参考文献や事例などを調査・分析し，あなた自身の考察を加えて下さい）

問題 1 近年，新卒採用システムに「エントリーシート」を課している企業が増加しつつあるが，その理由・背景について，あなたの見解を述べなさい．

問題 2 次の各項について，それぞれ比較対比しつつ両者を簡潔に説明しなさい．
1．「人事移動」と「人事異動」
2．「一時帰休」と「一時解雇」
3．「採用面接」と「退職面接」

問題 3 近年新卒採用システムとして，「インターンシップ」制度を導入する企業等が増加しつつあるが，このことについてあなたの見解を述べなさい．

第6章

人材開発

――〈本章の目標〉――

1. 今日における人材開発がいかに重要な意味を持つか,とりわけ企業内における教育機能の今日的課題をとらえる.

2. 来るべき「学習社会」に向けて個人レベルでの「生涯学習」の意味を理解し,さらにこれをサポートする「学習企業」の意義と役割を理解する.

3. 日本企業における人材開発システムの発展経緯を理解し,その特徴を検討する.

4. 人材開発システムの設計に必要な基本的な考え方とその手順を理解する.

はじめに

　人的資源管理で取り上げる人材開発は，これまで一般的に用いられていた「企業内教育」とほぼ同義的に考えている．しかし企業で行う教育訓練活動としての企業内教育は近年大きく変化しつつある．今日「企業」の社会的意義が大きく変化してきていることへの的確な対応といえよう．つまり，企業内教育は狭義には企業内における教育訓練の諸活動のことであり，あくまでも企業内における事業活動への貢献を目ざす活動である．しかし広義には企業活動としての企業内教育を生涯教育の一環としてとらえることもできる．

　また，企業内教育は企業が主体となって実施する教育訓練とその企業に従事している構成員自身が主体となって行う学習活動としての教育の二つの側面がある．後者はいわゆる生涯学習と呼ばれているものであり，近年重要視されてきた企業内教育の社会的な活動の一形態とみなすことができる．

　以上のように企業内教育は狭義，広義いずれのとらえ方であっても社会的資源としての人的資源の開発活動としてとらえることができる．このような概念をここでは「人材開発」ととらえる．

1. 生涯教育と企業内教育

1. 生涯教育の時代

　生涯教育という考え方は1965年開催のユネスコ[1]の会議におけるラングランによる提唱[2]がそのルーツとされている．ラングランによると，生涯教育とは，「個人の全生涯にわたってまた，社会のあらゆる次元において，教育の統合を図ろうとする活動」をいう．その後1972年のユネスコ第17回総会に「学習社会」を目ざした報告書 "Learning to be" が提出されている．ここでは社会のあらゆる領域における教育機能の拡大を図ることにより，社会全体が重要な

教育的役割を果たすことが期待されている．さらにこのように教育が重要な役割を担う社会のことを「学習社会」と称している．

このような社会における教育政策の指導原理として「すべての人は生涯を通じて学習を続けることが可能でなければならない．生涯教育という考え方は，学習社会の中心的思想である．」とし，生涯教育は社会発展の程度によらずすべての国々にとって，これからの中心的課題となることを提言している．

さらに1973年にはOECDは「リカレント教育」を提唱した．つまり義務教育終了後に教育と労働などのさまざまな活動を自由に行えるよう柔軟な教育システムの必要性を説いている[3]．

また1975年のヨーロッパ文部大臣会議では「リカレント教育に関する決議」を採択している．ここでは「個人が自己の将来の発展の決意に協力をし，人間の全生涯にわたって教育の機会を配分することである」としている．まさに今日の社会情勢を目ざした提言であるといえよう．このような1970年代の教育に対する考え方の大きな転換によって多くの人々の高等教育への進学を促進することとなった．また，入学に際してもさまざまな職業経験を生かすシステムを考え出したり，またリカレント教育により多様な資格取得の方法などが誕生してきたのである．

このような生涯教育の世界的な潮流はわが国の教育行政をはじめ，さらに企業内教育に対しても大いに影響を及ぼすことになる．

2．日本の生涯教育

わが国では，1981年（昭和56）に提出された中央教育審議会による答申「生涯教育について」ではじめて生涯教育が重要課題として提起された．

① 生涯学習の概念

答申では，「生涯学習」について次のように説明している．

「今日，変化の激しい社会にあって，人々は自己の充実・啓発や生活の向上のため，適切かつ豊かな学習の機会を求めている．これらの学習は，各

人が自発的意思にもとづいて行うことを基本とするものであり，必要に応じ，自己に適した手段・方法は，これらを自ら選んで，生涯を通じて行うものである．その意味では，これを生涯学習と呼ぶのがふさわしい．」つまり「生涯学習」とは自らの意思にもとづく自己学習を示すものであり，その主体は一人ひとりの個人である．

② 生涯教育の概念

さらに「生涯教育」の意義を次のように定義づけている．

「この生涯学習のために，自ら学習する意欲と能力を養い，社会のさまざまな教育機能を相互の関連性を考慮しつつ総合的に整備・充実しようとするのが生涯教育の考え方である．言い換えれば，生涯教育とは，国民の一人一人が充実した人生をおくることを目指して生涯にわたって行う学習を助けるために，教育制度全体がその上に打ち立てられるべき基本的な理念である．」としている．つまり国民一人ひとりが変化する社会環境の中で，さまざまな課題に応じて学習を行い，個性・能力を伸ばして，生きがいのある生活を送るために，社会のあらゆる機関の教育機能が相互に連携しながら総合的に整備・充実していこうとするのがこの生涯教育の基本姿勢である．特にわが国の企業内教育は大変重要な役割を担うことになるのである．わが国では伝統的に企業内における職業訓練からさらには人格教育に至るまで社員教育への取り組みは大変熱心に行ってきた．わが国の企業内教育はその功罪についてこれまでさまざまな議論がなされてきたが，少なくとも日本的経営ないしは日本的人事管理の特徴といわれる「三種の神器（終身雇用・年功序列・企業別組合）」を支える重要な役割のひとつとして「企業内教育」をあげることができる[4]．

3．生涯教育としての企業内教育

これまでわが国では次の３つのシステムが相互に関連し合って日本の社会を支える人材を育成してきたものといえよう．それは　1．学校教育　2．社会

教育　3．職業教育である．これらはそれぞれ独自に発展し教育の機能を果たしてきた．わが国の企業内教育はこれまで機能的には社会教育の一部を担い，また職業教育の重要な役割を担ってきたと評価されるべきである．しかし1970年代以降の激動期に生涯学習，生涯教育の時代を迎え，わが国の企業内教育は一層の体系化，総合化が要求されてきた．そのために企業として当面している課題としては，次のようなことをあげることができる．

① 教育機能を有する他の機関・組織との連携
　具体的には公的な社会教育機関や大学などとの情報交換や協力関係の推進
② 企業が実施する教育訓練活動の再検討
　これまで実施してきた各種の教育訓練活動が，個人の生涯学習に対してより一層の支援体制を作り上げるよう点検，見直しを行い，新しい理想のもとに，企業内の人材開発システムとして再構築を図る必要がある．
③ 生涯学習・生涯教育に対する一人ひとりの意識の高揚

これからの社会生活において個人個人がそれぞれ学習の必要性をいかに認識し，また企業のトップ・マネジメントがいかに生涯教育が社会的財産としての人的資源にとって重要な役割を担うかをしっかりと認識することである．教育という長期的展望と継続的な努力を伴う活動に対して一人ひとりがまず意欲を持つことと，また，そのような意欲を喚起するようなマネジメントの努力が必要不可欠である．

2. 生涯職業能力開発の推進

1．「学習企業」への期待

1984年（昭和59）労働省（現厚生労働省）に設置された企業内教育研究会の報告書において「学習企業」という新しい概念が提案された．報告書では「学習企業」とは，急激に変化する社会環境に対応できる職業人を育成することを

目ざした職業能力開発型の企業内教育を志向する企業のことであるとしている.

これは新しい視点から企業内教育を積極的に強化しようとする考えによるものである. この報告書は「新時代の企業内職業能力開発の課題と方向——新しい学習企業をめざして」というテーマを掲げており, 学習企業への移行条件としては, 企業戦略に対応した能力開発の必要性の明確化や職業能力開発計画策定によるコンセンサスづくりの重要性などを強調している.

2. 事業主による「職業能力開発」実施の奨励

1985年(昭和60)には「職業能力開発促進法」が施行された. これはこれまでの職業訓練, 技能検定制度を定めた職業訓練法を改正し, 新しく個人による自己啓発努力を基調とした多様な能力開発の方法を尊重したものである.

この法律は大きくは2つの体系から成り立っている. ひとつは事業主が行う職業能力開発の促進のための施策であり, もうひとつは公共職業訓練の充実である. この法律が大変画期的なのは企業内において職業能力開発計画を作成し, 能力開発を促進する事業主に対する「生涯能力開発給付金制度」を設けたことである. この制度は「能力開発給付金」および「自己啓発助成給付金」の2種類で構成され, 企業が行う従業員の能力開発活動を支援するものである.

3. ホワイトカラーへの「職業能力習得制度」の導入

経済のソフト化, サービス化の進展に伴うホワイトカラー層の増大と, さらに新しい専門職能力の習得, 向上を目ざした制度として厚生労働省は, 1994年(平成6)より「ビジネス・キャリア制度」をスタートさせた. この制度は厚生労働省がホワイトカラーの職務遂行に必要な専門知識をOff-JTにより支援するために行う能力開発システムである. 初年度にまず「人事・労務・能力開発」および「経理・財務」の2分野から始め, 順次「生産管理」「営業・マーケティング」等分野を拡大し, 現在は, その他にも「経営企画」「国際業務」

―能力主義の前提条件―

我が国初の事務系職務の能力評価基準が完成

～ 能力評価ツールを開発し,円滑な就職に向けハローワークなど
で企業・労働者双方が職業能力をより明確にできるよう活用 ～

(ポイント)

○ 国全体として職業能力の開発を推進していく環境を整備し,職業能力が適正に評価される社会基盤づくりの第一歩として,わが国で初めて,経理・人事など事務系の職務をこなすために必要な職業能力の分析を行い,労働者の能力を客観的に評価する仕組みとして能力評価の基準を策定した.

○ 能力評価の基準が明らかになることにより,職業能力に関するミスマッチが縮小することが期待される.

(1) 求職者・労働者にとっては,自らの能力を客観的に把握した上で職業選択やキャリア形成の目標を立てることが可能となり,職業能力の向上に向けた取組みにつながる.

(2) 企業にとっては,採用すべき人材の明確化,人材育成への効果的な投資,能力にもとづいた人事評価・処遇等についての企業戦略を立てる際に新しいスタンダードとしての活用が可能となる.

○ 国における能力評価基準の活用に向けた取組み
(1) 能力評価ツールの開発とハローワーク等における活用(平成16年10月目途)
(2) 公共職業訓練のコース設定に反映
(3) 業界団体を通じたモデル事業の展開

○ 今後,事務系職務に加えて,製造業やサービス業など幅広い産業について順次,能力評価の基準作りを進める.

分野などを加えた10分野について実施されている．
　学校法人産業能率大学は厚生労働大臣認定の「ビジネス・キャリア制度」の教育機関のひとつとして大きな役割を担っている．

4．わが国初，事務系職務の能力評価基準を策定／厚労省

　厚生労働省は2003年（平成15），労働者の能力を客観的に評価する仕組みとしてわが国ではじめて事務系職務の能力評価基準を策定した．経理・人事・営業など事務系9職種について係員，係長，課長，部長の4レベルにわけ，各レベルの職務を細分化し，各職務遂行のための基準を具体的に示した．

3．企業内における人材開発の意義

　企業内で行われる教育訓練活動が，社会的にはいったいどのような期待を受けているかというと，次のような3つの側面からの期待があげられる．

1．企業からの期待

　まず，企業の経営面から企業活動の一職能を担うものとして教育訓練活動の果たす役割がある．企業は人，物，金から成り立つものであり，そのもっとも重要な要素である人間の能力開発を促進する．その結果企業経営に貢献できるよう，業務遂行上必要な知識，技能，態度等を教育するのである．これまでの企業内における教育訓練活動は，主としてこれに応えるためのものであり今日においても高い比重を占めるものである．

2. 従業員からの期待

次に，各従業員からの教育訓練に対する期待がある．たとえば，現在の自分の仕事を行ううえで直接必要とされる業務能力の向上のための教育訓練はもとより，各人の興味，関心に応じた学習意欲に対して応えていく必要がある．

今日の社会状況からすると，これまでのような企業サイドからの画一的で一方的な教育訓練でなく，従業員にとっては生涯教育の一環としての位置づけができるように配慮することも必要となる．

3. 社会からの期待

さらに企業内の教育訓練活動を学校教育や地域社会で行うさまざまの教育活動と同じように位置づけ，いわば社会教育の一部とみなすことができる．つまり企業内で行う教育訓練も，いわば社会の発展に貢献するよう期待されているのである．具体的には，もっと教養を高めたいとか，あるいは豊かな人間へ成長したいとか，現在の仕事とは関係なく何か専門的な知識や技能を身につけたいという学習意欲のある者に対し，なんらかの援助を行うよう社会的に期待されているのである．

さらに最近では，一企業が消費者や利用者，さらに地域住民に対してさまざまな講座を開催しているが，これは単に自社製品の説明会やPRを意図しているものではなく，もっと社会的視野に立った教育訓練活動であるといえる．

4. 人材開発の機能

人材開発が企業内において，期待されている機能をあげると以下のとおりである．

1. 企業の事業活動推進への援助機能

まず，企業の経営活動を推進するために行う教育訓練活動である．これはパーソンズ[5]の社会体系モデルによれば，適応機能（adaptation）と呼ばれるものである．具体的には，企業が外部環境の変化に適応していくために必要とされる技術開発や製品，商品開発という活動である．このような企業の活動を担っていくための人材を教育するということが教育訓練の課題となるのである．

たとえば，職務の遂行上なくてはならない職務要件の教育であるとか，また新製品の開発や新規事業分野進出のための先行教育などが期待されることになる．

これからは，少なくとも技術導入の計画段階から人材開発担当部門の参加がなければ独創的な製品開発に必要な技術教育を実施することは困難であろう．

2. 企業のしくみの維持・発展への援助機能

これは企業組織と人を結合し，成員間の連帯を保ちつつ組織活動を推進しようとするものである．いわば組織開発に対する教育訓練面からのバックアップである．これはパーソンズのモデルでは統合機能（integration）にあたるものといえよう．

たとえば，管理制度や組織改善に役立つような情報を収集し，人材開発ニーズをとらえる．また，「管理監督者の職場での問題解決に対する援助活動を行う」ということが重要な課題となる．

3. 企業目標達成への援助機能

企業の事業活動を推進していくための統制機能（goal attainment）にあたるもので，具体的な教育訓練活動としては各事業部門での業績が達成しやすいよう，従業員に対する能力開発の実施やあるいは管理者が行うマネジメント活動

をより効果的に行えるよう援助することである．たとえばOJTを促進したり，維持できるような組織づくりに援助や働きかけを行うとか，人材開発方針の中に経営方針を取り入れるとか，開発活動を行いやすいような体制づくりを経営課題として取り上げるということが必要である．

4．よき企業風土，文化の形成への援助機能

これはすでに制度化されたさまざまな価値体系，言い換えれば経営のルールや約束ごとを守ることによって緊張を解消，ないしは緩和し，集団の安定，維持を図ろうとする機能である．

たとえば，豊かな人間形成への援助活動である．企業内における具体的な教育訓練活動の内容としては態度教育的なものもその一例としてあげることができる．

企業をひとつの社会システムと考えると，人材開発はこの社会システムの維持，発展に必要な4つの機能要件を推進するために機能する必要がある．

5. 人材開発の発展過程

人材開発は企業の発展・成長を支える重要な働きをなすものと考えられる．

ここでは，大きくわが国の企業経営のあり方が変化した第二次大戦後からの人材開発の発展経緯を検討することにする．

終戦直後の時期は，従来の封建的管理体制から，民主主義を基盤とする新しい管理体制を確立することが急務とされた．

したがって，これまでの統制に代わるべく，新しい人事労務管理あるいは経営管理体制を推進するうえでも，特に管理・監督者層の教育が重視されたのである．また，作業の合理化や，品質管理についても大きな関心が寄せられた．

このような要請に応えるべく，アメリカの近代的管理思想を背景とした，

数々の管理技法や教育手法が導入されることになった.

1. 新入社員教育の開始

　戦後の企業内教育は，本章で述べる TWI や MTP の定型訓練に始まるとされることもあるが，戦後いち早く始まったのが，新入社員教育と技能者訓練である．日経連の調査によると，昭和25年において大企業の半数近くが，すでに新入社員教育を始めている．中小企業については，昭和30年代に入り本格的に始まり，昭和35年の時点で，500～1,000人未満の中小企業での普及率が，5割を超えるに至った（日経連・日産訓[6]，昭和45年調査）．ちなみに，大企業での普及率は9割を超えている.

　新入社員教育が早く始まったのは，職業人としては未経験の新入社員を，できるかぎり早く第一線に出すために必要であったからである．

　当初の基本的教育パターンは，
① 会社の概念，業務に関するオリエンテーション
② 職場実習
③ 計算能力，OA 操作，文書実務などの基礎的実務訓練

であり，接遇・電話応対・セールス基礎などの項目は，昭和20年代の後半に取り入れられるようになった．そして昭和30年代の初めまでには，階層別教育の一連のプログラムの中に位置づけられ，教材づくりや教育形態の標準化が進んだ．

　この頃の新入社員教育は，2週間から2カ月の集合研修と，現場実習や配属実習を含む6カ月から1年の期間で実施されることが多かった.

2. CCS 講座の実施

　GHQ[7]の民間通信局（CCS：Civil Communication Section）は，戦後の通信システムの復旧，改善を進める中で，部品の品質向上のために，統計的品質管理を紹介し普及を図っていった．この科学的品質管理は，後の QC 活動へとつな

がっていく.

　一方，この過程でCCSは，通信機工業の経営者自身のあり方についても大きな欠陥があることを指摘した.

　つまり，最高経営者の経営について，特に目標設定やそのブレークダウン，責任と権限，組織化などについての認識が不足しているというのである.

　このような経営者の欠陥を直すために，昭和25年に会議方式によるCCS講座[8]が，通信機工業の経営者に実施された.

　このCCS講座は，戦後日本の経営者教育の始まりであり，経営者層がアメリカ的経営管理思想の洗礼を受ける大きな契機となった．内容としては，会社方針方策の確立，合理的な組織の編成，人事，品質，生産管理に関することが網羅されている.

　CCS講座は，昭和30年頃まで企業の経営者層に数多く実施された．しかし，他のMTPなどを受講した者が経営者に育ったり，定型訓練そのものへの反省などから，開講回数は減少することとなる.

3．TWIの導入

　民主化政策の中で従業員の意識も変化し，職階制の導入など制度面からも，確実に経営の近代化が進んでいたが，戦前の教育を受けた現場指導者では対処しきれない状況であった.

　そこで，現場第一線の監督者を対象としたTWI（Training Within Industry For Supervisor）[9]が全国的に活用されはじめた.

　TWIは，第2次世界大戦中，技能工の早期育成のため，アメリカで開発された訓練コースであるが，労働省のバックアップで，昭和24年に国鉄で第1回目のコースが実施された.

　翌昭和25年には，労働省がTWIトレーナーの集団養成を開始し，また，昭和26年には，アメリカの専門家による指導が実施されるなど，TWIは全国的に急速に普及していった．訓練は1回2時間で15回から20回開催する典型的な

会議形式の訓練である．

TWIは，「仕事の教え方」(Job Instruction),「改善の仕方」(Job Methods),「人の扱い方」(Job Relations) の3項目について，4段階の思考過程をとりながら進める定型訓練である．

昭和31年には，TWI採用事業所が4,000に迫るほど（労働省〈現厚生労働省〉）普及していったが，一方では，定型訓練の限界を指摘する声もあり，TWIコースそれだけを実施する企業は今日では少なくなっている．

しかし，現在実施されている監督者訓練のほとんどに，このTWIの考え方や方法が取り入れられていることが多い．TWIが戦後復興期から現在に至るまで，現場監督者のレベルを向上させてきた功績は大きい．

4．MTPの展開

経営の近代化を推進するうえで，第一線監督者層とともに重視された中間管理者層には，MTP (Management Training Program) が導入された．

MTPは，もともとはUSAF (United States Air Force) Management Training ProgramのPrimary Management Courseの日本版である．駐留アメリカ空軍は，基地に雇用されている労働者の監督にあたる日本人監督者のためにこれを実施していた．

米軍は，これを一般に公開するため，その扱いを通産省（現経済産業省）に一任した．

通産省（現経済産業省）は，米軍との共同主催で，昭和25年に，民間訓練担当者に対し，コースのインストラクター養成講座として実施した．これが民間におけるMTP講座普及の始まりとなった．

アメリカ空軍では監督者訓練であったが，日本の産業界に対しては，中間管理者訓練コースとして紹介されたのである．

MTPの内容は，TWIの3項目のほかに，管理の機能（計画，組織，命令，調整，統制）が含まれたものである．1クラス15人対象，1コース40時間を標

準とした，わが国における討論形式の研修の草分けといえる．

MTP はその後数次の改定・修正が行われ，内容も変わってきているが，アメリカ的管理思想の根本は変わっていない．

従来，わが国においては，研究が進んでいなかった経営管理の視点や方法に，MTP は画期的な影響を及ぼしたのである．

5．JST の開発

JST（Jinji-in Supervisor Training）は，人事院が，事務系の管理監督者のための指導監督能力の開発を目ざした定型型研修方式で，MTP や TWI が参考とされている．内容は仕事の管理，仕事の改善，部下の教育訓練，部下のあつかい方等について，標準で1回2時間12回の会議形式となっている．

昭和26年に完成され，昭和27年に第1回のリーダー養成コースを実施し，民間企業への適用を始め，現在，日本人事管理協会が主管している．

6．品質管理教育の実践

安かろう，悪かろうの日本製品に対するイメージは，今日ではまったく考えられないものの，終戦直後の日本製品は，CCS（米民間通信局）の指摘にもあるように，劣悪なものであった．

この劣悪な品質を向上させるため，CCS は，まず通信機業界に対し，統計的品質管理（SQC＝Statistical Quality Control）方法の導入を図ったのである．昭和23年には，日本電気や東芝などに全面的にこの SQC が導入されていった．

これらの動きと前後して，昭和21年には，日本科学技術連盟（日科技連）が創立され，その後の品質管理運動の母胎となった．

品質管理教育も当初は文献に頼る手さぐりの状況であったが，昭和24年には，「品質管理ベーシックコース」が日科技連により開催された．

本格的な QC 教育が始まったのは，昭和25年にアメリカからデミング博士を

招き，品質管理セミナーを実施して以来である．さらに翌昭和26年には，品質管理に貢献したグループに贈られるデミング賞も創設され，品質管理活動にはずみをかけていった．

　QC手法は，これらの経過の後，特に大手企業の生産管理技術者に普及していったが，実際の運用上に不都合が出てきた．というのは，品質向上を効果的に推進していくためには，現場の監督者層と，管理者層の巻き込みが不可欠であったが，それが必ずしも十分ではなかったのである．

　これらに対処するために，昭和30年代の初めには，部課長や現場の職班長に対するQC教育が始められた．特に，職班長に対する教育は，その後，テキストを用いた現場の勉強会が盛んとなり，後のQCサークル発展の糸口となるのである．

7．その他の教育訓練

　以上あげた主な教育訓練のほかに，新入社員教育と同様，いち早く技能者養成訓練が，各企業で実施されていた．

　さらに，昭和20年代の後半には，「職務分析コース」（日経連職務分析センター主催）が実施され，昭和30年前後には，事務の機械化が進む中で「事務能率コース[10]」などが実施されるようになった．

6． 企業内教育の日本的展開

―昭和30年代半ば～昭和40年代後半―

　さまざまな教育技法の無条件な導入に対し，その不都合な面が指摘されるとともに，技術革新の激化の中で，生産性向上や合理化がますます強く要請されると，教育訓練の投資効果にも目が向けられるようになった．つまり，教育訓練の活動にも能率向上が求められるようになったのである．

こうした状況の中で，企業内教育も従来の一般的共通的教育訓練から，それぞれの企業の特質に合った教育訓練が，体系的，合理的に実施される方向に変化していった．

1．教育訓練活動の体系化

　それまでの教育訓練は，相互の関連もあまり考慮されず，全体としてまとまりの悪い訓練が，バラバラに行われていたのが実情であった．そこで，各企業の状況に応じて，効率の悪いもの，不要不急なものを整理し，全体として一貫性のある教育体系を設計し，成文化しようとする動きが出てきた．

　昭和39年の日経連の調査では，教育方針を成文化した企業が，昭和33年時点では7.8％であったのが，昭和39年になると，39％にまで達している．

　この30年代後半の時期は，教育訓練の体系化が図られるとともに，大企業においては，教育担当部署や，研修所の設置が進むなど，計画的で長期的な人材育成の必要性に対する認識が定着した時期でもあった．

　しかし，昭和40年代に入り，国際化の影響を受け，労働市場も売り手市場へと変化し，また，若年労働者層の価値観の変化など，企業を取り巻く内外環境が変化するにつれて，教育方針や体系の大幅な見直しを迫られることになった．たとえば日経連と日産訓（社団法人「日本産業訓練協会」）の昭和45年の調査によると，大企業の６割強が，昭和30年代の後半から昭和40年代にかけて，教育方針，体系の大幅改正を行っている．

　これらの体系化や改正が，他の人事制度との関連において進められたことも，ここでは見逃すことができない．

　また，中小企業においては，昭和40年代に入り急速に企業内教育が普及し，実施率では大企業に追いつくまでに至った．

　今日，日本の企業における教育訓練の特色として，新入社員からトップ・マネジメントまで体系的なシステムが構築されているが，その基礎はこの時期に形成されたといってよい．

2. 現場監督者教育の重視

昭和30年代に入ると，生産性や品質の面や，労務管理の面からいっても，現場監督者層の教育訓練が焦点となってきた．また，日増しに進む技術革新への対処のためにも，その中心となる現場監督者の教育訓練が重視されたのである．

この時期の監督者教育の主流は，まだTWIではあったが，いくつかの新しいコースも登場してきた．

まず，日産訓が開発した「職場訓練計画」があるが，これはライン，スタッフ組織などの組織の変革の中で，現場監督者の果たすべき機能や役割分担などの内容を含んだもので，日本における新しい現場監督者像に対応したコースであった．

さらに，STP（安全管理）やPST（問題解決）などのコースも日産訓により開発され，TWIの4つめのコースとして「職場の安全」(JS＝Job Safety) がつけ加えられた．また，品質管理活動も，昭和30年代は管理職や現場監督者を巻き込んだものとなり，昭和37年には，日科技連が現場監督者向けの雑誌として「FQC＝フォアマンQC」が発刊された．同時に，日科技連に「QCサークル本部」が置かれ，現場の勉強会を「QCサークル」として登録することが呼びかけられた．

3. 教育機会，コースの多様化

教育方針や体系の見直しの結果，教育必要内容の専門化，多様化，あるいは教育対象者の増大に対処するため，教育機会の選択制度やコースの多様化が図られていった．

たとえば，特定者の外部派遣，自発的研修会への援助，コースの選択受講などの方法がとられるようになった．中でも自己啓発による能力向上が，昭和40年代になると強く期待されるようになり，管理者のための自己啓発指導マニュアルや，各種の援助施策がとられるようになった．

4．教育方法の変化

 昭和40年代に入ると，従来の講義式による知識学習だけではなく，日常の業務活動に近いテーマを題材とした事例研究，グループ討議，問題解決演習などの演習技法，体験学習が取り入れられるようになった．

 また，昭和40年代における若年層の意識の変化を背景に，新入社員を中心とした精神教育が重視されるようにもなった．

 いわゆる"しらけ"といわれる世代に連帯感や意欲を植えつけるために，一方では，年齢が近い先輩によるマン・ツー・マン指導——先輩指導員制度（ビッグブラザー，ビッグシスターなどと称されていた）がとられ，他方では，共同生活やグループ活動を取り入れたいろいろな研修が実施された．

 たとえば，自衛隊体験入隊，オリエンテーリング，参禅，センシティビティ・トレーニング（ST）[11]などが実施されるようになった．

5．OJT の発展

 OJT（職場内教育）は企業内教育の基本といわれている．OJT を広義にとらえると，見よう見まねの職場訓練も入ることになり，これは，戦前戦後を問わず現場では行われていた．しかし，OJT を現場における組織的，体系的，計画的な教育訓練ととらえると，その制度的な整備は大幅に遅れていた．

 昭和38年の時点においても，日経連の調査では，OJT を全面的に制度化している企業は僅か9％である（調査対象283社）．

 昭和40年代に入り，管理監督者の教育が行われる中で，その役割，責務として部下の指導・育成の必要性が強調され，計画的，組織的 OJT の重要性が認識されるようになったのである．こうした状況の中で，OJT マニュアルが作成され，前述の先輩指導員制度，目標管理制度，さらに自己申告や面接など，他の制度と結びついた形で OJT が推進されるようになった．

 また，計画的，組織的 OJT の展開の中で，ともすると，教育は仕事とは別

のものと考えられていたが，教育はライン管理者の役割の中でも大きな比重を占めるという認識が出てきたことは大きな意義がある．

6．小集団活動の展開

　品質競争やコスト競争に打ち勝っていくためには，全従業員の英知を集約する必要性が増大してきた．従業員の創造性や主体性を発揮してもらうために，第一線の従業員も巻き込んだグループ活動が小集団活動である．

　いち早く始まった小集団活動は，昭和33年に日科技連が呼びかけたQCサークルであった．現在では，13万を超えるサークルが登録をするに至っている．

　次に，昭和40年には，日本電気が，アメリカの兵器メーカーで実施されていた無欠点運動を導入し，日本で始めてはZD（Zero Defects）活動をスタートさせた．

　当時のQCサークルが，現場の職班長などの監督者層中心の活動で，第一線の従業員が必ずしも全員参加していなかったため，文字どおり全員参加のZDグループによる活動を目ざしたのである．ZD活動はその後，日本能率協会により推進されることになり，現在では1万の事業所で実施されている．

　さらに，昭和44年には，日本鉄鋼連盟が，鉄鋼各社で進められていた小集団活動を，自主管理活動（略称JK活動）と呼ぶことに統一している．

　QC，ZD，JKなどの小集団活動は，本来，従業員各自の主体性を確保しながら，業務上の改善のために，メンバーの創造性を発揮させることが目的であったが，教育的効果の高いことも見逃せない．

　特に，① リーダーシップ能力が身につく，② 仕事上の知識が身につく，③ 仕事が楽しくなり，やる気がでる，④ 生産技術の向上に役立つ，⑤ 職場の雰囲気が良くなる，などの教育的効果が見られる．

　この小集団活動は，昭和50年代の低成長時代に入ってもその真価を発揮することになり，その展開にいくつかの問題も含みながらも，企業活動を底辺から支える原動力となっていくのである．

7．組織開発（OD＝Organization Development）活動の導入

　昭和40年代に入って，経営を取り巻く環境の変化が激しくなると，個々の従業員の能力向上もさることながら，組織や職場単位の状況に対する集団力や適応力の強化が要請されるようになった．このことは，環境の変化に対処するためには，単に個人的な対応だけでなく，組織自体の時に応じた変革が必要であることを意味する．

　こうした要請に応えるため，ODの手法が導入されるようになった．ODは，職場や組織の全員参加のもとで，職場の問題をアクション・リサーチ[12]のステップに基づき，解決していく活動を通じて，職場や組織自体の問題解決能力や適応力，活動性を向上していこうとするものである．

　OD自体は教育訓練とはいえないが，一連のプロセスを体験することの教育的効果や，OD活動を促進するために，特定のテーマについて並行して集団訓練をする場合もあることなどから，OD活動のひとつの訓練手法として職場ぐるみ訓練[13]（FT＝Family Training）も含める場合もある．

　OD活動そのものの教育的効果は，① 参画意識が強まり，目標達成の可能性が高まる，② 状況分析から課題・計画・立案までの問題解決能力向上とそのための技法修得，③ チームワークの醸成，コミュニケーション能力の向上，④ ODの推進者となる組織長のリーダーシップ能力向上，などがあげられる．また特別に実施される訓練としては，ODリーダーやメンバーに対してコミュニケーション・ゲームなども実施されている．

7. 低成長期の企業戦略としての企業内教育

―昭和40年代以降―

　世界的規模の経済停滞と競争激化の中での企業内教育は，それまでの企業活動を補完するという見方から，企業戦略そのものの中に位置づけられるようになった．

　この時期の企業内教育の特徴は，ひとつには，環境条件の変化に適応していける人材の育成に方向があることであり，一方では，従業員個人の希望も取り入れたうえでの，長期的な人材育成の視点が強くなったことである．

　環境状況に即応できる人材の育成の視点から見ると，それまでのライン中心的な視点から，ライン職能（管理監督職など）もひとつの専門職能とみなし，全員がなんらかの専門性を高めるという教育が重視されるようになった．これは，課制廃止やマトリックス組織の導入などと軌を一にした傾向である．

　さらに，専門職能に関連した教育の拡充，多様化が進む中で，個人の希望や，業務の必要性に応じた選択的教育システムをとる企業が多くなっている．

　さらに，このように各個人の専門性を高めることが要求されるとともに，それぞれの職務適性が厳しく問われるようになったのもこの時期の特色である．

　また，長期的な視点に立った教育として，入社してから退社後の生活までを配慮した職歴開発制度（CDP）や生涯設計援助制度などの多様なシステムが導入されるようになった．

　このように，企業側の要請と各従業員の意向の両者を統合する方向で，管理者としてだけでなく，専門職やエキスパートとしての前進ルートが制度的にも整備され，それぞれの位置づけや重要性がオーソライズされるに至っており，それに伴い，企業内教育における個人の責任もますます強調されるようになった．すなわち，能力開発は本人のためであり，少なくとも半分の責任は個人に

あるというのである.

いずれにしても, 低成長という厳しい時代の中で, 各個人の適性にもとづいた能力開発をいかにし, 各職務を通じて各個人の能力をいかに完全燃焼させるかが, この時期の企業内教育の大きな課題である.

1. CDP (Career Development Program)

CDP (職歴開発制度, 経歴管理制度) が本格的に取り上げられるようになったのは, 昭和50年代に入ってからである[14].

CDP の基本的考え方は, 長期的経営計画にもとづく要員見通しと, 個人的ニーズに合ったキャリア目標 (職位, 職務) の設定をする中で, 具体的なキャリア・プランを設計し, 能力開発を進めようとするものである.

そしてこのキャリア・プランは, 上司などとの面接 (キャリア・カウンセリング) やキャリア設計ワークシップを通じて設定される.

しかし, わが国においては, キャリア・カウンセリングにあたるものとして, 自己申告制度や指導面接制度が早くから導入されている企業もあり, CDP の考え方の導入とともに, それらシステムの整備が進んできたといえる.

昭和57年の人間能力開発センターの調査によると, 自己申告制度等を含めたキャリア・カウンセリングを導入している企業が55％あり, そのうち約半数は昭和50年代に入ってからの導入である. また, 導入中の企業も2割近くあり, 最近における CDP の考え方の急速な普及ぶりがうかがえる[15].

CDP の導入を具体化するにあたっては, キャリア・プランを設計するうえで必要なキャリア・ルートの提示, キャリア目標を現実化するための人事登録制度の採用などが検討されている.

日本における CDP の展開をみると, CDP の理想型といわれる個人の社会生活や家族生活を含めたうえでの人生設計プログラムというよりも, 現在所属している企業の枠内で, 企業活動に貢献することを前提としたうえで, いかに個人の意向にそった職歴を開発していくかが焦点になっている.

また，実際的な運用をみると，最終的なキャリア・ゴールを考慮しながらも，3～5年のキャリア目標を設計し，それに基づき教育計画が立てられ，設定されたキャリア・ルートに乗った形で教育が進められる．また，節目節目では，キャリア開発の結果を評価し，キャリア・プランの見直しや修正が行われ，時によっては，キャリア・ルートの変更もされる．

　CDPは，中高年齢者問題に対処するための方法としても注目されている．また，専門職制度など他の人事諸制度と密接に関連しており，今後ますます導入が盛んになると予想される．

　近年では若年層の勤務意識の高揚をねらって，大学などでキャリアデザインのアプローチが盛んになっている．

2．ヒューマン・アセスメント

　低成長期を迎え，各個人の業務が厳しく追求されるようになってきているが，特に管理者の能力や適性を早期に発見し，有効な活用をしていくことが望まれている．

　ヒューマン・アセスメント制度は，管理能力の事前評価システムと称され，各種シミュレーション演習などによる行動観察や心理テストから，管理者としての能力を事前に評価するというもので，昭和40年代終わりから日本に紹介され，導入が進んでおり，その後安定経済成長期に入りこのシステムは，本来の目的である管理職の抜擢用として活用されていた．

　このアセスメント・システムは，アメリカで開発され，本来は，幹部候補者の採用や，管理職への登用前に実施される選別や選抜の意味合いが強い．わが国でも選抜の目的を明確に打ち出して，アセスメントを実施している企業もあるが，一般的には教育訓練の一環として実施することが多い．というのは，第1に日本では登用の直前にアセスメントを実施することが多く，それまでにある程度管理者としての能力が評価されていたこと，第2に短期間による評価に対する反発という日本的風土の特性が理由としてあげられる．

アセスメント制度の教育的側面をみると，まず，アセスメント・コース自体が，管理職研修などという形で実施され，内容も管理能力向上に結びつくテーマが取り入れられている．また，アセスメント結果の本人へのフィードバックにより，長所や今後の自己啓発のためのポイントが提示されるなど，それ以降の能力開発に活用することもできる．

8. 人材開発システムの構築

1．人材開発システムの意義

企業にはそれぞれに独自な個性があるように，人材開発システムについても自社ないしは自組織なりの固有のものを開発していかなければならない．

企業内で行う人材開発は，開発ニーズ（必要点）を正しく把握し，これにもっともふさわしい効果的な教育訓練の方法を選び実践することになる．

しかし，それぞれ独自の目標をもった教育訓練プログラムが全体的な整合性に欠けて，各部内，各階層で独自に計画してしまうと人材開発の効果性が稀薄になる．そこで個別の教育訓練プログラムをすべて集大成して組織したもので，その企業における各部の教育訓練プログラムが総合的に編成されているものを人材開発システムという．

人材開発システムは，その企業の人材育成についての基本方針が反映されているものでなければならない．また，その企業における個別教育訓練活動のガイドになるものである．この意味から，本来，人材開発システムは他の企業のそれとは異なった独自性が滲みでているものである．

その企業における個別教育訓練プログラム（教育計画）を編成し，体系化していくための編成原理にはいくつかの角度がある．たとえば，年齢別，職種別，資格等級別などがあげられる．

いずれの場合でも，少なくとも次の2つの側面が考慮されているものでなけ

図表6−1　階層別教育体系

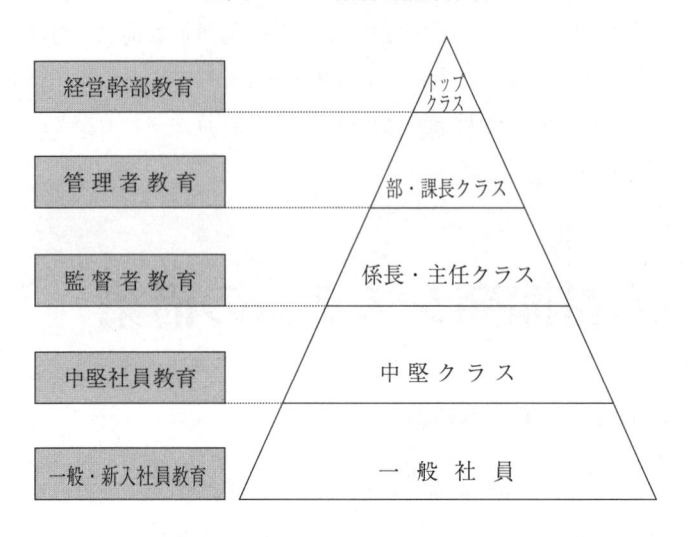

- 経営幹部教育 ……… トップクラス
- 管理者教育 ……… 部・課長クラス
- 監督者教育 ……… 係長・主任クラス
- 中堅社員教育 ……… 中堅クラス
- 一般・新入社員教育 ……… 一般社員

図表6−2　職能別教育体系

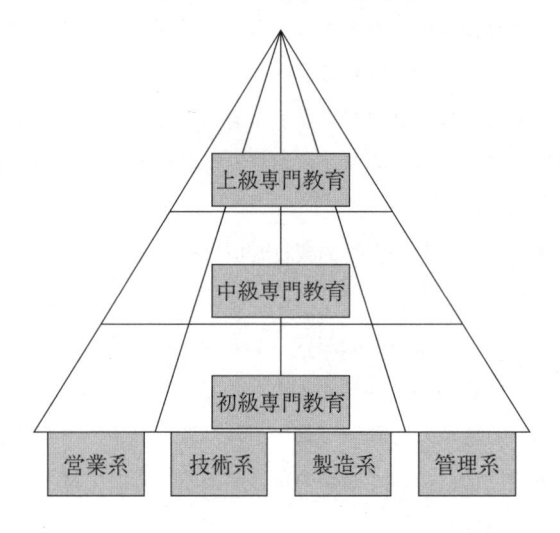

- 上級専門教育
- 中級専門教育
- 初級専門教育

営業系　技術系　製造系　管理系

ればならない．ひとつは，開発対象別に各教育訓練プログラムを組み立てているということである．たとえば，新入社員教育から管理者教育までの階層別教育体系などがこれである．もうひとつの側面は，集合教育とかOJTあるいは職場の活性化といった，いわば教育方法，教育手段からの体系化である．

　一般的には，階層別，職能別の教育体系のモデルとしては前ページのような図となる（図表6－1, 2）．さらに実際の教育訓練活動の展開としては，階層教育や職能教育だけでなくその他，職場内教育（OJT）や人事諸制度も含めた総合的な人材開発システムとして組み立てることになる．

２．人材開発システム構築の考え方

人材開発システム設計の基本的考え方

　これからの人材開発システム設計上の基本的な考え方として，次の5つの視点から考えて構築していくことが求められている．

(1) 変化対応性（先進性，柔軟性，開放性）

　企業環境の変化に対応して，一歩先を見通した人材開発計画を立てていくこと．必要ならば，一度立てた計画でも変化に応じて柔軟に変えることも重要である．

　① 理念，ビジョンの明確化
　② 情報ネットワークの構築

(2) 戦略性（重点化，長期展望，理念整合性）

　企業内における教育訓練活動は，組織の事業戦略とうまく結びつかなければならない．営業戦略と同様に，たとえば何年後を目標にして，何と何を重点項目としてやっていくかといった戦略的なアプローチが求められる．

　① 構図，シナリオの構築などの早期着手
　② オリジナリティの重視

(3) 体系化・システム化（客観性，法則性，統合性）

　体系化を進める際には，全社を見渡して教育訓練的な機能を果たすものを包

括し，全社的な視点で教育訓練や人事を考え構築していく必要がある．また，システム化については，つねにメンテナンスし，維持していく機能をあわせて考えることが重要であり，これらすべてにつねに一貫性を持たせることも大切である．

① 論理性，一貫性の重視

② 分散化——ライン側の使いやすさへの配慮

(4) 個性化（人間性，多様性，包摂性）

組織や個人の多様なニーズや欲求，まちまちなレベル（水準）の違いに対応する人材開発システムが求められている．集合教育や教育そのものが軽んじられるということではなく，画一的になりがちな情報伝達手法や方法，定着の度合い，テストの方法を工夫するということである．

① 例外をつくらない網羅性への配慮

② 従業員の自律性，主体性を尊重

(5) 社会性（社会貢献性，企業の存続性，従業員支援）

① 行動規範の作成と実践活動

② 理念，考え方の周知徹底

3．人材開発システム構築の手順

人材開発システム構築の手順は次のとおりである．

(1) 経理理念・経営方針の確認

　　（社是社訓・モットーなど）

(2) 人材開発理念・方針の設定

　　（教育訓練要綱など）

(3) 人材開発目標の設定

(4) 人材開発システムのマスタープラン作成

　　（階層別・職能別・資格別・その他教育対象・教育方式別など）

(5) 人材開発システムの設計

① サブ体系の目標の設定（部門別・職能別・階層別教育体系など）
② 階層区分・職種区分の検討
③ 現在実施中の各種教育訓練活動の点検と位置づけ
④ 新規教育訓練活動の追加事項の検討
(6) 全社人材開発体系内の主要開発内容の決定

4．人材開発システムの総合化

　以上のような今日的な状況の中で，各企業のこれまでの人材開発に対する考え方を，より長期的視点と，マクロ的な発想と，総合的な視点からとらえ直し，企画，立案，実施していくことが重要な課題となる．これまでも，「人材開発システム」そのものは本来長期的かつ総合的な視点を持つものであったが，特に今後は一層マネジメント政策と各種の人事諸制度の密接な関連づけが必要となってくる．

　人材開発の関連諸活動を総合的にとらえると次のとおりになる（図表6-3）．

　また，人材開発体系図の例を示すと図表6-4のとおりである．

図表6－3　人材開発システムの展開と諸制度との関連

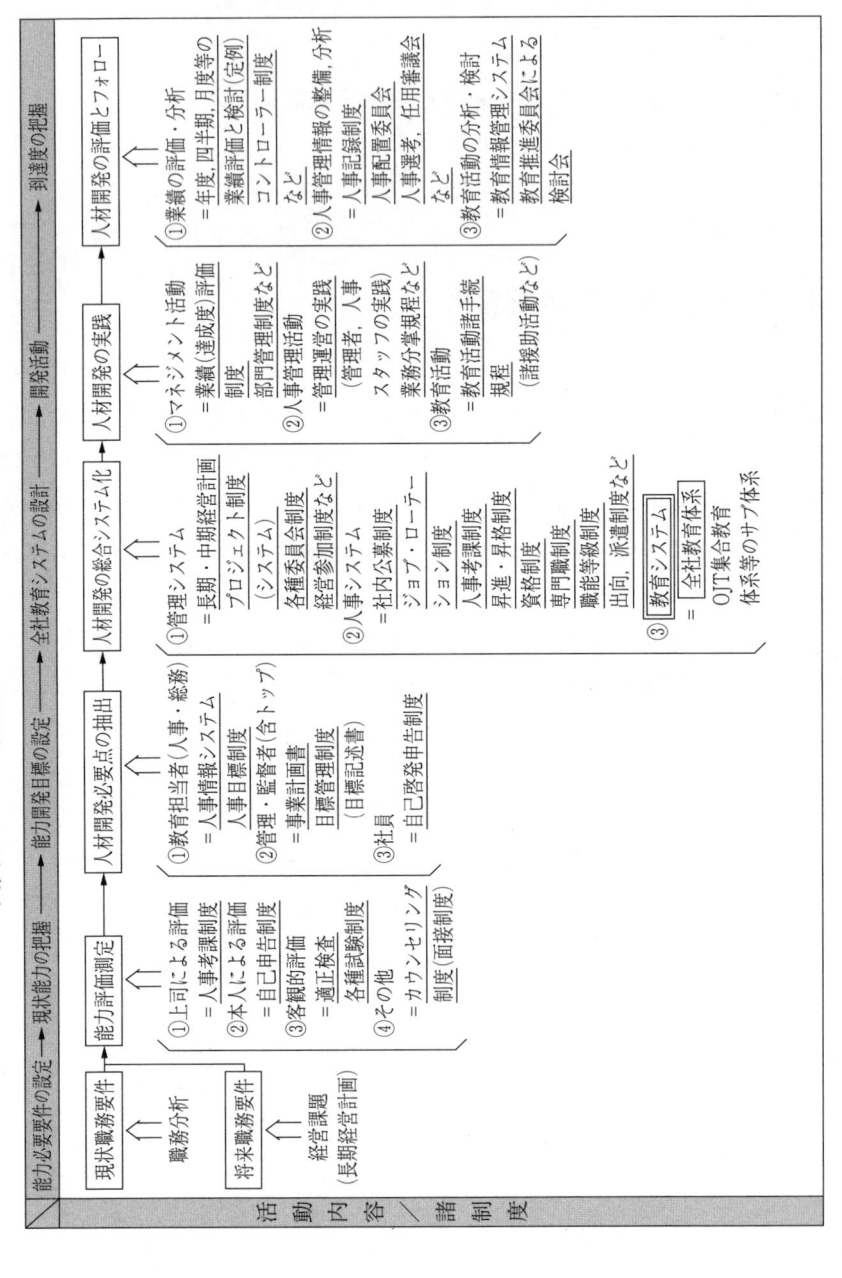

能力必要要件の設定	現状能力の把握	能力開発目標の設定	全社教育システムの設計	開発活動	到達度の把握
	能力評価測定	人材開発必要点の抽出	人材開発の総合システム化	人材開発の実践	人材開発の評価とフォロー

活動内容／諸制度

現状職務要件
　職務分析

将来職務要件
　経営課題
　（長期経営計画）

能力評価測定：
① 上司による評価
　＝人事考課制度
② 本人による評価
　＝自己申告制度
③ 啓蒙的評価
　＝適正検査
　　各種試験制度
④ その他
　＝カウンセリング制度（面接制度）

人材開発必要点の抽出：
① 教育担当者（人事・総務）
　＝人事情報システム
　　人事目標制度
② 管理・監督者（含トップ）
　＝事業計画書
　　目標管理制度
　　（目標記述書）
③ 社員
　＝自己啓発申告制度

人材開発の総合システム化：
① 管理システム
　＝長期・中期経営計画
　　プロジェクト制度（システム）
　　各種委員会制度
　　経営参加制度など
② 人事システム
　＝社内公募制度
　　ジョブ・ローテーション制度
　　人事考課制度
　　昇進・昇格制度
　　資格制度
　　専門職制度
　　職能等級制度
　　出向、派遣制度など
③ 教育システム
　＝全社教育体系
　　OJT集合教育
　　体系等のサブ体系

人材開発の実践：
① マネジメント活動
　＝業績（達成度）評価制度
　　部門管理制度など
② 人事管理活動
　＝管理・運営の実践（管理者、人事、スタッフの実践）
　　業務分掌規程など
③ 教育活動
　＝教育活動諸手続
　　規程
　　（諸援助活動）など

人材開発の評価とフォロー：
① 業績の評価・分析
　＝年度、四半期、月度等の業績評価と検討（定例）
　　コントローラー制度など
② 人事管理情報の整備・分析
　＝人事記録制度
　　人事配置委員会
　　人事選考、任用審査委員会
③ 教育活動の分析・検討
　＝教育情報管理システム
　　教育推進委員会による検討会

162

図表6−4　人材開発体系図フォーマット例

人 材 開 発 体 系 図　　　　　　　　　　　　　　　　　　　　　年　月　日作成
　　　　　　　　　　　　　　　　　　　　　　　　　　　　　　　　　No.
　　　　　　　　　　　　　　　　　　　　　　　　　　　　　　　　(作成者)

開発理念	開発基本方針	(期待する人材像) 開発目標	年度人材開発重点方策	年度人材開発計画
			人材開発システム	
(社是・社訓) 経営理念	長期経営政策		年度基本方針	組織・職場の課題
	長期経営環境		短期経営環境	

第6章　人材開発　163

注

(1) UNESCO（United Nations Educational, Scientific and Cultural Organization）国連教育科学文化機関

(2) 1985年ユネスコ「第3回世界成人教育推進国際会議」でラングラン（P. Lengrand）が提唱したものである．

(3) OECD（経済協力開発機構）は1973年にCERI（教育研究革新センター）が「リカレント教育」"Recurent Education：A Strategy for Lifelong Learning"を発表．

(4) 昭和52年6月当時の文部大臣から「当面する文教の課題に対応するための施策について」の諮問を受けた中央教育審議会（高村象平会長）は「生涯教育について」と題する答申を文部大臣に提出した．

(5) Parsons, T.（1902〜1979）
アメリカの社会学者．自発主義の立場から行為の一般理論を展開．行為システムのひとつとして社会システムを位置づけ，構造—機能分析という独自の方法論で社会システム論を構築した．彼は，社会システムの構造，機能の維持のために，A．G．I．Lの4つの機能要件を設定した。

(6) 社団法人　日本産業訓練協会

(7) General Headquarters の略．

(8) 最高経営管理者を対象とした訓練方式で昭和24年にアメリカから紹介された．その主たる内容は，
① 会社の方策の確立　② 合理的組織の編成　③ 人事，品質，生産などの管理　④ 指導原理にもとづき協調による会社運営を行う，などである．

(9) 第一線監督者の監督能力向上のための定型訓練コース．

(10) 産業能率短期大学（現産能短期大学）が開発し，主催したコース．

(11) Sensitivity Training：感受性訓練ともいい，日本では立教大学キリスト文化研究所で初めて公開され旧産業能率短大で社会人向けのセミナーとして実施されていた．この訓練の模様はノンフィクション風の小説城山三郎「勇者は語らず」として紹介している．

(12) アクション・リサーチ

(13) 職場ぐるみ訓練

(14) 詳しくは第7章参照．

(15) 当時の通産省の外郭団体である人間能力開発センターが1982年に行った調査．

まとめ

　個人の全生涯にわたり，またあらゆるレベルの社会的活動場面での教育活動を生涯教育としてとらえる．企業内教育もこのような生涯教育において重要な役割を担っている．

　さらに，今日の企業内教育はこれまでの学校教育，社会教育，職業教育という生涯教育を支える教育活動のほかに，社会的資源としての人的資源の開発と活用を目ざした，マクロな視点から人的資源開発という概念でとらえることが必要である．さらに企業および社会にとって，この人的資源開発という概念は教育の分野で用いる"人間教育"，"人格形成"あるいは持てる才能を開発することを目ざした能力開発をも包含し，さらにそれぞれの社会や集団の具体的な育成・開発目的に向けた多様な教育活動としての人材開発と同義にとらえて良い．

　変化の時代といわれる今日，企業における人材開発はますます重要な役割を帯びている．

本章のキーワード

生涯教育　　　　　　　　生涯職業能力開発
リカレント教育　　　　　生涯能力開発給付金制度
生涯学習　　　　　　　　ホワイトカラーの職業能力習得制度
学習企業
　TWI　　　　　　　　　教育体系
　MTP　　　　　　　　　OJT
　JST　　　　　　　　　CDP
　OD
人材開発システム　　　　人材開発体系図
教育訓練プログラム

■ 研究課題

第6章を熟読したうえ次の設問に答えなさい.

問題 1　これからの企業内における人材開発はどのような役割・機能を果たすべきか，簡潔に説明しなさい.

問題 2　人材開発システムを設計するに際して押さえるべき基本的要件について説明しなさい.

問題 3　生涯教育と企業内教育の関連について，あなたの見解を述べなさい.

■ 力だめし

問題 1　次の略語をフルスペルで書き表しなさい.
　　　　① TWI
　　　　② JST
　　　　③ MTP
　　　　④ CDP
　　　　⑤ OJT

問題 2　日本企業における「人材開発システムの特質」について，あなたの見解を述べなさい.

第7章

人材開発の方法

―― 〈本章の目標〉 ――

1. 人材開発システムの設計に際して,その主要な方法を十分理解していかなければならない.各種の方法について,その特徴を考えつつ,システムを編成するポイントを学ぶ.

2. 主要な6つの教育形態を実際に活用する場合の要点を学ぶ.

はじめに

人材開発の方法としては，大きくは5つの方法があげられる．これは「教育方法」の視点からは，教育形態に当たるもので，開発・援助する人と指導・育成される人との関係によって分類されるものである．

この分類によると代表的なものとして次の6つがあげられる．

① 集合教育（Off-JT）
② ジョブ・ローテーション
③ キャリア・ディベロップメント・プログラム（CDP）
④ 自己啓発／セルフ・ディベロップメント（SD）
⑤ 職場の活性化運動（OD）
⑥ OJT（職場教育）

以下，①～⑥についてその特徴や実践していくうえでのポイントをあげていく．

1. 集合教育(Off-the-Job Training)

1．特徴

(1) 適用内容

1．共通的，一般的なニーズに対応した教育訓練ができる．
2．基礎的または間接的な知識・技能の啓発に適する．
3．関係する多くの人を一定のレベルまで高めるのに有効である．すなわち，職位，職務ごとの期待する人間像を設定し，全職員をその目標までレベルアップしようとする場合．
4．共同研究，相互刺激，競争，集団圧力などにより相互啓発できる内容に有効である．

5．仕事につき特定の専門知識，技能の理解・習得に有効である．
6．特定の局面やある職能，管理機能に関する知識・技能・態度などを原則的，理論的に理解・習得させるのに有効である．
7．体系的な知識・技能の教育訓練に有効である．

(2) 方　法

1．目的に応じた効果的内容および講義，グループ学習等の適切な方法を採用する．
2．必要に応じ外部の専門家を講師として呼び実施する．
3．一時に多くの内容を多くの人々に教育訓練する．
4．特定の場所を設定し，受講者を教育訓練に専念させる．
5．場所により，スライド，VTR等の視聴覚教材を併用する．

(3) 効　果

1．全社的・全所的に，行動や考え方，あり方を早く統一できる．
2．全体的にレベルアップできる．
3．異なった部門や仕事や人について理解・認識がえられる．
4．相互啓発による幅広い視野や考え方，見方がえられる．
5．全社的・全所的な協力関係が高まる（横の関係）．

２．集合教育実施上のポイント

1．コースの名称
2．コースのねらい・目的（そのコースの位置づけなど）
3．経営幹部（担当役員）の挨拶
4．主要内容
5．対象者（所属部署，階層，職務経験年数など）
6．実施期間，日時，タイムスケジュール

7. 教育訓練の方式（合宿，会議式，討議式など），中心となる技法
8. 会場（交通，部屋名）
9. 担当講師名（必要に応じ略歴等）
10. コース担当部署名，責任者名
11. 関連図書の紹介
12. その他参加上の注意事項（費用分担，所持品，服装その他）

3．教材の準備

　教育訓練コースが企画されたら，まず教材の準備をしなければならないが，この場合，教材の種類としては，
　　・テキスト，資料，ワークシート等
　　・掲図（チャート）をはじめ OHP フィルム，スライドフィルム等の視聴覚教材
　　・ゲーム関係の教材
などがあげられる．
　ここでは特に比較的使用頻度の高いテキスト，資料，ワークシート等について述べることにする．
　テキスト関係については，準備の都合上から，さらに大きく3種類に分けられる．
① 　受講生が教育関連に入る前に読んでおく必要のある「事前学習テキスト」
② 　教育訓練当日，主に初日に配布される「テキスト」や「レジメ」に類するもの
③ 　教育訓練当日，各単元の展開上必要な補助説明用資料や，演習に必要な「事例」とか「ワークシート」に類するもの
　これらはいずれもその使用目的が異なっているために，準備の手配は，それぞれ別々に行う必要がある．
　まず「事前学習用のテキスト」については，少なくとも教育訓練実施日より

約1カ月前から3週間前までには受講生の手もとに届くように手配しなければならない．これが市販されている書籍であれば，人材開発担当者が一括購入して本人あてに配布するのがよいだろう．本人がそれぞれ購入するというシステムでは，必ずしも全員がそろって必要な事前学習ができない可能性がある．

さらに細かなことだが，人材開発担当者が講師から事前学習テキストの準備の手配の指示を受けたら，必ず書名のみでなく，著者名，出版社まで確かめることも必要である．

たとえば，事前に学習して教育訓練に臨むよう担当講師が指示しておいたのに，実際には講師の意図と異なった本が用意されており，教育訓練当日にテキスト学習の成果を確認するために予定していた理解促進テストがまったくできなかったという例もある．

次に，当日配布するレジメや教材についても，原則として教育訓練に入ってできるかぎり早い機会に渡せるように手配しておく．

さらに，教育訓練の各単元の中で使用する「事例」や「ワークシート」「演習資料」などは，教育訓練の当日に間に合うよう準備すればよいだろう．

これらの教材は必ず部数のチェックをし，また自社で用意する資料類は，印刷の手配から，校正まで念入りに仕上げなければならない．

4．資材・機材の準備

資材・機材類としては，最近利用頻度の高いものとして，次のようなものがあげられる．
① OHPをはじめ，スライド，映写機等の視聴覚機材
② 複写機関係
③ 教育ゲーム，その他ロールプレイング等に使用するさまざまな教材，小道具

視聴覚機材については，それぞれ講師の指示に従って，どのような型式を用意すればよいか，事前に講師と十分に打ち合わせをしておく必要がある．

たとえば，スライドの場合，"オートスライド"か"マウント式（コマ送

り)"か，またロール式でもタテ送り，ヨコ送りとがあるので，間違いのないよう確認しておくことが必要である．講師の用意したフィルムやテープが，人材開発担当者の用意した機材とまったく型式が異なり，教育訓練が予定どおりにできなかったというケースはよくあることである．

また最近の教育訓練では，複写機も必ずといっていいほど使われる．

会場が自社の会議室や研修センターであれば，ほとんど心配することはないが，人里はなれたロッジや保養所等で教育訓練を行う場合などは，事前に十分な点検が必要となる．最近は教育訓練の途中で複写し，このコピーをもとに，次の教育訓練に入るというケースも多い．

また初歩的な機材の点検ミスによる使用不能もよくあることである（たとえば，OHPやスライド等の光源ランプの耐用時間オーバーによる使用不能など）．

5．会場の手配と事前点検

インストラクターの選定および依頼をすると同時に，研修会場の準備もできるかぎり早い時期にしなければならない．会場を選ぶに際しては，教育訓練のねらい，教育訓練対象者さらに日程，形式，中心となる教育訓練方法等により選定基準は異なってくる．しかしどのような教育訓練であっても，共通する基準はとにかく安くてよい環境の施設であることである．多少の不便さやサービスの不行き届きはやむをえないだろう．

このような基本原則を念頭において，次のような手順であたってみるとよいだろう．

① 公共施設の活用

最近では社会教育関係の施設が相当に増え充実してきている．たとえば労働省およびその外郭団体の施設が勤労者の教育訓練にも大いに開放されている．また，都道府県や市町村などで運営しているものも各種ある．小は公民館やコミュニティセンターから，大は公会堂とか県民会館などが利用できる．

最近はこれら公的施設も"事業団"とか"開発公社"などという事業組織が

運営しており，民間企業なみのサービスと事業収入を目標としているので，かつての役所的な運営ではなくなりつつある．

　しかし，安くて評判がよい施設ほど早く満席になってしまうので，早く予約をとりつけることが必要であろう．

② 民間企業の施設の借用

　公共施設に次いで活用できるものとして，特に消費者を大切にするサービス業界のホールや研修施設あるいは会議室等があげられる．

　たとえば電力ガス会社等の広報活動用のホールや会議室には，まったく前述の①に準じて利用ができる．

　また生保，損保，銀行，信用金庫等の会議室は1日数千円程度で借りることができるものもある．

　その他，公共施設と民間企業の中間的な施設として，同業組合や健保会館，あるいは経営者クラブとか，また労働組合の会館等も研修施設として活用できるものがある．

　この場合，利用者の資格が問題になる場合もあるが，理由をつければいろいろ利用できるはずである．

③ 専門の研修センター，研修ホテル等の利用

　以上の順序で探せば，いろいろと安くてよい施設はあるはずであるが，最近では教育訓練用に設計，建設された専門施設も数多くできている．しかし，この場合，都心部の交通の便のよい施設は経費も高く割高になるし，また宿泊室等がいかにもビジネスホテル的で，せいぜい3日までが限度といえる．

　また施設の経費の面から考えると，都心から遠くはなれ環境はよいとしても，交通費がかさんだり，また往復のロスタイムが難点となってくる．

　人材開発担当者は，単に宣伝のパンフレットのみでなく，教育訓練の目的や対象者，教育訓練の形式等をじっくりと考えたうえで，問題意識を持って探すことが肝心である．

第7章　人材開発の方法

2. ジョブ・ローテーション
(Job rotation)

1．特徴

(1) 適用内容
  1．本人の職務適性の開発をめざしたものである．
  2．実際の職務活動を実践することによって育成できる内容に適用する．
  3．長期的な観点で，かつ系統的に育成していく内容に適用する．
  4．専門性を高める教育手段として有効である．
  5．業務能力（テクニカル・スキル）の育成に有効である．

(2) 方　法
  1．人事発令を伴う場合が多い．（人事異動とリンクする）
  2．系統的かつ体系的な運用を必要とする．
  3．管理者と人事担当者および人材開発担当者の3者の連帯によると効果が上がる．
  4．人事情報システムの整備による援助．
  5．仕事を通じて接する多くの人から指導を得る．
  6．CDP（キャリア・ディベロップメント・プログラム）の一環として活用することができる．
  7．自己申告制度，人材登用制度などの人事諸制度との関連で運用するとよい．

(3) 効　果
  1．職務拡大に役立ち，多能者を養成することができる．

2．仕事への動機づけや意欲開発をもたらすことができる．
3．スペシャリスト養成ができる．
4．人材の少数精鋭化等に活用できる．
5．人材の可能性を顕在化することができる．
6．組織のマンネリ化防止，活性化に役立つ．

2．ジョブ・ローテーション導入のポイント

① 職群の設定

現在の職務を大きく分類し，その職務に必要とされる知識，技能，能力等の内容が共通と思われる単位を設定する．（販売職群，製造職群または職掌・職種の場合もある）

② 能力段階の区分設定

各職群ごとに必要とされる知識，技能等の質的な違いやその水準によって，何段階かに区分する．

③ ジョブ・ルートの作成

各職務能力の段階ごとに，具体的な職位間の異動，昇進の経路を明らかにする．

この場合，適切な滞留年限もあらかじめ設定しておく．

④ ジョブ変更システムの設計

1）職位間の変更のための方法として，どのような制度がよいかを明らかにしておく．

2）この方法は「自己申告制」や「社内公募制」もあるし，また，一定の能力を保有していることを調査するための「試験制度」や「能力査定」システムがある．

⑤ ジョブ変更のための育成計画の作成

1）ジョブ・ルートの変更に必要な能力開発計画を企画・立案する．

2）変更予定の職務に必要な基礎能力については，不足者について教育の

チャンスを与える必要がある．
⑥　人事情報システムの整備

3．ジョブ・ローテーションの実態

　ジョブ・ローテーションを職務の異動だけでなく，広く一般に実施されている人事異動も含めてとらえると，いくつかの意味や位置づけをもっていることがわかる．また，ジョブ・ローテーションを取り入れている企業それぞれが，重点の置きどころや思惑をもって実施している．
　ジョブ・ローテーションあるいは人事異動の持っている意味や役割をまとめると次のとおりである．
①　上位ポストへの昇進のためのステップ（螺旋階段）としての実施
②　人事・組織の停滞・マンネリ化，モラール低下の防止等として実施
③　事業の繁閑，事業転換など，業務上の理由による要員補充，再配置として実施
④　業務量の変化に対応できるような職務の互換性付与の立場から実施
⑤　短期間のローテーションによる，各職務内容の理解や適性発見を図るための手段として実施
⑥　長期的視点に立った人材育成，スペシャリスト養成などの必要性から実施
⑦　個人レベルの生涯生活設計，キャリア開発（CDP）の一環として実施

4．ジョブ・ローテーションの位置づけ

(1)　長期的人材育成計画に基づく実施
　前述のように職務の異動あるいは人事異動は，名目はともかくとして，実質的にはさまざまな意味をもって実施されている．しかし，ジョブ・ローテーションを人材開発や能力開発という文脈の中で考えると，それは，短期的でその場しのぎの施策ではなく，長期的な人材育成の視点に立って，計画的，意図

的に行われるのが本来の意味である．

(2) 組織計画・要員計画との関連

　ジョブ・ローテーションは，他の開発施策と異なって職務の異動を伴い，その職務を遂行しながら能力向上を図る形で実施される．言い換えれば，ジョブ・ローテーションは，人材開発施策と配置・異動施策の接点をなすものといえる．

　したがって，人材開発と組織計画，要員計画が結びついた形でのジョブ・ローテーションを考える必要がある．

(3) 本人のキャリア開発

　さらに，組織としての長期的な人材育成の視点とともに，本人の意向も考慮したローテーションを設定していくことが，今後の方向として望ましい．このことにより各人の適性を開発し，また仕事への動機づけや意欲の向上を図っていくことも可能になってくる．

　今後はこのような本人のキャリア開発も同時に目ざした，組織と本人の期待が統合されるような方向でのローテーション，いわゆるCDPと結びついたジョブ・ローテーションを運用していく必要があろう．

5．ジョブ・ローテーションの具体的手順

　長期人材育成という視点に立つジョブ・ローテーションを効果的に行うには，まずローテーションの目的をはっきりさせ，将来に向けての目標が設定できるような具体的な体制をつくっていかなければならない．

　以下にCDPの考え方も含めたジョブ・ローテーションの具体的展開上の手順，留意点をあげる．

(1) ジョブ・ローテーションの目的確認

　ジョブ・ローテーションは，長期的人材育成の視点から考える必要があることはもちろんであるが，それだけでは具体的な目的がわからない．ローテーションによる育成の方針，考え方をはっきり打ち出さなければならない．

　この段階で検討すべきことは，
1）管理者育成のためか，スペシャリスト育成のためか，あるいは，両方を同時にねらうか．
2）特定職位にある者すべてについて実施するのか，あるいは，候補者をしぼって実施するか．
3）実施の時期，期限をどうするのか．たとえば，入社直後から実施するか，あるいは，特定職位に任用された者について重点的に実施するのか．
4）本人の意向をどの程度まで受け入れてルートを決定するのか．
5）ジョブ・ローテーションはどこが主体となって進めていくか．さらに，人材開発部門の役割，異動先の指導体制はどうか．

　以上のような，ローテーションの目的や前提条件について基本的なところをまず明確にしておく必要がある．

　このことが，次のローテーション・ルートの設定や，バック・アップ体制をどの程度準備したらよいかの判断に，大きく関係してくる．

(2) 職務の区分・分類

　ローテーションの目的が決まったら，次にその目的に沿ってローテーションの基礎となる職務分類をすることになる．これにより，全社的なレベルでどこにどんな職務があるかを明らかにするわけである．

　職務の分類は次のような基準によるとよい．
1）機能別区分
　　これは，いわば職業区分に近いもので，総務，企画，業務，営業，研究開発，生産という区分である．

2）扱い製品別区分

　　扱っている製品別に職務を分類するもので，人事や財務などの製品区分が難しい職務は，製品共通というような区分で分類しておく．

3）仕事内容別区分

　　これは，組織上の業務単位による分類で，機能別区分をさらに細分化したものである．たとえば事務系であれば，人事，総務，教育，経理，購買，販売などに区分し，技術系では，圧延加工技術，塗装技術，木材加工技術など，技術中心の分類にするとよい．

4）知識区分

　　知識は，一般的に知っておくべきもの，専門的に知っておくべきものなど膨大なものになるが，会社全体の知識や技術構造を具体的に把握するうえでも必要になってくる．事務系では，たとえば，人事関係では，採用，配置，異動，教育，考課……などに区分し，技術系では担当する職務で使われる技術用語により区分する方法もある．また，大学の講座を参考にした専門知識別に区分していくのもひとつの方法である．

5）勤務地区分

　　これは，国内外を問わず，育成の過程でどうしても地域的な異動を必要とする場合は，地域による分類も必要となる．

以上のようないくつかの職務分類を組み合わせ，ローテーションの対象となる職務を明確にしていくのである．

この職務の分類・区分にあたっては，既成の職務基準書などをもとに進めていく方法もあるが，往々にして，実情とはなれたものになっていることも多いので，できるかぎり職務調査などを通じて，実態に合った職務分類をする必要がある．また分類した各職務については，情報管理上からも系統的なコード化を図ることを考えておく．

さらに，企業内環境や，技術レベルも年々変化していくので，実情に合わせて職務区分も修正していくことも必要であろう．

(3) 能力段階の区分設定

　職務を上記のように一定の枠組みで分類したならば，次にそれらの職務について，重要性や難易度合いによって段階区分を行っていく．

　この場合，各職務を遂行するうえでの必要な能力要件，あるいは資格要件，さらには，その職務をどの程度までこなせばよいのかという期待水準もあわせて検討しておくことが必要である．これらの能力要件や期待水準が，ローテーションの効果を測定する基準にもなるからである．

　職務のレベル設定は，ローテーションの目的や分類した職務の数にもよるが，1) 序列法，2) 分類法，3) 点数法，4) 要素比較法などの手法を利用して段階区分をしていくとよい．

(4) ローテーション・ルートの設定

　職務の分類，またその職務のレベル設定をしただけでは，まだ効果的なローテーションは実施できない．長期的な人材育成計画を考えるうえでも，その育成の目安となるジョブ・ルートが不明確であっては計画が立てられない．逆に，いつまでに，どんな種類の職務を，どんな順序で経験させていくかというジョブ・ルートの設計そのものが長期人材育成計画につながっているといってもいい．さらに，個人の意向を考慮する場合にも，無作為に職務を選択させていたのでは，系統的なキャリア開発もできないし，組織の機能自体が停滞してしまうことにもなりかねない．

　そこで，ローテーション・ルート（ジョブ・ルート，キャリア・ルート）を設定するうえでの留意点をあげると，

　　1) ローテーションの目的により，そのレベルに合った，最終的な予想ポストや位置づけ（キャリア・ゴール）を設定する．

　　　たとえば，入社後10年程度のローテーション，さらには，管理職として一人前になるまでのローテーション，あるいは中高齢者の退職準備的なローテーションなど，それぞれ目ざすゴールは異なったものとなろう．

　　　また入社より退社までを，3〜4の段階に区分し，人材育成の方向や方

針が，それぞれの段階ごとに特徴づけられており，段階の節目ごとにローテーション・ルートの見直しや，変更を実施している例もある．
2) 昇進・昇格とも連動させたローテーション・ルートを設定する．
　これも，ローテーションが，人材開発と配置・昇進管理の接点にもなる施策であることから当然考えておくべきである．これは将来のポスト予測や要員計画とも関連しているので，慎重に設定する必要がある．
3) ローテーションの順序だけでなく，標準経験年数（期間）や最長年限を設定しておく．
4) 適性発見や，個人の意向も考慮するうえで，ルートは単線でなく，途中でルート変更も可能な複線ルートを考えておく．
5) ローテーション・ルートの幅も，あらかじめ一定の基準を持ったうえで設定する．

　これは，ローテーションの目的にもよるが，部門内異動とするか，部門外異動も含めて考えるかにつき，あらかじめ目安をつけておくことも必要となろう．
　部内といっても，企業によりその業務の幅はまちまちではあるが，概していうと，たとえば，ある特定分野の専門家を育成するのであれば，部門間異動というよりも，部門内の関連分野のローテーションが好ましいし，広く業務を経験させたり，多能化を図るということであれば，部門を超えた異動も効果が上がるだろう．あるいは，管理職任命までは，部門内の異動にとどめ，任命後に部門間の異動を実施し，管理者としての能力を向上させようとする例もある．

(5) ローテーション実施システムの設計

　ローテーション・ルートが設定されたら，次の各個人の適性に応じたローテーションを円滑に実施していくための体制やシステムを考えなければならない．

　ジョブ・ローテーション制度の運用を考える場合，それがあまりに組織ニーズ主体のものであると，マイナスの面も出てくる可能性がある．たとえば，次のローテーションを予想して積極的な仕事の取組みをしないとか，異動させら

れなかった者の意欲を失わせるなどのおそれが出てくる．

　したがって，組織上の要請や，人材育成の方向と本人の意向や希望が一致するように，調整ができるような体制や仕組みを設定する必要がある．

　1）各個人の保有能力の分析

　　ローテーションを実施するに際してまず考えなければならないのは，各個人が現在どの程度の能力を有しているのか，あるいは将来的にはどんな分野の能力の向上が期待できるのかといった点につき，一人ひとりの現状を把握することである．この能力分析により，ローテーション実施の適否（時期が適当かどうか）やローテーション・ルートの選択などの判断がより確実に行われるのである．

　　方法は，本人の自己申告，上司や同僚による多面観察，ヒューマン・アセスメント，さらには，キャリア・ワークショップによる自己分析の方法などがあり，これらを組み合わせて，できるだけ現状や将来性を把握することである．

　2）ローテーション・ルート，キャリア目標の設定，変更

　　各個人の特性を把握したならば，次はその特性に基づいたローテーション・ルートを設定し，ある程度のキャリア目標（将来予測）を見定めることになる．またこの段階では，組織としての要員計画と個人の進路希望との調整も行うことになる．

　　ここでは，上司や人事・人材開発担当者との面接，あるいはキャリア・カウンセリングなどを通じて，将来のキャリア・ゴールを見通しながら，当面のジョブ・ルート（3～5年間）を設定していく．

　3）能力開発および行動計画書の作成

　　当面のルートが明確にされたら，次に，それに基づいた育成計画を策定しなければならない．この育成計画は，本人だけまたは上司だけが考えればよいといったものではなく，本人，上司，人材開発担当部門の意図が一致する方向で計画されることが重要である．

　　計画策定にあたっては，本人の強み，弱みを考慮した重点課題，育成方

法,期間などを盛り込む.また,目標管理やOJT計画書などと連動させて考えていくのも方法のひとつである.

4）ローテーションによる育成の実施

　ローテーションは,職務の異動を繰り返す中で人材育成を図ろうとするものである.そこで,計画されたローテーション期間の中でどんな手順で仕事を割り当てていくかが大きな課題となる.

　しかし,仕事の割り当てとともに,そこでもっとも効果的な育成をするには,能力向上のための援助体制を十分整えておく必要がある.特に上司による計画的なOJTは欠くことのできないものとなるが,そのほかに,段階的に学習が可能であるような教育訓練コースや,自己啓発のための通信教育などを準備する必要があろう.

　また,人事情報システムと連動させ,各人のキャリア目標,育成計画をたてる必要がある.

6．ジョブ・ローテーション制度を補完する諸制度

　次に,ジョブ・ローテーションを効果的に進めるうえで参考となる諸制度をいくつか紹介しておく.

(1) ヒューマン・アセスメント

　アセスメント研修を通して,各人の将来性を含めた保有能力を測定し,評価しようというものである.何を重点的に評価するかというディメンションは,各企業の人材開発の方向など,その実情に合わせて設定することが望ましいルートといえる.

(2) 適性多面観察

　これも,各人の能力を評価する方法のひとつで,自己評価と他者評価（直属の上司,関連部門の上司,同僚,部下など）を日常の行動の中から行い,適性

を多面的に評価，把握しようとするもの．観察，評価は，多面行動観察表などを作成して行う．

(3) 人事情報システム

人材構造の把握のためのシステムで，人材開発，要員・組織計画面から必要となってくる制度である．職歴，教育歴，本人の希望などが情報として蓄積されており，必要に応じてそれらを引き出して活用する．

したがって，システムの設計にあたっては，アウトプットとしてどんな活用をするかを考えたうえで，多面的な設計をする必要がある．また，人材マップの作成なども人事情報システムの一環として行われている．

(4) 後継者登録制・推せん制

ある職位の後継者について，あらかじめ複数の者を候補者または推せん者として決めておく制度である．

後継者候補者の名前，職位は公表できる性質のものではないが，組織運用上あるいはローテーションの円滑な運用のためにも必要である．候補者は，特別の委員会などの審議を経て登録されるが，取消しもありうる．

(5) チャレンジ制

本人の主体性や自主性により，新しい職務に挑戦し，その能力を最大限活用しようとする制度である．

長期的な組織計画の枠内という制約はあるが，できるかぎり本人の自発性に基づき職務の選択をさせることは，意欲的なモラール管理のうえでも，これからの時代には必要になろう．

3. キャリア・ディベロップメント

1. キャリア・ディベロップメントの考え方

キャリア・ディベロップメント・プログラム（Career Development Program；CDPとよばれている）は，職業人として必要な知識，技能，態度などの能力を計画的かつ，系統的に行う能力開発プログラムで，その教育場面は，必ずしもOJTのように日常の職場遂行活動を通して行うものに限定されず，Off-JTや，人事ローテーション・システム等を組み合わせた総合的な教育プログラムといえる．

これが系統的かつ体系的な教育活動として，今日のような形で展開されたのは，この10年前後からで，その発端は1955（昭和30）年に出されたアメリカの第2次フーバー委員会の勧告案であるとされている．

フーバー委員会勧告の定義をまとめると，次のようになる．

「CDPは，個人としての従業員のキャリアを，組織内で積極的かつ計画的に実現させることによって，企業が必要とする人的能力を，将来にわたって継続的に確保し，組織としての発展をはかろうとする長期的かつ総合的な人材育成プログラムである．」

2. キャリア・ディベロップメントの特徴

CDPの特徴を要約すると，次のようなことがあげられる．

(1) 能力開発の個人目標と組織目標の統合を図る

個人のもっている能力をその潜在的，かつ未開発の能力をも含めて，最大限に発揮できるように，育成開発活動を行いながら，個人のもつ職業人生の目標（これはキャリア・ゴールとよばれている）を達成するようにする．

さらにもう一面では，このような成長目標をもった1人ひとりの従業員の能力特性に応じて，企業としては将来どのようにこれらの人材を企業のもつ組織目標達成に有効化，顕在化させていくかということが必要である．もちろん，この場合，企業は現在のままの状態にとどまっているのではなく，長期的な展望に立って，企業自身も成長させていくわけなので，たえず従業員個人のもつ開発計画よりもさらに1歩先を見通して，また多くの従業員をも包括するような育成プランを考える必要がある．

(2) 長期的な人材育成計画である

　個人の側面から，また組織の側面からのいずれの面からみても，これは長期的視点に立った能力開発プログラムであるといえる．したがって個人にとっては，これからの職業生活をどう過ごしていくか，そのためにどのような学習活動が必要かを考えるものである．これは生涯設計ないしは人生設計プログラムとよばれている側面である．

　一方，組織の側からは，このプログラムは人材開発の将来方向のマスタープランにそって，継続的な教育活動を行うための具体的なガイドとしての役割をもつものである．少なくとも10年くらい先を目標にプログラム化したものでなければならない．この場合，実務的には，長期経営計画をいかにとり込んで人材計画を立てていくかがキーポイントになる．

(3) 将来に向かっての計画である

　CDPでいうキャリア（Career）のもつ意味は，単に「経歴」として過去の業績やそれに要した能力発揮の程度のみをさすのではない．前にも述べたように，個人の視点，組織側の視点双方ともに将来に向かっての経歴開発をめざすものである．将来の開発目標を設定するために，現在までの職歴・能力開発歴をデータとしてまとめたものが，いわば人材目録とか，その他の人事情報になるのである．したがって，「人材目録」ないしは「スキルズ・インベントリー」もCDPプログラムの重要なサブシステムとして考えることができる．

この人事情報をもとに，むしろ経歴をどう開発していったらよいかをプログラム化したのが，このCDPである．このため，これまで日本で用いられていた"キャリア"という言葉は過去の経歴をどう活用していくか，というやや消極的な意味あいをもってしまいがちである．しかしCDPでいうキャリアとは，あくまでもこれまで蓄積してきた経歴のうえに，これからどのような経歴を累積していったらよいかを考えることになる．

(4) 個人開発に焦点がある

　企業内で行う能力開発には，さまざまな教育方法が用意されているが，このCDPの教え方は，あくまでも従業員1人ひとりの自己啓発意欲に基づく個別の能力開発活動であるということである．実際には，さまざまな「自己啓発援助制度」が用意されることが重要なポイントとなる．その他「自己申告制度」や「キャリア・カウンセリング制度」等と結びついて，このCDPが展開されると，より効果が発揮される．

(5) 業務に密着した活動である

　このCDPはあくまでも日常業務活動と連携した能力開発活動をめざすものである．つまり個人の能力開発は，その組織内での職務遂行過程を通して習得した職務能力の蓄積が問われることにある．したがって，これまでOJTといわれている上司，先輩が行う職場教育に，さらに「ジョブ・ローテーション・システム」を連携させながら，本人が主体的に行う「自己啓発」や，その他のOff-JTでバックアップしながら，より充実した職業生活を営めるよう計画していくことも，このCDPの特徴の1つといえる．

　また「目標管理制度」を，CDPの一環として位置づけて考えているプログラムもあるが，これはCDPを具体的な業務活動と結びつけて考えているものといえる．

3. キャリア・ディベロップメント・プログラムの展開方法

CDP を導入する場合の基本的な手順をあげると,次のようになる.

(1) 職域の設定

これはキャリア・フィールドとよばれるもので,その職務に必要とされる知識,技能,能力等の内容が共通と思われる職能域,あるいは職務群を設定する.最も基本的な分け方としては,販売職群,製造職群などという分け方がある.CDP の具体的な個別育成計画は,この同一職群ごとに設定されるのが一般的である.

(2) 職能等級の設定

キャリア・レベルとよばれるものであるが,各職域ごとに必要とされる知識,技能,能力の質的なちがいやその水準のちがいによって,何段階かに区分する.このちがいによって初級職から中級職,上級職等に区分するわけで,さらに等級制度とリンクして,職級を1級から5級,20級などと必要能力によって細分化させることになる.

(3) 職務経歴の作成

キャリア・パターンないしは,キャリア・パスといわれるもので,これまで職務要件から決定されていたジョブ・ルートがこれに当たる.

つまり,それぞれの職能等級ごとに,職位間の異動,昇進の経路を明らかにしたものである.このキャリア・パターンの作成法は,最終目標とされる職位によって異なってくる.通常は職位にどの程度の演習期間をおくか,標準演習期限などがまとめられていることが多い.

(4) キャリア変更システムの明示

キャリア・パターンに必要な職位,その職位に必要とされる資格要件が明ら

かにされると，具体的にそのキャリアに異動・昇進するための方法を検討しなければならない．この職域間の異動・昇進には前提となる教育が明示されていたり，また「自己申告制」や「社内公募制」を取り入れている企業が多くなっている．

(5) キャリア育成計画の作成

次にキャリア・パターンに必要とされる異動・昇進に伴う能力開発計画を企画・立案する．これは，各職域，職級に応じた Off-JT，および OJT を含めた総合的な育成計画を立てることになる．

(6) キャリア情報の整備

従業員1人ひとりのこれまでの職務経歴，能力開発歴等に関するキャリア情報を，人事部門等で各部門長や直接本人の要請に応じて，情報サービスを行うように集中管理しておくことが必要である．

4. 自己啓発／セルフ・ディベロップメント（SD）

1．特徴

(1) 適用内容
① 教育訓練ニーズがきわめて多様なものに適している．
② 本人自身の積極的な学習意欲に支えられたもの．
③ 社内集合教育などでは扱いきれない特定分野の知識・技能を修得する場合．
④ 職務に応じ個別的に，基礎知識あるいは周辺分野についての啓発を行う

場合.
　⑤　業務中に時間をさくことが難しい基礎的知識の修得.

(2)　方　法

　この方法を採用するテーマ・内容により多様な方法が考えられるが，代表的な方法としては，次のような方法があげられる．
　①　通信教育の受講（放送大学なども含まれる）
　②　社内外の自主的な学習活動への参加（語学講座など）
　③　学会研究会への参加（各自の専門的な領域に関する外部活動）
　④　外部講習会への派遣（夜間大学，大学院の受講など）
　⑤　海外留学，関連他社等への出向など

(3)　効　果

　①　自己動機づけにもとづく教育訓練であるため，向上が着実である．
　②　知識面の効果だけでなく，自主性の養成など態度面への効果も期待できる．
　③　生涯設計の一助となる．
　④　業務から離れた課題テーマを提供することにより，かくれた能力を引き出すことができる．
　⑤　現状ニーズを超えた未来知識・能力の向上が期待できる．

2．自己啓発（SD）システム導入の留意点

　①　本人に対する啓発の動機づけをまず図ること．
　②　与えられる教育でなく，求めていく教育訓練の方法である．
　③　仕事に対する将来展望に合わせた教育訓練．
　④　自己啓発展望に合わせた教育訓練．
　⑤　課題，テーマを投げかけることにより，積極的に自己動機づけを呼び起

こす.
⑥ 個人の特性に応じた援助の方法を考える.
⑦ 職場内の風土改善により自己動機づけの土壌をつくる.
⑧ 自己啓発計画書等により, 自己啓発の内容, 方向を確認する.

5. 職場の活性化活動 (OD:Organizational Development)

1. 特徴

(1) 適用内容

1. 職場の風土・環境の変化を目ざすことができる.
2. 職場および構成員の社内環境変化に対する適応力を向上させる.
3. 態度面の教育訓練に効果的である.
4. 管理・監督者のリーダーシップ開発に有効である.
5. 職場開発, 組織開発活動の一環として展開することができる.
6. 教育訓練即日常業務活動として展開でき, きわめて実戦的なテーマに適している.
7. チームワーク能力やコミュニケーション能力の向上に有効である.
8. 目標管理と結びつけて展開することが可能である.

(2) 方 法

1. 一つの部門に所属する全員を対象とする.
2. 集団学習の方法で展開していく.
3. 体験学習を効果的に組み入れて進める.
4. 教育訓練技法の学習も同時に実施していく. 問題形成, 問題解決的アプ

ローチにもとづく．
5．ミーティングを重視する．
6．職場の状況を科学的に調査・分析を行う．
7．フィードバック技法の活用を行う．

(3) 効　果
1．職場全体の雰囲気づくりに貢献することができる．
2．職場構成員の行動，態度に具体的な変化が期待できる．
3．職場の価値や，慣習等の変革が可能である．
4．教育訓練に対する参画意識の向上につながる．
5．職場構成員のクイック・レスポンスが日常的に期待できる．
6．教育訓練で習得した技法は職場の日常業務で活用することができる．

2．職場の活性化活動のポイント

① 問題の意識化と共有化
　1）管理者が問題を感じること．
　2）職場診断をする．問題間の構造的な関連やつながりを把握し，職場の強みや弱みを全体像として明確にする．（アンケート調査等による）
　3）診断結果を職場にフィードバックの方法で提示し，職場集団の不満やもやもやをはき出させる．
　4）職場集団が問題に気づき，自らのものとして受け入れ，他人ごとではなく自分自身のこととして受け取るようになる．
② 問題の明確化と目標の設定（外部の専門家の助言を得ることもよい）
　1）問題を明確にする（KJ法[1]，カード会議法，特性要因図などによる）
　2）職場のメンバーが，問題を受け入れる過程で，職場の弱みを意識化していく．
　3）職場のメンバー全員で，改善目標として取り上げるべき重点テーマを設

定する．

③ 問題解決への取り組み
  1）問題解決技法の学習
      （KJ法，KT法などの学習）
  2）コミュニケーション技法などの対人技能の学習
      （各種コミュニケーション技法，フィードバック技法，組織ゲームなど）
  3）具体的問題に対する上記技法の適用
      （問題解決会議の実施）
  4）問題解決会議のプロセスに対するフィードバック
④ 実行計画の作成と実行
  1）具体的な実行計画の作成
      （PERT図解，ガント・チャート等に明示）
  2）役割分担の決定
  3）達成基準の作成（行動基準表の作成）
⑤ フォロー定着化
  1）計画表によるチェック
  2）行動基準表によるチェック
  3）未達事項に関する原因の究明と対策

3．職場の活性化活動の導入

　職場の活性化活動は，職場のかかえている問題をその構成員全員で解決しながら職場全体の活力を高め，構成員の行動力を高めようとするものである．したがって他の集合教育やOJTのように，画一的，理論的な教育訓練や個別に特定の知識・技能を指導するものではなく，メンバー各々の相互支援のもとで，各人が自ら行動力をつけていこうとするのが大きな目的になる．

　具体的には以下に述べるように，職場の構成員全員によるアクション・リ

サーチの基本ステップを繰り返すことになる．

　また職場の活性化活動は，メンバーの行動力を高めると同時に，職場あるいは組織としての状況適応力，問題解決能力を向上させるという意味をもっている．その意味で，職場の活性化活動では職場の総意によって，職場の内部体制を組み替えるようなことも出てくる．

　したがって，職場の現状体制維持を前提として，単にメンバーのリーダーシップやコミュニケーション能力の改善・向上といった目的で職場の活性化活動を導入しても，形だけのものになってしまい，その効果は望めない．

　さらに，即効性という面においても職場の活性化活動は，他の教育手法と違って導入したからといってすぐに目に見えて効果が上がるものではない．導入してから半年，1年の試行錯誤の結果，ようやくなんらかの変化が出てくればよしとしなければならないし，何よりもまず継続して長期にわたる繰り返しが基本となる．

　このように職場の活性化活動を導入しようとする場合は，職場内体制の変革の可能性や長期にわたるものであることを十分に理解したうえで導入を図るべきである．職場の活性化活動は職場内体制や他部門との関係の変化，変革を伴うことから全社的・組織的バック・アップが不可欠となる．そこで特に，トップ層の職場の活性化活動の考え方や特質への理解と，積極的に取り組む覚悟が大前提となる．

　人材開発担当者も，職場の活性化活動を導入する場合は，このような，トップ層の理解とバック・アップ体制をまずとっておくことが必要である．

4．問題の意識化と共有化―第1ステップ―

① 問題の意識化

　職場の活性化活動は，もともと管理・監督者訓練から始まったものといわれているように，特に職場集団のリーダー（部長，課長，係長など）の役割が大きい．

実際に問題の意識化は，組織の各レベルで行われる．たとえば，
1）人材開発スタッフなどが特定部門について問題を感じたとき
2）トップ層が特定部門に関する問題を感じたとき
3）職場の各メンバーが自職場について問題を感じたとき
4）職場のリーダーが自職場について問題を感じたとき
などの形で問題が意識化されるが，いずれの場合でも，最終的に職場のリーダーがそれらの問題を受け入れ，認知することが必要となる．

職場の活性化活動を取り上げる職場の問題として，次の２つが基本的なものとして考えられる．
1）職場の業務に関するもの
（例）生産性が標準以下である．不良ミスが多発する．他からのクレームが多い．トップの期待に応えていない．
2）職場内の人間関係や雰囲気に関するもの
（例）メンバーの不満が多い．職場内のトラブルが多い．無断欠勤が多い．

これらのことが，相互に関連し合って，職場内外の環境の変化の中で表面化してくるわけであるが，いずれにしても，問題をリーダーが意識化，認知する場合は，多分に主観的な受けとめ方をすることが多い．そこで，リーダーの問題意識の程度によって，問題とされたり，されなかったりということがないように，リーダーはつねに職場の活性化活動の目的を念頭におくことはもちろん，職場の長としての役割・責任を自覚して問題を意識的にとらえていくことが必要となる．

人材開発担当者としても，職場のリーダーの問題意識を高めるために，リーダーに対し，
1）職場の活性化活動の考え方や方法についての教育訓練を行う．
2）職場問題の解決についての資料，文献を紹介する．
3）他職場との意見交換の場を設け，自職場の問題に目を向けさせる．
などの職場内教育が活発に行われるような援助活動を積極的に行っていくことが必要となる．

② 職場診断による問題状況の把握

リーダーが職場の問題を意識化したならば，次は職場のメンバー全員がその問題に気づき，それを共有化しなければならないが，そのためにまずリーダーが意識化した問題の実態をできるだけ客観的にとらえておかなければならない．

職場の状況を診断して問題を浮きぼりにする手法として次のようなものがある．

1) 過去の職場の業務やメンバーの行動に関する資料分析
2) メンバーに対するヒアリング調査（面接）
3) メンバーの活力・行動場面の観察
4) メンバー全員に対するアンケート調査

職場診断はいずれの方法を用いてもよいが，主体はあくまでもリーダーを中心とした職場メンバーにおき，人材開発担当者は，資料の提供や手順の指導など診断が円滑に進むようできるだけの援助をすることに心がける．また2) や3) は，第三者の専門家の援助を仰ぐことも必要となろう．

③ 診断結果のフィードバック

診断の結果分析は，リーダーを中心にスタッフの援助や，ときには第三者の指導を得ながら進め，その結果を職場のメンバーにフィードバックしていく．

1) リーダーおよびその上長に対してのフィードバック

リーダーやその上長は，職場の問題解決を考える場合に，特に問題を相互関連的あるいは構造的にとらえる必要がある．したがって，問題点の羅列ではなく，解決の可能性も考慮したキーになる問題状況をフィードバックすることが大切であろう．リーダーや上長へのフィードバックでは，人材開発担当者や第三者の専門家の援助を求めることも必要である．

2) メンバーに対するフィードバック

メンバーに対するフィードバックのねらいは，問題の意識化と，問題を問題として受け入れるメンバー個々の納得を得ることにある．このことが，メンバー全員による問題の共有化につながっていく．

フィードバックは次のような手順で行うとよいが，その中に必ずメンバー

の不満やいらいらをはき出すプロセスをつくっていくことが必要となる．
 (a) 診断結果についての生データのフィードバック
 (b) 診断結果について，メンバーによる討議とリーダー，上長に対する意見や要望のまとめ
 (c) メンバーからの意見・要望についての検討と，メンバーとリーダーおよび上長との話し合い．

④ 職場の問題の共有化

　以上のようなリーダーとメンバー，そしてメンバー同士の相互のかかわりを通じて，問題が共有化されていくわけである．しかし，問題を意識しても他人ごととして受けとっているうちは，共有化とはいえない．問題を妥協の産物としてでなく，それぞれのメンバーが自分のこととして自覚するまで，論議をつくすことが必要である．

　職場の活性化活動の目的からして，すべてのメンバーが問題についてメンバーの一人として取り組む姿勢が出てくるまでは次のステップへ進むべきでない．

5．問題の明確化と目標の設定—第2ステップ—

(1) 問題の明確化

　職場メンバー全員による問題の共有化が図られたら，次はそれをさらに多面的にとらえていくことにより，問題の本質や，それを取り巻く職場の強み，弱みを明らかにしていくのである．

　このプロセスでは，診断結果をもとに職場メンバー全員による問題点の洗い出しや，他職場からの意見や情報収集をしていくことになるが，手法としてはKJ法，カード会議法，特性要因図法，連関図法，などを利用していくとよいだろう．

　また，問題の明確化のためには，一定の枠組で問題を整理していくのもひとつの方法である．例をあげると，

1）構造的側面（仕事の手順，制度，規定等）
2）個人的側面（メンバーそれぞれの能力程度，専門性など）
3）風土的側面（職場の雰囲気，暗黙のルール等）
4）構造─個人─風土それぞれの関係，バランスに関する側面

などである．

(2) 目標の設定

　問題点や職場の弱みが職場のメンバー全員の意識するところとなると，次は目標の設定の段階である．

　目標の設定も，当然のことながら職場が一体となって，改善や問題解決に取り組む意欲の高まりの中で行われることが重要である．

　目標は，まずリーダーおよびメンバーの総意として，「こうしたい」，「こうありたい」という職場の方向性や状態を想定する．次に，手を打つべき領域や他部門への働きかけ事項につき決定をしていく．

　問題解決のために手を打つべき対象領域としては，先に述べた，1）制度・構造面，2）能力開発面，3）風土面，があるが，これらのうち，どの領域に手を打ったら職場の活力やメンバーの行動力が効果的に向上させられるか，を選定していくのである．

　職場の活性化活動の単位は各職場ごとではあるが，目標の明確化の段階で，どうしても他部門との協力や援助が必要であれば，職場を超えた訓練チームの設置も必要となる．

　他部門との合同チームでは，イメージ交換[2]，対決会合，あるいはオーガニゼーション・ミラー[3]などの手法も活用される．

　問題の明確化から目標の設定のステップは，リーダー主体により進めていくが，人材開発担当者も，問題解決諸技法や会議手法の指導や他部門との調整援助など，職場の活動を側面からバック・アップしていくことを考えなくてはならない．

(3) 目標達成へのプログラム作成

　このプログラムは，問題状況を目標状況まで改善・変革していくための問題解決プログラムといってもよく，また職場の主体性のもとで設計される職場の活性化活動のプログラムそのものにもなる．

　具体的なプログラムの作成にあたっては，次のような点に考慮する．

　1）改善目標として取り上げるべき重要テーマ
　2）目標達成までの予定期間，所要時間
　3）人材開発担当者（スタッフ），専門家などの援助内容と関係
　4）上司，他部門などとの関係づくり
　5）具体的方法，戦術とその手順

6．問題解決への取り組み―第3ステップ―

(1) 問題解決のための学習

　職場の活性化活動は，そのプロセスそのものへの参画が学習であり訓練でもある．しかし，問題解決のプログラムに沿って，新しい職場づくりに向けて具体的な活動を進めていくうえでは，必ずテーマに沿った学習が不可欠となってくる．

　学習の内容は，問題の意識化から目標の設定のプロセスそのものに関するものも含めて次のようなものがある．

　1）問題解決の考え方，手法
　2）職場の状況診断方法
　3）目標設定の考え方や手法
　4）対人関係能力および対人関係のあり方，技能
　5）集団力学や職場関係のあり方
　6）システム改善の考え方，方法，等々

(2) 解決策づくり

　前述のような，問題解決への学習や訓練を実施しながら，職場の問題を解決するための具体的な方策を見いだしていくことになる．

　職場の活性化活動では，学習のプロセスがイコール解決策づくりのプロセスとなり，また，解決策づくりの全ステップが，職場の活力向上のための訓練としての位置づけにもなっているのである．

7．実施と定着―第4ステップ―

(1) 実　施

　職場の活性化活動の目的であるメンバーそれぞれの行動力，活動力の向上，あるいは，職場の問題解決能力の向上への変化は，実はこの実施の段階までの各ステップで徐々に起こっているはずである．

　しかし，職場の活性化活動の結果は，職場の改善などの方策が実施され，それが定着・安定したとき，加えて，その改善・変革が職場の活力を向上させ，その効率を高めたときに，はじめて評価されるものである．

　したがって，この段階はメンバーの総意に基づく解決策を職場で実現し，新しい職場状況を定着化する過程といえる．

　まず，実施段階では，

　1）具体的な実行計画の作成
　2）新しい役割分担の決定
　3）達成基準（行動基準）の作成

などを通して実施が図られる．

(2) 評価・定着化

　新しい職場の変化は，それが定着化するまでは，つねに元に戻ろうとする力が作用するものである．

　そこで，問題解決の過程や，新しい職場状況に対する評価・フィードバック

などにより，職場の改善・変革の定着を図ることが必要となる．

　まず，職場の活性化活動の効果による職場の成長や効率向上はメンバー全員にフィードバックして，その成果を分かち合うことが大切である．

　また，評価をする場合に，リーダーは，どんな小さな変化・改善であっても見逃さずに，それを発見してメンバー全員にフィードバックすることも，リーダーの役割として認識していかなければならない．

　人材開発担当者もリーダーに協力して職場の問題解決の成果を十分に評価し，フィードバックにも積極的に参画することも，職場の活性化活動の定着化という意味から考えてよいことであろう．

(3) 新たな目標への挑戦

　職場の活性化活動の目的は，この職場の問題解決のステップを１回やったからといって達成されるものではない．

　職場に新しい状況が定着化するということは，言葉を換えれば，つねによりよい職場形成を目ざした改善・変革活動が，職場全員の主体的活動として永続的に実施されるという職場慣行の定着化が図られるということである．

　したがって職場の活性化活動は，つねに次の新しいレベルの職場づくりを目ざす長期的な組織開発の過程である，といってもよいだろう．

8．職場の活性化活動の形態

(1) チーム編成

　職場の活性化という名のとおり，同じ職場の上から下までの全員を単位としてチーム編成をする．すなわち職場イコール教育訓練チームの形となる．

　しかし，１チームの人数はせいぜい30名程度までが限度となる．その場合でも，６〜７名の小グループに分ける必要がある．したがって，大きな職場ではまず上位グループに導入し，次にある程度の教育訓練を受けた者がリーダー役になって，下位グループに導入を図っていくことを考えてもいいだろう．

(2) 訓練方法・場所

　まず，職場で日常活動の一環としてやる方法がある．この場合は時間を長くかけることは難しく，1回2時間程度が限度である．

　また，職場から離れた場所で合宿形式で行うことも可能である．しかし，この場合は，リーダー養成などには最適であるが，職場のメンバー全員がそろって合宿というのは不可能に近く，あまり現実的でない．さらに，長期的にじっくり継続して行うことを考えると，費用も膨大なものになってしまう．

　このように，職場の活性化活動が長期的視点に立って実施されるのであれば，日常の業務活動の中で，時間の許す範囲において実施されるのがもっとも望ましい．

(3) 教育訓練の進め方

　アクション・リサーチを基本とした職場の問題解決手順はすでに述べたが，それを推進していくのが，職場メンバー全員による職場ミーティングなのである．

　この職場ミーティングは，問題解決会議，目標設定会議など，さまざまな名称で呼ばれるが，要は職場全員の意見や提案が集約できるミーティングであることが大前提になる．

　職場をいくつかの小グループに分けている場合は，小グループ討議→全体討議のプロセスを踏むようにすると，各メンバー一人ひとりの行動も活発になり，良い結果が期待できる．

6. OJT（:On-the-Job Training 職場内教育）

1．特徴

(1) 適用内容
1．実践的かつ実務的な教育訓練である．
2．教育訓練の個性化を目ざしたものである．
3．教育訓練の目標の設定と結果のフォローが具体的にとらえることができる．
4．体験学習によって習得することのできる内容に有効である．
5．機会教育が可能である．
6．職場ぐるみで展開することができる．

(2) 方　法
1．OJT展開のための全社的な体系化，プログラム化を行う．
2．他の教育方法（特に集合教育や自己啓発）とのリンクをすること．
3．OJTマニュアルとか計画書等により展開の均質化を図る．
4．ラインに密着した教育訓練であり，その中心的役割は管理者である．
5．他の方法に比べ，教育訓練に必要な場所や費用や時間は少なくてすむ．
6．指導の責任体制を明確化できる．
7．教育情報を総合的に整備し，効率的な活用を行う．

(3) 効　果
1．教育訓練の重要性を実感として認識することができる．
2．コミュニケーションがよくなり明るい職場づくりに役立つ．

3．指導者自身も指導能力を高めることができる．
4．他の方法と比べて教育訓練の成果が仕事と直結できる．
5．仕事に対する動機づけ効果を高めることができる．

2．OJTの考え方

　OJTとは，Off-JT（職場外教育）に対して職場内教育（職場教育）といわれている．Off-JTが原則として職場外で講師の指導のもとに行われるのに対して，OJTは，上司が日常の業務の遂行過程で教育訓練を行うのである．
　ここでOJTを定義すると，「部下がその役割を効果的に完遂するのに必要な知識・技能・態度などを身につけるために，仕事の遂行過程を通して，上司が部下に対して行う，計画的な育成努力」であるといえよう．
　管理者の多くは，日常業務のさまざまな場面で，それなりに指導や教育の努力をしているが，それだけでOJTを行っているとはいえない．この努力が「計画的」に行われたときにはじめてOJTといえるのである．
　自分の経験とか信念だけをよりどころに，その時々の思いつきにまかせて行う部下指導は，厳密にはOJTとはいえないだろう．
　では具体的に，どのように進めればよいか，まずそのポイントとして次の4点をあげることができる．
① なにを（教育内容）
② どの水準まで（程度）
③ いつまでに（期限）
④ どのようにして（教育方法）
教えるのか，ということをしっかりと把握しなければならない．
　このうち①から③までは，いわば教育訓練目標にあたるもので，この目標が定まらなければ，効果的な教育訓練は期待できない．
　教育訓練ニーズの切実感は，仕事の遂行過程の中でこそもっとも強く，それだけにOJTは習得も早く確実で効果が大きい．上司は，部下が，現実の職場

環境の中で，たえず変化する諸条件に対応した適切な判断力を駆使して効率的に仕事の目標が達成できるように，仕事のサイクルP−D−Sに沿って計画的に援助・育成する責任があり，その意味からもOJTは教育訓練の中心となる重要なものである．

3．OJTの特徴

(1) 実践的な教育訓練であること

OJT中心の教育訓練では，少なくとも現場の管理者が教育訓練の担い手であるというところに特徴がある．このことは，教育内容も当然自分たちの納得のいく内容が考えられ，人材開発の大きなねらいである「役に立つ教育訓練」が可能になるともいえよう．

また教育訓練というと大なり小なり費用がかかり，資材や設備も必要となってくる．もちろん教育訓練を安くあげるというのは必ずしもよい考えではなく，経済性より，むしろ教育訓練の機能・目的から考えて，いかにしてよりよい効果を上げるかを考慮しなければならない．

この点から考えると，従来の集合教育を中心としたOff-JTに比べOJTは経済的であり，かつ機能的であり，また臨機応変に教育訓練を計画し，実施することができる．

(2) 個性尊重の教育訓練であること

実際の教育訓練を担当する者は，もっとも部下と接触の多いラインの管理者であるので，対象者の特徴をよく知っていることが何よりも大きな利点となる．それも1対1の場面が圧倒的に多く，一人ひとりの知識・技能に応じた親身な教育訓練が可能な個性尊重の教育訓練であるといえる．

(3) 教育訓練のフォローが可能であること

教育訓練には一定の教育訓練目標というものがあり，その目標を目ざして教

育訓練を行うわけだが，一般には効果が十分に把握できないのが悩みの種でもある．

これは教育訓練の対象が「人間」であり，その人なりの個性があり，歴史があり，それだけに教育訓練効果がすぐに表れるということが少ないためであろう．つまり教育訓練は1回限りでは効果が表れるというものではなく，一般に長い月日がかかるものということができる．こう考えると，OJTは継続的でかつ日常的な教育訓練活動であるというところに大きな意義がある．

また教育訓練するのは原則として直属の上司であるため，一度教育訓練したら，その後もよく観察することができる．また，結果を反省・検討し，次の教育訓練をより充実したものにすることも可能になる．

4．展開のポイント

(1) 教育指導ニーズの把握

部下になんらかの仕事をやってもらおうとした場合，それをやりとげることのできる能力が必要である．その必要能力レベル（現在および将来）に対して，現状の能力が低く，両者の間にギャップがある場合，能力開発が必要となる．つまり，教育指導ニーズとは，必要な能力レベルと現有能力の差ということになる．

図表7－1　教育指導ニーズの考え方

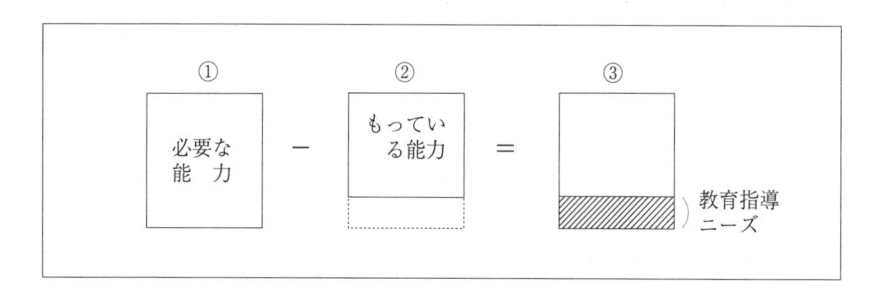

指導ニーズの把握方法：
  1）人事考課から
  2）日常の仕事のやり方を観察する中から
  3）職場で起こっている問題を分析する中から
  4）部下の自己申告の中から
  5）職場での部下との面接の中から
  6）部下へのアンケートの結果から
  7）能力テスト等の結果から
など．

(2) 指導目標の設定

「何をどの程度（レベル）のことができるようになるまで，いつまでに育成する必要がある」というように，目標レベル（到達基準）をはっきりと設定してからとりかかる．

進め方：
  1）それぞれの必要点，現状について確認する．
  2）それぞれの項目について「それはどのような状況になればいいか」「何ができればいいか」，期待する水準，一定期間取り組んだ結果につき，考えて書き出す．
  3）それらの項目は，今期達成可能であり，部下も意欲をもって取り組むものであるかチェックし，修正する．
  4）それぞれの項目について，特に力を入れて取り組みたいものはどれか．各項目間におけるウエイトを考える．
  5）それはいつまでに到達すべきか，また，いつからいつまで実施するのか期間を決める．

なお，職務行動基準による人事考課を採用しているところでは，各基準が目標となる．また，この基準のみでは表しきれないものがあるので，これは前記のような目標レベルを"基準"としてつくる必要がある．

(3) 指導方策の設計〔計画書づくり〕

　目標がはっきりすると，次にそこに到達するためには，何をすべきか，どんな手を打ったらよいか考える．

育成計画の立て方：

　1）現状，目標レベル，期間についての確認．
　2）対象者がそのような現状にあるのはなぜかと考える．
　　　ここでは，対象者，個人だけでなく，職場の状況（仕組み，風土）にも目を向けて考えることが大切である．
　3）指導項目間の関連や本人の特性，職場の状況等々を考えながら諸方策を列記する．
　4）その策を行うことの効果性，実行可能性を考えて実施方策を決定する．
　5）そのことは，職場メンバーの中でだれに担当してもらうことが適当かを考える．（上司がかかえこまず，メンバーにまかせるものもある）

5．OJT展開上の留意点

(1) 部下を主体にしたOJTであること

　まず部下の自己啓発意欲を主体にした，能力開発の計画立案や目標設定を行うこと．

　最近では多くの企業で自己申告とか目標設定という制度が設けられており，その中に能力開発や自己啓発について記述する欄を設けている例があるので，これらの制度を有効に活用していくとよい．

　ここでいう自己啓発とは，あくまでも仕事に直接または間接に関連する能力向上のことをいっている．少なくとも企業の中で，組織や上司が期待する範囲での自己啓発である．

　このために上司は指導対象にある部下の職務上の知識・技術さらに行動や態度も含めた指導必要点を，あらかじめ抽出しておくことが必要となる．

(2) 日常における十分な話し合い

　自己申告，目標設定，昇給，賞与，年度始めや年度末等の機会をとらえて，部下と個別に面接することも大きな意味を持つ．企業によっては，この話し合いを定期化し，制度として設けているところもある．

　この話し合いはつねに形式的に行うのではなく，話し合いの過程を通じて，上司は部下に対して組織の目標や上司の期待を十分に伝え，指導目標の設定とフィードバックのよい機会として活用しなければ意味がない．

(3) 職場ぐるみでの展開

　話し合いは部下一人ひとりとの個別面談が原則となるが，最近では教育方法としての「職場の活性化活動」と上手に結びつけて展開する試みがなされている．

　つまり，文字どおり"職場ぐるみ"あるいは特定のグループ全体で，集団討議を中心として進めていくもので，定期的に毎週土曜日に1，2時間ミーティングを持ち，このミーティングの席を通じて能力開発を行うのである．

　また職場ぐるみでOJTを進めていこうとするとき，部下の能力を「開発」するだけでなく，「活用」することもOJTの一環として考えておく必要がある．

　そのためには，管理者自身が部下を"人材"として，十分にその能力の活性化のためのチャンスを与えることも大変重要なことになってくる．

　さらに，能力を十分に生かせるような"しくみ"を用意することも，あわせて考えていかなければならない．

　たとえば，職務転換（ジョブ・ローテーション）のシステムや学習や指導に重点を置いた業務研修，勉強会，課題の割当て，さまざまなプロジェクトへの自由な参加制度や社内登用制度（たとえば管理職のポストに空席ができたら社内公募を実施する），ペア・システム，リーダー制度など，さまざまな方法が考えられる．

(4) 相互援助の気風の醸成

　特に今日のような状況で，お互いに助け合う気風を醸成することは，OJT

を考えるうえで大変重要な意味を持つものである．

これは前項のそれぞれを行ううえで，まさに基本となるような問題だが，とかく職場集団の中では相手に対する思いやりとか，協力の精神がおろそかになってしまいがちである．

これは単に管理者の問題ではなく，集団の成員一人ひとりの責任に帰する問題であるが，とりわけ管理者は影響力が強いはずである．そこで，管理者にとっては具体的な能力として，いわゆるヒューマン・スキル（人間関係能力）が必須条件となるのである．

6．OJTの展開手順

以上のようにOJTは職場の管理・監督者が中心となって進めていく．きわめて実践的な教育方法といえる．そこで以下に管理・監督者が，どのような手順でOJTを進めていけばよいのか，そのポイントを基本的な流れに従って紹介することにする．

OJTは，まず部下一人ひとりに対して，
① 指導目標の設定
② 設定した目標を達成するための日常指導活動＝OJTの実施活動
③ 達成成果の評価，反省
という，いわばPlan-Do-Seeのサイクルに従って行われる．

7．指導目標の設定

(1) 上司（管理者，先輩）による指導目標の把握

OJTは上司が中心となって進める教育訓練活動であるが，そのためには，まず最初に，指導する部下に対して，一体何を指導すればよいかを的確につかまなければならない．この場合の手順として，

1）組織目標から本人に期待する内容を把握する．

これは，もっとも客観的な指標となるものである．その代表的な方法としては，本人が担当する仕事の「職務到達基準」に照らしてみて，この基準を満たすに足るだけの能力が不足している場合には，この不足を補充することが当面の指導目標になってくる．したがって，「職務等級制度」や「職能資格制度」を導入している企業では，具体的な指導目標が把握しやすいともいえる．

　その他「目標管理制度」をはじめとして，従業員一人ひとりの業務目標が明確になっているとか，業績評価が正確に行われている職場も，指導目標を設定することが容易であるといえるだろう．

2）日常の職務行動を観察し「問題行動」の改善を指導目標とする．

　前項の方法は「組織目標」といういわば"オーソライズ"された一定の基準を手がかりに指導目標をとらえようとするのに対して，この方法はむしろ指導者自身が"問題"であると思われる具体的な事象をとらえて指導目標として設定するわけである．

　したがってこの方法による場合は，必ず上司と部下との間で，なぜ問題なのか，なぜ今後あらためていってほしいのか……などについて，十分な話し合いを行うことが必要となる．

3）人事考課をはじめ，資格制度に直結した昇格用の試験や，適性検査の結果からの把握

　この方法は，いわば前述1）の方法と内容的には同一になることも多い．1）の方法は，いわば理論的に把握することが容易だが，現実にはわが国の多くの企業では，設定された基準に従って日常業務を行っているとはかぎらない．したがって，むしろ現実の職務行動の実態を評価することを目標とした人事考課のほうが，より具体的にとらえることができるといえる．

　またこの場合，人事考課を単に従業員を査定評価するための方法という狭い範囲に限定するのではなく，部下の能力開発にも役立つように機能させることを目ざしているといえる．

4）その他，自己申告をはじめ，あくまでも本人による希望を尊重しながら，

指導目標を設定していく方法があげられる.

(2) 目標設定のための部下との話し合い
　上司,先輩等のいわゆる指導者によって指導目標の腹づもりを立てたら,次に,直接OJTを行う対象者に対して,具体的に何をどのように指導するかについて十分な話し合いを行う必要がでてくる.
　この場合,指導目標の内容水準について前項のようなことを行うことによって,上司がまず最初に指導目標を設定する場合と,部下自身が自主的に目標を立てて上司に提出する場合とが考えられる.
　いずれの場合でも,上司と部下との十分な話し合いによって,お互いに納得のうえで最終的な指導目標を設定することが望ましい.

(3) 指導目標は重点目標にしぼりこむ
　OJTが成功する重要なポイントとしては,指導目標に何を選び,また,これをどのように部下に受け入れさせ,かつ組織づけていくかということになるが,この話し合いのプロセスを通して,本人自身が本当にやる気を起こすようでなければならない.
　この話し合いが有効であるといえるのは,あくまでも直接の当事者が自由に意見を交換していきながら,お互いに当事者意識が芽生えてくるからであるといえよう.
　さらにこのプロセスを通じて,上司は本人の特性を十分に把握して,部下一人ひとりの能力レベルなどを考慮して,その人なりの指導重点となることがらを選定していくのである.
　指導目標は多ければよいものではない.優先順位をよく考えたうえで,できるかぎり重点主義に徹すると,散漫にならず,より具体的な指導ぶりが期待できる.

8．OJTの実施活動

部下一人ひとりを日常指導する場合のポイントをまとめると，次のようなことがあげられる．

1）話し伝えにより教えていく場面をつくる

とにかく"指導"という行動を考えると，上司が部下に対して伝えるべきことがらを的確に伝えられるような状況をつくりだすことが先決である．

そのためには，上司の話し方，伝え方のスキルがある程度の水準にあることが必要となるが，さらに重要なことは本人の考え方，意見等を聞いたり，本当によく伝わったかというフィードバックを行ったりして指導を実施していくことである．

2）やってみせて教える場面をつくる

指導すべきことがらを単に説明してしまうのでなく，上司自身が部下に対していわば率先垂範して，具体的なやり方を自ら行動で提示することも重要なことである．

3）まかせてやらせる

具体的な仕事内容などを本当に理解させるには，思い切って仕事を部下に委譲し，できるかぎり本人が実際に新しい仕事を担当することが何よりも勉強になるはずである．しかしこの場合，あくまでその仕事の最終的管理責任は上司にあるということを忘れてはならない．

4）上司の日常行動から学ばせる

これは，いわば上司自身の後姿で学ばせるということである．部下は特に上司からあらたまって指導というチャンスを与えられなくても，日常の管理者として，あるいは先輩としての職務行動に接することによって，さまざまなことを学びとっていくわけである．

つまりこの"後姿"とは，管理者自身が日常の業務を遂行するときの行動基準そのものにあたるものといえるだろう．

したがって部下を持つ管理者は，どのような行動基準，あるいは管理基

準を持って日常の業務を行うかが，むしろ部下を指導するという場合の重要な要素となるわけである．

5）自己啓発等の学習意欲向上のための場づくりや意欲づけを行う

　OJTは管理者や先輩が部下・後輩に対して，日常業務を通じて行う指導をいうのであるが，しかし，どのように上司が熱心に働きかけても，本人自身がその気にならなければまったく意味がない．したがってOJTが成功するカギは，いかにして本人に勉強の意欲をもたせるかということになってくる．そのためには，上司自身も部下と一緒になって，つねに自分を向上させるための機会をつくることが必要となる．

　もっとも身近なものとしては，「通信教育」の活用がある．
この通信教育が日常の業務に密着したもので，直属の上司や先輩のアドバイスがあればOJTを補強する大変重要な武器になる．その他，関連図書の推せんやグループで自主的に勉強会を行うことを支援したりすることも大いに取り入れるとよいだろう．

9．成果の把握

(1) 成果の把握は管理者の責任

　OJTを進めてきた成果を的確に把握することは，OJTの責任者である管理・監督者にとっては自分の指導結果を確認することになり，また次の指導ニーズを発見するための手がかりにもなる．少なくともOJTを制度として導入している企業では，管理者の実績評価のひとつとして，OJTの成果を必ず反映させるようにすべきであろう．

　OJTを重要視しているある企業では，管理・監督者層の人事考課項目のひとつとして，どれだけ部下の指導をしたかをあげるという徹底ぶりである．

(2) OJTの成果の把握方法

　設定した目標の内容や程度によって，その成果は異なってくるわけであるが，

図表7-2 チェックリスト法による評価

※備考
○いつもできている
△できていたり、できていなかったり
●できていない

項目	内　容	計　画	月日		月日		月日		月日		月日	
			本人	上司	本人	上司	本人	上司	本人	上司	本人	上司
1	来訪者には必ず挨拶をしている											
2	呼ばれたらすぐ返事をしている											
3	出退勤時間，休憩時間は厳守している											
⋮												

図表7-3 「OJT計画表」による達成度評価

OJT計画表	所　属			作成月日				
	対象者氏名			指導担当				
No.	項　目	現　状	到達目標	日　　程		資料・道具ほか	到達方法	ポイント

いずれの場合でも，目標設定時にその成果を設定する基準や測定の方法をあらかじめ考えておかなければならない．その方法としては，次のようなものがある．

1) チェック・リスト法による評価

OJT項目を抽出する際に，この項目そのものをいわば作業基準とし，日常の業務場面での行動のガイドとするものである．

この方法は，主に具体的な行動，態度レベルに表れるような内容の評価には最適である．

またこの方法は，単にOJTの指導責任者の一方的な評価ではなく，むしろ本人自身による評価もあわせて行うとよい．（図表7－2）
　この方法はOJTの期末のみでなく，期間中にも何度かチェックすると効果的である．
　また，ある企業では新入社員用の「セルフ・チェックリスト」を自己評価用に活用して効果を上げている．
OJTは，あくまでも本人の自主性と自律性を尊重したやり方として推せんできる方法である．
2）「OJT計画表」による達成度評価
　この方法は個人別にあらかじめ「OJT計画表」を作成し，この計画表に盛り込まれているOJT指導項目ごとに5段階あるいは7段階の評定尺度で評価を行うものである．（図表7－3）
3）テストや課題リスト等による評価
　あらかじめ設定した目標の内容にもよるが，OJTの内容が態度面以外の専門的な知識や技術レベルのものであれば，OJT到達目標の期末にテストを実施するとか，リポートを提出させることによって達成度をつかむこともできる．
4）実績の評価による成果
　OJTは，他の教育方法に比べ実務に密着した固有の教育指導をすることになるので，その成果は具体的な形で表れてくる．したがって，その成果は少なくとも具体的には"業務向上"とか"売上高のアップ"，"生産性のアップ"，"作業スピードのアップ"，"品質の向上"，"不良率の低減"というように，なんらかの計数的な把握が可能なはずである．
　したがって，指導項目・指導内容によって，短いもので1カ月間，長いもので1年間は必要なものもあるが，いずれにしても，OJTのスタート時と終了時を比較してみて，前述のような実績が具体的にどのように変化してきたかを比較すればよいわけである．
　その他，行動的・態度的な内容で必ずしも数量的にとらえることのでき

ないものでは，上司が日常業務での行動や態度の変化を観察することによって，その変化をとらえることが可能である．

10. 成果把握上の留意点

OJT成果を把握するには多くの方法が考えられるが，どのような方法を用いるにしても注意すべき点は共通している．

① OJTに対する期待や位置づけ等の現況を直視して成果把握の方法を決定する．

評価者である管理者自身の認識によって左右されるし，また成果把握も現実にはさまざまな方法がとられることになる．

② 成果の把握に際しては，上司と本人との話し合いにより相互理解と納得を得る．

OJTはあくまでも相互信頼の関係があるかないかが大切で，OJTが成功するか否かのポイントになる．したがってOJTは，最初の指導目標設定の段階から当事者間の話し合いを重視するわけであるが，成果の評価に際しても，原則として指導者と被指導者の双方の率直な話し合いによって行うことが望ましい．

目標設定の際には，両者の話し合いによってスタートするのが一般的な進め方だが，これに対応するかたちで，両者の話し合いによってその成果を総括するのが本筋であろう．

つまり，OJTは管理者のみにすべての責任があるのではなく，いわばOJTをする人とされる人との当事者同士の共同責任であるともいえるのである．

③ 成果を単なる評価に終わらせない．

以上のように，OJTは当事者間のいわば共同責任の遂行ぶりを総括することになるので，単に上司が部下の能力向上ぶりを評価するという一方的なものではなく，また部下から上司の指導ぶりを批判するためのものでもない．

成果を的確にとらえ，両者が率直に話し合い，その結果について未達成部分

については反省をし，その原因を分析し，次のサイクルを期して，その方向づけについての貴重な情報とすべきである．

また当初の目標を十分に達成していた場合には，次期には一層高い能力向上を目ざして挑戦できるように，成果結果を新たな動機づけを行うための参考資料として役立たせることも考えてよいだろう．

また，成果を以上のように次期の指導のための資料に供することを考えるならば，成果の把握はOJTの期末のみでなく，期間中においても指導状況を把握するために，少なくとも1回は中間チェックを行うことが必要である．

こうすることによって，指導方法の軌道修正を行うことも可能となるのである．

11. OJTの導入上のチェックポイント

① 教育面だけでなく，場の条件づくり面にも手を打つ．
② それは本人の自己啓発意欲に結びつくものであること．
③ 各方策は，タイミングや方策間相互の関連を考えた戦略的なものであること．
④ それぞれの策は，他のメンバーとの関連をも考え，適切であること．
⑤ 指導担当者は最適か，管理者がかかえこみすぎないこと．
⑥ この諸方策がうまく展開されれば，目標レベルに到達できるものであること．

12. OJT実施上の課題

OJTには以上のような特徴があるが，これを効果的に展開していくための留意事項として，次のようなことがあげられる．
① OJT展開のための全社的な体系化・プログラム化を行う．またこれは，他の教育訓練計画とよくリンクさせることが大切である．
② 指導を行う人の主観に陥らないようにOJTマニュアルとかノートなどを

整備する.
③ OJT は主としてライン中心の教育訓練になるため,教育訓練情報が散逸してしまう可能性があり,これらを十分に管理しておく必要がある.また現場が必要とする教育訓練情報をいつでも提供できるよう情報を整備しておく必要もあろう.
④ 教育訓練の主体である管理者は元来教育訓練の専門家ではないので,指導内容の把握や効果的な指導方法についての研究会や情報交換を組織するとよいだろう.

注

(1) 民族地理学者・川喜田二郎氏が,探検によって得られた膨大なデータをまとめるために考えだした情報整理と発想のための方法.創始者のイニシャルをとって「KJ 法」という.

(2) イメージ交換:チームを構成するメンバー同志がチーム活動を通じてお互いが感じた印象を相互にフィードバックすること.

(3) オーガニゼーション・ミラー:組織開発の技法の一つで,組織メンバーの行動を具体的な表現として画き出すことで,組織の姿を写しだしていることから,このようにいう.

まとめ

どのような教育スタイルを自社の人材開発システムのコア（中核）とするかは，人材開発担当者として大変大きな仕事，責任のひとつといえる．それは人材開発担当者のパワーあるいは個人的な能力のみではなく，社内における組織上の地位，立場の大きさにも左右されるので，いかにして人材開発担当者の地位向上を図っていくかも重要な課題である．

本章のキーワード

集合教育
職場内教育
OJT
ジョブ・ローテーション

CDP
職場の活性化
自己啓発（SD）

■ 研究課題

問題　1　企業内教育における集合教育実施上の留意点，あるいは課題についてあなたの見解を述べなさい．

問題　2　次にあげる方法の導入，実施に際して，管理者の果たす役割について説明しなさい．
① 集合教育（Off-JT）
② 職場教育（OJT）
③ ジョブ・ローテーション

問題　3　今日における「キャリア・ディベロップメント」の意義について簡潔に説明しなさい．

■ 力だめし

問題　1　あなた自身の「自己啓発」について説明しなさい．

問題　2　今日「キャリア・ディベロップメント」が注目されていることについてのあなたの見解を述べなさい．

第8章

人事評価

―― 〈本章の目標〉 ――

1. マネジメント・プロセスにおける人事考課の意義や目標を正しく理解する．

2. 人が人を評価することの困難さを前提としつつも，いかにして考課に科学性を持たせるか，その基本的な考え方と具体的な方法について知る．

3. 人事評価システムにおける管理者の役割と行動についての理解を深める．

はじめに

　人事評価はその企業におけるマネジメントの基本ポリシーを表現するものであり，人事政策の考え方を示したものである．そして，具体的には従業員管理のための重要なマネジメント情報の1つとなるのである．

　また，人事評価の仕組みとしての制度，システムや，具体的な手続きについては，これまでマネジメントにとって重要な課題であった．

　その理由は，大きく3つある．まず第1は，"人"の行動や態度，能力等を，しかも，同じ組織の"人"が評価をするという行為であるということである．さらに第2として，企業による格差はあるにしても，評価の結果が何らかの形で評価された人の処遇等に影響する重要な手続きであるということ．また第3に，人事考課はその規則，ルールは定っていても，実際の評価作業の場面ではルールどおりに実施できない．つまり運用レベルは評価する人によって，さまざまな思惑に左右されてしまうということである．

　しかし，今日のマネジメント環境を考えてみると，人の働きぶりに対する適切な評価を避けたり，また人事考課を本音と建前で使いわけたりすることが困難な状況にあるといえる．それは今日の企業におけるマネジメント環境上の命題を考えることで明らかであろう．

1. 「人事評価」の考え方と展開

1．人事評価の重要性

(1) 経営情報としての人事評価システム

　経営情報の中で最も重要なのは，従業員1人ひとりに関する働きぶりや働きの結果に関する情報である．つまり従業員の働きぶり，および成果に関するデータを提供する役割を果たすのが人事考課だ．またこの人事考課を含め，仕

事のスタートから帰結までの一連のマネジメント・サイクルに従ってのトータルなマネジメント・プロセスと，その担い手である従業員の行動，態度，能力およびこれらを構成する人の基本的な資質をも含めて測定・評価されなければならない．しだいにアウトソーシングしていく企業が増加していくことが予想されるが，この人事評価情報に関しては，アウトソーシングすることは困難と考えられる．つまり，経営（経営体）が行う人事考課という行為は，各企業が行うマネジメント活動そのものを反映するものであり，人事考課システムのアウトソーシングは，マネジメントの軽視あるいは放棄ともいえるからだ．人的資源管理について，より科学性を高め，個々の従業員に公平かつ納得のいく水準に高めるには，人事考課のシステムのより高度化とその運用を適正に行うことである．

今日，人的資源管理システムの多様化や個性化が望まれ，各社ともこれまで数々の新しい試みに挑戦してきている．これら人的資源管理の変化を十分に機能させるには人々の働き方，成果をいかに精度の高い情報として整理し，マネジメントに提供できるかにかかっている．人的資源管理の各領域が十分に機能するように支える人的資源管理の基幹システムとしての人事評価システムは，まさに人事情報システムの基幹情報システムということがいえるのである．

(2) 今日における「人事評価」の意義

今日，人事評価が重要な意味を持つようになった背景としては，次のようなことが挙げられる．

① 各企業は自社のマネジメントの理念，価値を明確に打ち出し，従業員一人ひとりに対する具体的な行動目標を示す必要性が高まってきた．
② 低成長下にあって，人的資源の有効活用を目ざした新しい人事トータル・システムの設計・再検討が必要となってきた．
③ 激しい環境変化に応じた明確なマネジメントを行うことが要請されている．

2．人事評価システムに対する期待

(1) 人事評価システムは組織の「マネジメント・ポリシー」を表現する

　企業は，それぞれ，社員の行動規範となるような基本理念や基本方針を打ち出し，トップから新入社員に至るまで，すべての構成員がそれぞれの地位や役割に応じて，日常の職務行動の中でそれを実践していく．

　このように考えると，企業が示す基本理念や方針は，組織を維持発展させていくために重要な役割を果たすことになる．

　まず第1に，その企業の理念・方針を明確に示し，この理念・方針に沿った事業展開を行い，トップから第一線の従業員までこれらを共通理解し，日々の事業活動において実践していかなければならない．この実践に際してのガイドとなるのが，その企業における人事考課の各要素であり，具体的な着眼点である．このように考えると，企業文化の新たな構築を目ざそうとするならば，当然人事評価システムの再構築を行う必要がある．これが人事評価システムの重要性が再認識されている理由の1つである．

(2) 「人事トータル・システム」設計の基幹としての人事考課制度を目ざす

　低成長経済の経営環境下にあって，企業はどのような事業展開を行ったらよいかを模索しており，新製品の開発をはじめ，新しい市場の創造などに競って力を注いでいるのであるが，これと併行して各企業が力を入れているのが人的資源の有効活用の取り組みである．環境変化に対応して，これまでの人事管理に比べ，よりダイナミックで効率的な人事管理が求められてきているからに他ならない．このような企業からの要請に応えるものが「人事トータル・システム」といわれるものであり，特に近年，日本経団連をはじめ経済団体もこの考え方を積極的に提唱し始めている．

　"トータル・システム"構築を進めている多くの企業は，これまではその基本的なフレーム・ワークとして「職能資格制度」[1]の導入を行ってきたのであるが，この「職能資格制度」を運営するには，いくつかのサブ・システムが整備されて

いなければならない．その最も基本的なシステムの1つが人事考課制度である．

職能資格制度は，基本的には「職務遂行能力」の開発・活用を図り，かつこれにもとづいた人事処遇を行うことを目ざした人事制度である．したがって，職能資格制度の運用には，①"能力"をどうとらえどう評価するか，また②等級昇格のための評価システムをどうするかが重要な課題となるのである．とりわけ近年では，従来の年功的な運用によって形骸化した職能資格制度ではなく，正確に能力を把握し運用する新しい人事制度が求められている．このような状況からも，人事考課が重視されてきているのである．

(3) 人事考課制度は「日常マネジメント活動」の重要な機能であることの再認識が必要

人事考課がマネジメント活動において，重要な役割を果たすということは，これまで自明のこととされてきたその最も基本的な理由は，マネジメントを的確に行うことが企業にとってますます重要になってきたということであろう．言い換えれば，P-Sというマネジメント・サイクルを間違いなく動かさねばならないということである．

また，どのようにすばらしい考課制度であっても，正確に運用されなければ意味がない．したがって，人事考課を正しく実施できる有能な管理者の存在が必要となる．この意味からも，管理者の評価能力向上のための訓練を充実させることが不可欠の課題となるのである．

2. 人事評価システムと人事考課

1. 人事考課の仕組み

(1) 人事考課システム

企業における人事考課の具体的な手順がどのようになっているのか，次にそ

のモデルを紹介することにする．

　一般に人事考課といえば，図表 8 - 1 に示してあるように狭義のものを指しているが，実際には人事考課は各企業の当期の事業目標，方針を従業員に示すということからスタートし，人事考課の結果を昇給・昇格・賞与等の決定に反映させることになるが，これで人事考課の役割が完了するのではない．さらに，人事情報システムとして有効に活用できるように，情報を整備しておくことが望まれるのであり（図表 8 - 1 ⑪，⑫），ここまでを含めて，いわば人事考課の活用システムとして広義の人事考課システムと考える．そして，このレベルまでを含めて「人事評価システム」と考えるのである．

　この広義の評価システムでは，日常業務をトータルに把握していかなければならないが，実際には考課システムとして数値で表現し，また客観的な様式として「人事考課表」という「フォーマット」によって把握するものを「人事考課」と呼ぶことも多い．ここでは，主として狭義の「人事考課」制度を中心に展開することにする．

(2) **考課項目の領域**

　人事考課で取り上げる考課項目の領域は，大別すると以下の 4 つの内容がある（図表 8 - 2）．

① 「業績考課」……人事考課の基本．職務の内容，責任の大きさ等を基準にして，従業員各自の職種・職階，等級に応じた，当該期間内における業績に対する貢献度を測定するもの．

② 「執務態度考課」……業績考課の補助的なもので，業績達成に際してどのような態度で取り組んだかをみる．あくまでも，職務遂行上必要とされる態度能力であることを忘れてはならない．

③ 「能力考課」……担当している職務の遂行要件に照らして，その保有能力（潜在能力を含む）がどの程度であるかを測定するもの．

④ 「性格評定」……能力考課の一分野であるが，一般的には，現実の職場における行動特性を観察し，チェックする．この項目は，評定者の主観が

図表8−1 人事考課の体系図

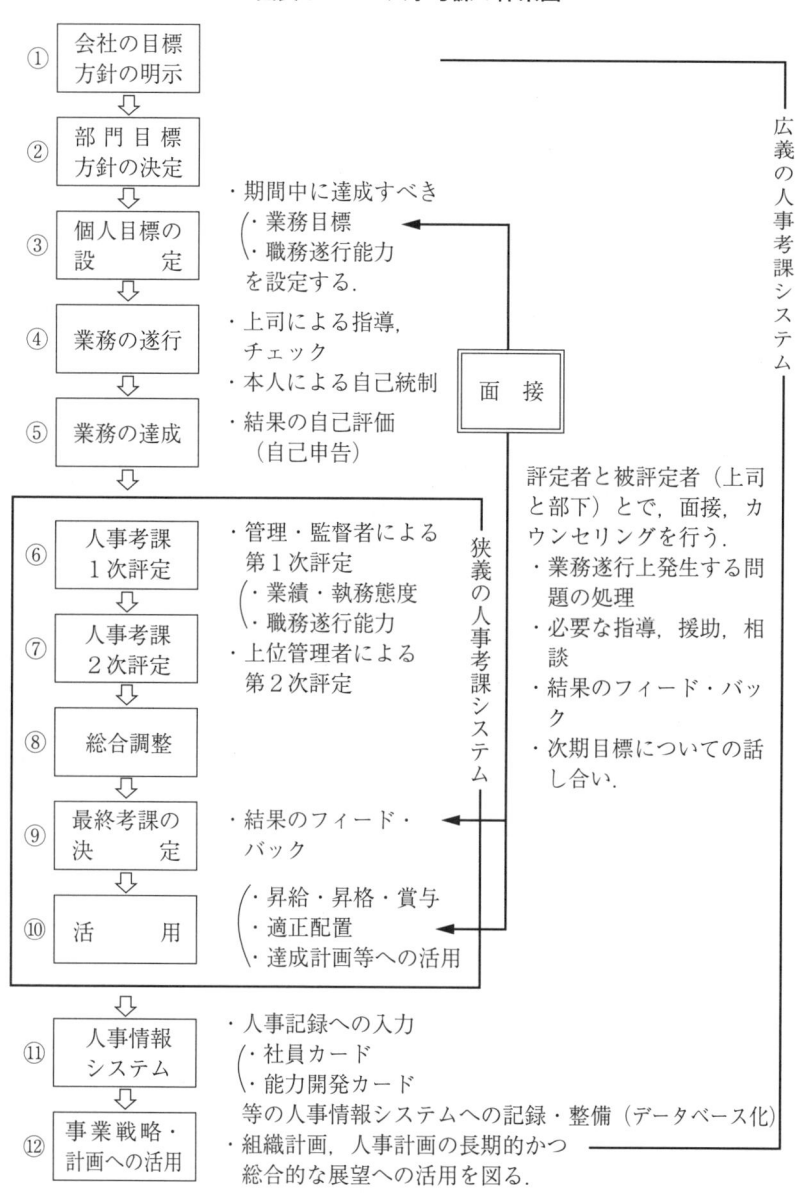

① 会社の目標方針の明示
↓
② 部門目標方針の決定
↓
③ 個人目標の設定 ・期間中に達成すべき
　　・業務目標
　　・職務遂行能力
　　を設定する．
↓
④ 業務の遂行 ・上司による指導，チェック
・本人による自己統制
↓
⑤ 業務の達成 ・結果の自己評価（自己申告）

面接

⑥ 人事考課1次評定 ・管理・監督者による第1次評定
　　・業績・執務態度
　　・職務遂行能力
↓
⑦ 人事考課2次評定 ・上位管理者による第2次評定
↓
⑧ 総合調整
↓
⑨ 最終考課の決定 ・結果のフィード・バック
↓
⑩ 活用 ・昇給・昇格・賞与
・適正配置
・達成計画等への活用

⑥〜⑩：狭義の人事考課システム

評定者と被評定者（上司と部下）とで，面接，カウンセリングを行う．
・業務遂行上発生する問題の処理
・必要な指導，援助，相談
・結果のフィード・バック
・次期目標についての話し合い．

↓
⑪ 人事情報システム ・人事記録への入力
　　・社員カード
　　・能力開発カード
　　等の人事情報システムへの記録・整備（データベース化）
⑫ 事業戦略・計画への活用 ・組織計画，人事計画の長期的かつ総合的な展望への活用を図る．

①〜⑫：広義の人事考課システム

第8章　人事評価

図表8-2 「能力」のとらえ方と位置づけ

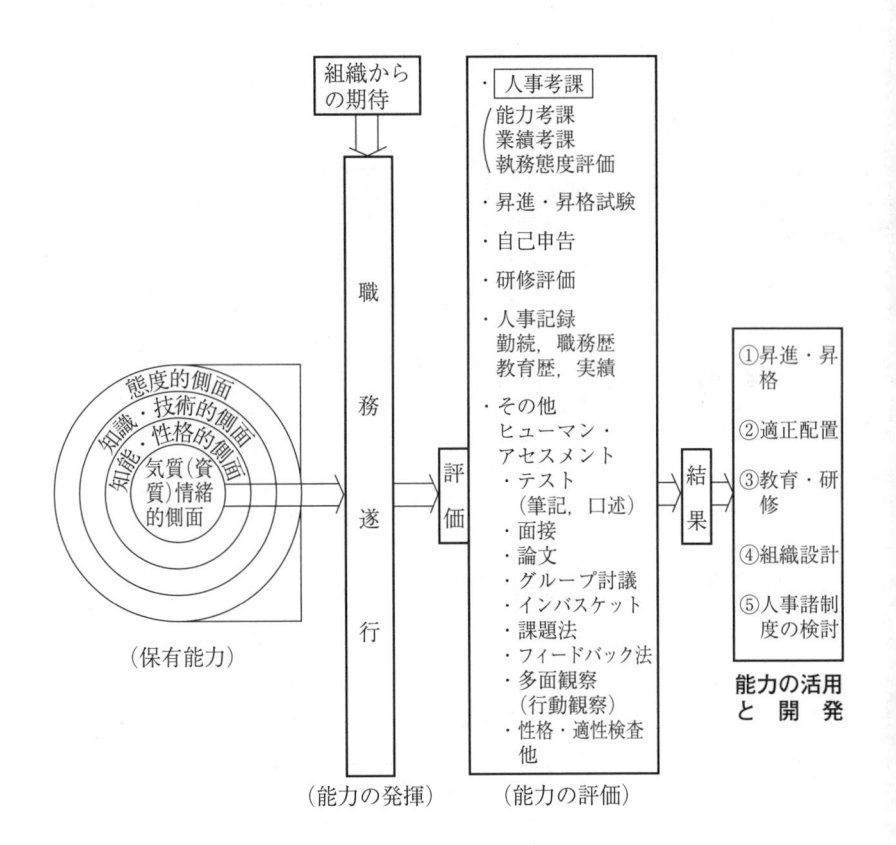

```
                    組織からの期待
                         ↓

  ┌─態度的側面─┐      職    評    ・人事考課         結    ①昇進・昇格
  │ 知識・技術的側面 │    務         能力考課              
  │ 知能・性格的側面 │ →  遂  → 価 → 業績考課       → 果 → ②適正配置
  │ 気質(資質)     │    行         執務態度評価            
  │ 情緒的側面     │                                        ③教育・研修
  └──────────┘               ・昇進・昇格試験
                                                            ④組織設計
     (保有能力)              ・自己申告
                                                            ⑤人事諸制度の検討
                             ・研修評価

                             ・人事記録              能力の活用と開発
                              勤続，職務歴
                              教育歴，実績

                             ・その他
                              ヒューマン・
                              アセスメント
                              ・テスト
                               (筆記，口述)
                              ・面接
                              ・論文
                              ・グループ討議
                              ・インバスケット
                              ・課題法
                              ・フィードバック法
                              ・多面観察
                               (行動観察)
                             ・性格・適性検査他

              (能力の発揮)    (能力の評価)
```

入りやすく，甘辛のバラツキも生じやすい危険性があるため，最近では人事考課からはずれている例が多い．

このように，大きくみれば「業績」と「能力」の2つであるが，実際の考課では，考課の目的に合わせてこれらを組み合わせ，ウエイトづけをして実施している．

2．人事評価の具体的内容

(1) 人事考課で取り上げる「能力」

人事考課の対象とする能力は，その人の保有するすべての能力ではなく，具体的な職務遂行能力に限定されることになる．職務遂行時に見られる顕在能力として評価・測定されるものは，主として昇給・賞与の査定に用いられるのである．一方，将来に向けての可能性として評価・測定される潜在能力は，主に，昇進・昇格に際しての資料として活用される（図表8－2）．

① 能力の体系

人間の能力を考える際には，それぞれの人が内部に保有している(a)「知識・技能・体力」と，これが現実の場面で活かされていく過程を見る必要がある．この現実の場面での活用の力が(b)「精神的熟練」であり，その具体的な内容として，理解力，判断力，企画力，表現力，説得力，折衝力などが挙げられる．

さらに(c)「情意」が執務態度といった形で最終的に発揮される能力の質と量を左右することになる．この情意は，具体的には規律性，協調性，積極性，責任感などとして把握される．組織内での日常職務行動には，どうしてもチーム・ワークが必要とされ，この情意の能力が重要視されることになる．能力は上記(a)～(c)の3つの側面から形成されているが，これを企業目的に照らしての実用性（有用性）といった視点に限定的に評価されたものが「職務遂行能力」と呼べるものである．

そして，この職務遂行能力のうちで，一定の行動環境（たとえば人事配置，

図表8-3　人事考課で取り上げる「能力」の体系

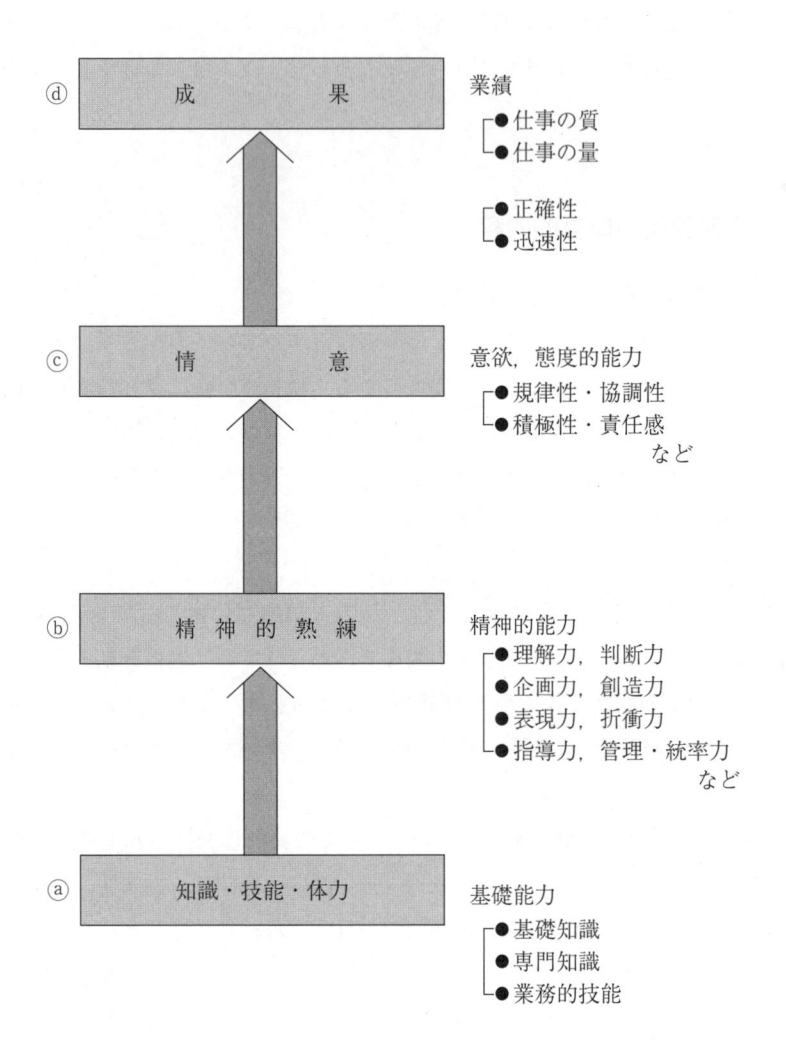

ⓓ　成　果　　業績
　　　　　　　　┌● 仕事の質
　　　　　　　　└● 仕事の量

　　　　　　　　┌● 正確性
　　　　　　　　└● 迅速性

ⓒ　情　意　　意欲，態度的能力
　　　　　　　　┌● 規律性・協調性
　　　　　　　　└● 積極性・責任感
　　　　　　　　　　　　　　など

ⓑ　精　神　的　熟　練　　精神的能力
　　　　　　　　┌● 理解力，判断力
　　　　　　　　│● 企画力，創造力
　　　　　　　　│● 表現力，折衝力
　　　　　　　　└● 指導力，管理・統率力
　　　　　　　　　　　　　　など

ⓐ　知識・技能・体力　　基礎能力
　　　　　　　　┌● 基礎知識
　　　　　　　　│● 専門知識
　　　　　　　　└● 業務的技能

図表8−4　考課項目の領域

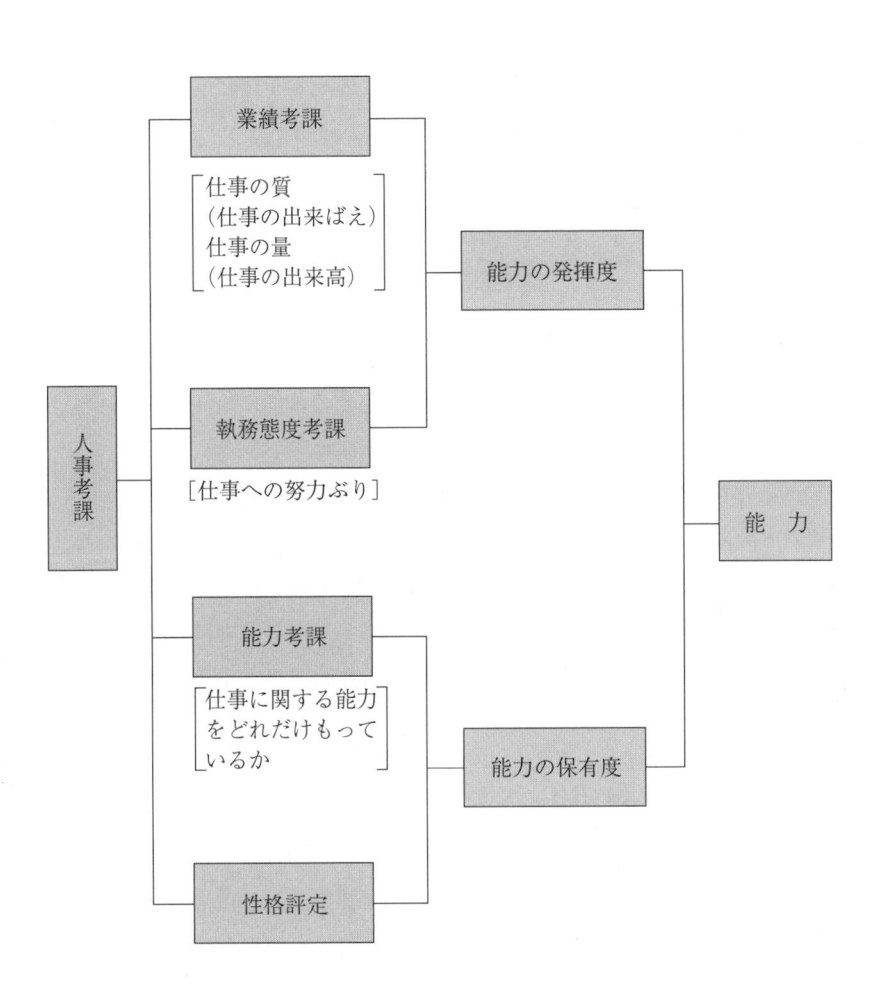

```
                  ┌─ 業績考課 ─┐
                  │ [仕事の質    │
                  │  (仕事の出来ばえ)
                  │  仕事の量    ├── 能力の発揮度 ┐
                  │  (仕事の出来高)]              │
人事考課 ─┤                                      ├── 能  力
                  ├─ 執務態度考課 ┘              │
                  │ [仕事への努力ぶり]            │
                  │                               │
                  ├─ 能力考課 ─┐                  │
                  │ [仕事に関する能力             │
                  │  をどれだけもって├── 能力の保有度 ┘
                  │  いるか]     │
                  └─ 性格評定 ─┘
```

第8章　人事評価　233

作業環境など）の下で発揮されたもの（発揮能力＝顕在能力）が「業績」を形成する．この業績は，正確性・迅速性といったような「達成した仕事の質・量」が具体的内容を形づくることになる．この業績に職務価値を加味したものがその人の働きの(d)「成果」であり，期待に応える「貢献度」として評価されることになる（図表8－3）．

② 「能力」考課の考え方

「能力」という用語の意味は多岐にわたるが，一般的に能力考課の評価対象としての能力は大きく2つに分けて考えることができる．

1つは顕在能力であり，もう1つは潜在能力である．潜在的・顕在的，いずれの能力の場合でも，能力考課において勝手な推察による評定は避けなければならない．あくまでも現実のデータから構成される能力に範囲が限られなければならない（図表8－4）．

③ 能力考課の留意点

能力考課は，部下の指導・育成という点から第一線管理者が行う重要な仕事である．しかし，現実には，部下の業績を評価することに比べ，その能力を的確に把握・評価することは困難が大きいことから，相対評価に流れやすい．少なくとも第一次評価では原則として絶対評価を重視すべきであろう．

3. 人事考課の具体的設計

正確かつ公平な人事考課を行うためには，考課要素と考課基準を明確にしておかなければならない．その設定は，次の手順によって行う．

(1) 職務基準を明確にする．

職務基準とは，組織が考課対象である人に対して期待し要求する仕事の内容と水準である．これを明らかにするためには，厳密には職務調査・分析が必要となるが，科学的な考課を行うには必要最低限の仕事の内容・特徴を把握しておかなければならない．職務基準が明確になれば，業績考課をすべき内容が明

図表8－5 考課要素と着眼点（能力考課、監督職用）

考課要素		能力要件	評価のポイント	着眼点	考課基準
能力考課	①知識・技能	●広範囲の担当職務を遂行するための比較的高度の専門知識・技能を必要とする ●関連業務についての全般的知識・技能を必要とする	実務知識 専門知識 関連知識 情報収集力	●かなり広範囲な担当業務遂行の裏づけとなる原理・原則、法規などの専門的知識や技能をもっているか ●自課または自己の担当業務に関連する幅広い知識をもち、それらを職務遂行に役立てることができるか ●上下左右から客観情報を豊富かつスムーズに収集できるか	A 優れて非常にいる B 優れている C 普通 D 問題やがあり E 問題がある
	②企画力	●課レベルの目標に重大な影響を及ぼす事項の職務について創意工夫・調査研究等を自ら行い企画立案することを必要とする ●課の方針にもとづく企画案を作成できる ●部門方針にもとづく課の業務遂行についての素案を作成できる	計画力 計画調整力	●常に問題意識をもち、現状を十分把握したうえで、課レベルの業務遂行の計画、改善案ができるか ●計画の遂行途上において発生した諸条件に対処して、当初の計画を適切に調整し得るか	A 優れて非常にいる B 優れている C 普通 D 問題やがあり E 問題がある
	③判断力	●上司の指示は受けるが、内容が複雑な応用業務・企画業務・折衝業務について適切な判断ができる	妥当性 迅速性 洞察力	●判断は性格かつ妥当であるか ●判断の速さであってくれているか ●自己の担当職務の将来に対する見通しをもち、適切な判断を下し得るか	A 優れて非常にいる B 優れている C 普通 D 問題やがあり E 問題がある
	④折衝力	●上司の包括的指導のもとに、関係先と良好な関係を維持しつつ、説得力をもって協議・交渉できる	交渉技術 説得力	●交渉技術にすぐれ、円滑に折衝を進めることができるか ●関係先と折衝し、旺盛な説得力をもって同意、納得、協力をとりつけられるか	A 優れて非常にいる B 優れている C 普通 D 問題やがあり E 問題がある
	⑤指導力	●業務一般について指示・指導でき、OJTの推進、自己啓発の援助ができる	実務指導 自己啓発援助	●課内の部下に課業務全般にわたる日常業務の進め方について適切な指示・指導ができ、かつ事前に意欲づけができるか ●部下の業務遂行に当たっての自己啓発の必要事項を的確に指示でき、かつ適切な援助ができるか	A 優れて非常にいる B 優れている C 普通 D 問題やがあり E 問題がある

らかになるわけである．

(2) 職務要件を抽出する

職務要件とは，特定の職種・職掌の，特定の職能段階に属する人に期待され要求されている能力（＝職務遂行要件）のことである．これらを明らかにするためには，職能分類を決定し，職務等級を決定するというステップが必要である．職務要件は，能力考課の考課要素にあたる．

(3) 考課要素を抽出・選定する

次に，人事考課の内容とすべき考課要素を抽出・選定する．考課要素には，業績遂行に関するものと，執務態度に関するもの，および能力に関するものの3つの領域がある．

(4) 考課尺度を決定する

最後に，決定された考課要素ごとに評価の尺度を決める．尺度を何段階にとるかは考課の様式によって異なるが，一般には5段階方式が多く用いられる．尺度の評価については，相対評価を行っている場合は対象者間で分布状態を調整するので大きな問題はないが，絶対評価の場合には，納得のいくような具体的な定義づけをあらかじめ設定しておくことが必要である．

考課要素，能力要件，着眼点の事例を図表8-5に示す．

4. 業績評価の考え方と進め方

1．業績評価の考え方

業績考課については，そのとらえ方が他の考課要素に比べその企業の独自性が現れやすいのが特徴である．したがって，基本的には次のようなことに留意しなければならない．

① 「仕事の量」と「仕事の質」で評価を行う．その割合は職種，職位によって異なる．

図表8－6　人事考課表（賞与・能力開発のための業績評価）

業績評価（対象期間　年　月　日～　年　月　日）			要素点	1次評定ウエイト			評定点
評定要素		着　眼　点		一般職	監督職	管理職	
達成度		設定された目標，課題および平常業務を達成した質的・量的な程度 ・定量化された目標や課題については，その達成率 ・定性的な目標や課題については，その達成状況 ・平常業務については，迅速・正確に，かつ必要な期限内に業務の遂行を維持している程度，および消化した業務の質的困難性と量の大きさ	5 4 3 2 1	5	6	7	
業務遂行プロセス	困難度	業務を達成するに当たっての困難性の程度 ・業務達成を困難にするような要因の有無とその度合い	5 4 3 2 1	3	3	2	
	努力度	業務を達成するに当たっての努力の程度 ・障害条件の発生や困難な課題に対し，これを克服するために努力した度合い					
勤務態度		職場規律に即して勤務し，誠実に業務遂行に当たった程度 ・規則や規律を守り，チームワークに心がけた度合い ・真剣にまじめに，仕事に打ち込んだ度合い	5 4 3 2 1	2	1	1	

1次評定者	特記事項	評定点合計	評定者 ㊞
	特にこの人のために考えている指導・援助の具体策		

2次評定者	特記事項	賞与配分のための記号 調整結果	評定者 ㊞

人事部使用欄	対象期間の出勤状況			被　評　定　者	
	欠勤	遅刻	早退	所属	
				職群	等級
				氏名	

②　「評価態度」をも併せて実施するのが現実的である．とりわけ一般職では仕事達成のプロセスを評価して「業績」への貢献度を見ることが多い．
③　「査定」より「育成」のための評価を心がける．
④　「相対評価」中心主義から「絶対評価」を重視するよう心がける．
⑤　あくまでも期首に設定したその個人の「達成目標」を重視するようにする．

2．業績評価の進め方

①　納得した上での目標設定，具体的な期待水準の明確化が前提となる．
②　業績の達成度を客観的にとらえ，判定するよう心がける．
③　第1次考課を可能な限り尊重する．
④　評価結果を必ず直接本人にフィード・バックする．

　業績評価ではあくまでも具体的な達成度，成果を評価することが第1であるが，状況によっては結果だけではなく，そこに至る努力の過程（プロセス）を評価できるように工夫することも必要である．また，管理者は評価結果を部下の育成・能力開発に活かすよう配慮することが大切である（図表8－6）．

　さらに日頃から，高いパフォーマンスに挑むような組織風土を形成するよう，トップ・マネジメントが率先して努力することも重要である．

3．業績評価の留意点

①　結果だけでなく，そこに至る努力の過程（プロセス）も評価できるように工夫する．
②　評価結果を部下の育成・能力開発に活かす．
③　高い業績に挑むチャレンジ精神をはぐくむ組織風土変革への努力も同時に行う．

5. 能力考課の考え方と進め方

1．能力考課の対象

① 能力考課の対象は，顕在化された能力と潜在的能力との2つに大きく分けて考えることができる．
② 業績面に表れる顕在化された能力は，賞与等のための考課によって評定するのが一般的．
③ 昇進・昇格を目的とした能力考課では，現在の行動を支えている各種の潜在的な能力までも評価・測定することが望ましい（図表8－7）．

2．能力考課の進め方……第1次評価では「絶対評価」を

能力考課は，部下の指導・育成という点から第一線管理者が行う大変重要な仕事である．しかし，現実問題として，部下の業績を評価することに比べて，その能力を的確に把握・評価することは困難である．管理者にとっては，数多くの部下の行動を観察・分析し，相対評価による考課をする方が容易であるが，少なくとも第1次評価では絶対評価を原則として考課を進めるべきである．

3．能力考課の留意点

① 具体的な評価基準と着眼点の設定がまず前提となる．
② 評価者自身の評価能力，すなわち，評価基準に照らして部下の能力を客観的に評価できる能力が必要である．
③ 2次評価者以上の上位者による，相対的な分析・評価にもとづく，マクロな視点からのチェックと調整が重要である．

図表8-7 人事考課表（昇級，管理職用）

				所　属	
				職群・等級	
考課期間： 年 月 日～ 年 月 日				氏　名	

考課領域	着眼点	考課要素	1次考課		2次考課	
			考　課	考課点	考　課	考課点
業績	1.所管する部門の目標は十分に達成されたか	仕事の質	S A B C D 15 12 9 6 3		S─45 A─36 B─27 C─18 D─9	
	2.所管する仕事の質と量は，上司の期待や要求する水準に達していたか	仕事の量	S A B C D 15 12 9 6 3			
	3.部下の指導・育成，動機づけ等の職責を十分に果たしたか	部下育成	S A B C D 15 12 9 6 3	/45		/45
能力	1.所管する業務に関して部下を指導できる業務上の知識・技能は十分か	知識・技能	S A B C D 10 8 6 4 2		S─40 A─32 B─24 C─16 D─8	
	2.突発的または複雑な事態に対して，適切な措置をとるために必要な能力は十分か	判断力	S A B C D 10 8 6 4 2			
	3.目標達成のための効果的な企画や手順・計画を立てる能力は十分か	企画計画力	S A B C D 10 8 6 4 2			
	4.相手に当方の意思・目的を了承させ，業務を円滑に進めていく能力は十分か	折衝力	S A B C D 10 8 6 4 2			
	5.部門の長としてチームをまとめ，目標達成に導く能力，また，そのために必要な信頼性・人間性は十分か	統率力	S A B C D 10 8 6 4 2	/50		/50
執務態度	1.会社全体を視野に入れて管理職としての自覚をもち，部門の業績や課題解決に貢献しようとする態度は十分か	協調性	S A B C D 5 4 3 2 1		S─15 A─12 B─9 C─6 D─3	
		責任感	S A B C D 5 4 3 2 1			
	2.業務遂行に当たり，新しい考え方やチャレンジ精神がみられたか	チャレンジ精神	S A B C D 5 4 3 2 1	/15		/15

考課基準： 　S……極めて優れており申し分ない 　A……優れており満足できる 　B……普通である 　C……やや問題があり努力を要する 　D……かなり問題があり相当の努力を要する	1次考課点合計 /100	2次考課点合計 /100
	考課者　1次考課者 ㊞	2次考課者 ㊞

勤務状況	欠勤	遅刻	早退	特記事項	調整	決定

6. 人事考課のフィード・バックとフォロー

　最終調整が行われ考課の最終決定がなされるわけであるが，評価のプロセスが第1次考課から第2次考課，さらに調整段階へ進むにつれて，評価の結果が変化する場合もあり，また第1次考課結果がそのまま最終決定となる場合もある．いずれにしても，最終の考課結果は原則的には被考課者にフィード・バックすることが望ましい．

　しかし，考課の最終決定の結果を，すべて本人に知らせる方式をとっている企業はまだまだ少ない．人事考課を単に評価するにとどまらず，結果を本人の次期の業務目標設定のための指針とするなり，また評価項目のうち低得点であった項目を能力開発の重要課題として取り上げ，今後の自己啓発への努力目標として活用することも必要である．

　この考課結果をもとにして，さらに直属の上司が部下一人ひとりの指導育成計画の構想を作成し，いわばOJTの一環として展開していくとよい．

　次に考課後のフィード・バックからその後のフォローまでの基本的なステップを紹介しておく．

1．フォロー計画の構想（シナリオ）作成

　考課結果の分析をもとに，管理者自身が部下一人ひとりについて指導・育成計画を作成する．部下の数が多い場合は大変な作業となるので，このような場合，必ずしも自ら一人ひとりについての計画案を作成しなくてもよい．監督者とかチームリーダー的な人を指導者として任命し，指導計画づくりから日常の指導までを代行させてもよい．

　この「計画表」は各社さまざまの様式を工夫しているようであるが，できる

図表8-8 フォロー計画表

人事考課結果のフォロー評価

氏　名		（担当）	
期　間	（自）　年　月　日～（至）　年　月　日		

結果のコメント	指導目標	指導方法	備考（評価方法など）

図表8-9　指導育成のチェック・ポイント

	氏　名			
上司コメント	強　み			
	弱　み			
指導育成	指　導ポイント			
	管理者としての配慮			

限りシンプルなフォーマットを工夫するとよい（図表8-8, 8-9）．

2．部下との面接によるフィード・バックの実施

　考課の結果を通知し，その根拠等をできるかぎり具体的にフィード・バックする．さらに今後6カ月～1年後の改善課題を指摘し，本人とともにこれまでの経過を振り返り反省すべき点は反省する．もちろん，よかった点は大いに称讃すべきであるし，また必要に応じて，さらに次の目標への動機づけのために奨励をすることも忘れてはならない．

3．指導育成目標の検討

　本人の成長に役立つように，能力開発の目標を設定する．これは重点目標を設定することである．また，できる限り，効果性があり，1年後には到達可能と思われるものを選定し，具体的な表現で目標が描けるように配慮すべきである．

4．上司としての援助体制の検討

　これは，具体的には育成目標達成のための手段・方法を考えることであるが，この方法としては，以下のような角度から検討してみるとよい．
① 「教育指導」という方法．これには日常のマン・ツー・マン的なOJTの指導ばかりでなく，本人自らの学習意欲にもとづく自己啓発に対して，さまざまな援助活動や機会を用意することが大切である．
② 職場の環境・雰囲気づくり．職場の構成員が，お互いの学習目標に対して理解し合い，協力し合えるような雰囲気をつくっていく．
③ 指導育成を促進，支援するようなシステム・手続きを整備する．たとえば，新入社員に対して，先輩が順番に指導するよう分担を決めるとか，月1回第2土曜日の午後を部門研修日とするなど．

上記のようなことに関して，予算措置を講じたり，またルールとして取り決める必要があれば，関係部署と相談のうえ，各種手続きの整備を行うことになる．

5．日常の指導育成活動

　これは以上で述べたような構想にもとづいて，上司が直接指導する場合のほか，対象者の1年から数年までの先輩を指導者として委任し，対象者の特性に応じたきめの細かい指導を行うことである．

6．結果の反省と次年度目標の設定

　当期の人事考課結果から作成したフォロー計画表が，さらに次期の評価対象となる目標へと発展することになる．

7．人事考課と管理者

1．人事考課のステップと管理者の役割

人事考課の基本ステップとその留意点

　人事考課は管理者が年間を通じて行うマネジメント業務の中で，最も基本的な任務の1つであるといえる．この1サイクルの基本的なステップは，おおむね次の5つである（図表8－10）．

① 情報収集
② 要素化・分析
③ 評価
④ 調整

図表8-10　人事考課の基本ステップと管理者の役割

ステップおよび段階	ステップ1 情報収集	ステップ2 要素化・分析	ステップ3 評価	ステップ4 調整	ステップ5 結果のフィード・バックとフォロー
内容	対象となる事実・情報の収集を行う．	収集した情報を整理する．評価項目・評価要素に照らして事実関係を分類，まとめる．	評価着眼点に従い，尺度・段階に応じ評定する．得点化・ランクづけなどの決定をする．	評価結果を相対比較したり，甘・辛等のないよう再検討を行う．	最終評価の結果を本人にフィード・バックしたり，また今後の日常業務に活かすよう指導・援助を行う．
管理者の姿勢	①徹底した現場主義に基づく"ナマ"情報の収集をする．②評価をしないで，広い視点から情報をまず受け入れる努力をする．③記憶を忘れないようにする．	①分析思考により，要素主義に徹する．②緻密な作業に労を惜しまない．③客観的でクールな眼で臨む．	①基準（着眼点・評語など）との対比に徹する．②統合の論理を実践する．組織の視点から，公平・客観性を重んじ，かつ部下一人ひとりの成長・育成を目ざし愛情を持って臨む．③決断力と，さらに自己の決定に対する責任感も必要である．	①組織の実情を十分に認識している．②広い視点と高度な概念化能力（総合判断力）が必要である．③論理・構想力による説明ができる．	①長期的な展望に立った指導と環境づくりを行う．②指導性の発揮．③愛情と勇気を持って，フィード・バックを行う．

⑤ 結果のフィード・バックとフォロー（活用）

　管理者はこのステップを確実に実行できるよう努力する必要がある．実際には初級から中級クラスの管理者の場合はステップ1～3までを使い，4の調整は部門長等の上位クラスの管理者が行うのが一般的である．さらに5のステップであるフィード・バックは必ずしもすべての企業の管理者が行っているわけではない．この段階まで定着している企業は，人事考課を単なる査定のための手段として実施するのではなく，評価結果を部下の育成等に活用しようとする姿勢が表れている企業と理解してよいであろう．

(1) 情報収集の段階

　人事考課の具体的な仕事は，まず評価すべき対象者の行動や事実を正確に把握することから始まる．そのためには，評価項目や着眼点としてどのようなことが設定されているかを十分に理解していることが前提となる．

　情報収集を行う管理者としては，自社の評価システム，評価項目等をよく理解しておき，日頃から部下の日常行動をできる限り正確に記録しておくことが必要となる．この際先入観にとらわれず，関連しそうな情報は広い視点に立って集めておく姿勢が大切である．

　さらに，第1次の評価を自己申告によって本人に行わせている企業では，本人に評価対象となる事実，行動等を正確に記述させ，報告させることになる．

(2) 要素化・分析の段階

　この段階は，考課を実施する時期が近づく頃であり，これまでに収集してきた情報を整理する作業に入ることになる．具体的には，評価項目・要素ごとに該当する事実・情報を振り分け，分類することになる．各要素ごとに該当する内容を点検し，まとめる．

　この際に留意すべきは，同一の事実・行動を2つ以上の要素に使用しないということである．次の段階の「評価」をできる限り客観的に行うために，この段階では収集し選択された情報・データを属人化させないよう工夫・努力する

のである．

(3) 評価の段階

　人事考課の作業の中で，最も重要な段階である．具体的には評価項目をあらかじめ設定してある着眼点に従って，各要素ごとに評価の尺度とチェックすべき基準とを対比しながら判定する作業となる．

　客観的で公正な評価を行うには，先のステップの情報収集を正確に行うことと，しっかりとした"評価基準"を用意することが大切である．

　さらに，評価を行うに際しては，対象者を総合的に見ることをせず，あくまでも各要素を独立させて一つひとつの事実・行動等を客観的に判断しなければならない．限られた情報をもとに，私情を排して管理者としての組織のルールにもとづいて判断し，さらに対象者一人ひとりの行動特性を十分に理解した上で判定しなければならないのである．

(4) 調整の段階

　「調整」は通常，1次，2次の評価を行う人より一段階上位の者によって行われる．一般的にはラインの職位階層に従って実施される．これまでの評価の作業と根本的に異なっているのは，調整を行う人はあくまでも対象者個々人の特性にとらわれることなく，常に全体的な視点から高度な判断を行うということである．

　したがって，ここで調整を行う人は常に広い視点と高度な判断力を駆使して作業を進めるのであるが，さらに，調整結果については一貫した論理性が要求される．つまり，なぜ1次，2次の考課結果が調整されることになったのか，特に大きく調整対象となった被考課者については，そのプロセスが十分に納得のいくものでなければならない．このような意味からも調整作業は，単に上位者が行う"ブラックボックス"とならないよう，組織全体から見た調整の意義とその経過が対象者に十分説明ができるような，実体のあるものにしていくことが求められている．

(5) フィード・バックとフォローの段階

　最終調整が行われてから考課の最終決定が行われることになるが，評価のプロセスが第1次考課から第2次考課，さらに調整段階へ進むにつれて，評価の結果が変化する場合もあり，また第1次考課結果がそのまま最終決定となる場合もある．いずれにしても，最終の考課結果は原則的には被考課者にフィード・バックすることが望ましい．

　今日，考課の最終決定を，すべて本人に知らせる企業は多くない．しかし，人事考課を単に評価にとどまらず，結果を本人の次期の業務目標設定のための指針づくりとしたり，また評価項目のうち低得点であった項目を能力開発の重要課題として取り上げ，今後の自己啓発への努力目標として活用することが必要である．

　したがって，考課結果をもとにして，さらに直属の上司が部下一人ひとりの指導育成計画の構想を作成し，いわばOJTの一環として展開していくことが望ましいものと考えられる．

2．人事考課の領域と管理者の任務

(1)「業績考課」は第1次考課を尊重

　業績考課は，日常のマネジメントと直結したものであり，評価期間における部下の仕事ぶりをとらえるものである．

　業績を最も的確に把握できるのは，部下に対して仕事を直接指示・命令する責任を持っている直属の上司である．業績考課についての評価要素である「仕事の量」，「仕事の質」に関して，具体的な達成目標を提示できるのも，直属の第一線管理者であるはずである．この項目の正しい評価を行うには，まず"考課者自身"の部下に対する具体的な期待水準を明確にすることが必要である．

　一般にこの「業績評価」は，人事考課項目の中でのウエイトづけは上位職ほど高くなる傾向がある．

(2) 「態度評価」は第2次考課結果を重視

　執務態度に関する項目は，日常業務の遂行過程を評価するものであるが，先の業績考課に比べて直属の上司よりも第三者の方が客観的評価に適していることが多い．もちろん行動のプロセスを評価するので，仕事の遂行過程に関する事実情報は正確に把握しておくということが前提である．業績考課と態度評価は要素主義に徹して分析・評価を行おうと努力しても，現実には困難が多い．どうしてもこれらに対して論理的な関連づけを行ってしまい，両者間には相関関係があるようにとらえてしまいがちなのである．

(3) 「能力考課」はマクロな視点からのチェック・指導が必要

　能力考課は，部下の指導・育成という点からは第一線管理者が行う重要な仕事である．しかし，現実には具体的な成果やその達成過程については指摘できても，能力そのものを的確に分析・評価することが困難である．したがって多くの部下の能力・行動を分析し，比較検討することによって，部下一人ひとりの能力特性を的確に把握する方が容易である．

　能力考課では，能力の発揮ぶりを容易に評価できるような具体的な評価基準・着眼点の設定がまず前提となる．さらに，考課者自身が，部下の能力をこれらの基準に照らして，客観的に"評価できる能力"が必要である．したがって，より上位職者による相対的な分析・評価による調整が重要な役割を持つ．

(4) 「性格評定」は2年に1度程度のチェックでよい

　性格に関する評価項目は一般に，昇進・昇格に際しての参考として活用することが多い．近年，管理職の「ヒューマン・アセスメント・プログラム」[1]の一環として，各種の検査やテストが活用されたり，また専門職制度運用の資料として性格に関する調査が活用されることがある．そこで，通常の人事考課項目からは，この性格評定を除外している企業が多いのである．

　人事考課表の中に，将来の職場配転の希望などを申告するための自己評定として，性格のセルフチェックを実施している企業がある．しかし将来的には

「性格評定」は人事考課からは除外し，2年に1度程度，なんらかの形で性格面のチェックを行い，さらにキャリア・ディベロップメント・システムの一環として組み込む方法を検討すべきであろう．

8. 人事考課の効果的な運用に向けて

　これからの人事考課を十分に機能させていくには，次のようなことに留意することが大切である．

1．整備・点検すべきこと

(1) 人事考課の基本的な考え方を周知徹底させる

　自社の人事考課は何を目ざしているのかをよく理解させる．とりわけ，人事考課の直接の運営者である管理・監督者は，自社の人事考課が能力主義あるいは実績主義のどちらにもとづいた人事管理を実現しようとしているのかということなどを十分に理解し，納得しておくことが必要である．

(2) 管理者による人事考課の日常業務化への努力が必要

　人事考課は管理者の付帯的な業務ではない．また，シーズンに応じて廻ってくるルーチンな作業でもない．人事考課は，いわば，管理者が行う日常のマネジメント業務の一部であるということをしっかりと認識する必要がある．

　管理者が正確な人事考課を行うということは，"マネジメント・サイクル"を正確に動かすことであるという認識が必要である．そのためには，後述の通り，全社的に人事考課システムを正しく理解することはもとより，部下1人ひとりに対する具体的な評価の目標・基準を明確にし，きめの細かな指導を行うことが大切である．つまり人事考課を，部下を査定評価する手段と考えるより，むしろOJTの一環の業務として位置づけるとよい．

(3) 人事考課の運用ルール・規程等の整備

　人事考課を進めるに際しての基本的な手続きをはじめ，その運用方法等を定めた規則や規程類を，できる限り詳細かつ，わかりやすいものにまとめておく必要がある．

　一般にこれらの規程類は，あいまいな表現で簡単にまとめてしまっているものと，これとは対象的に詳細にまとめ，さまざまな具体例までも例示したマニュアル的な規程とに大別されるが，多くは前者のような極めて簡単なものが多い．しかし，このような規程類は少なくともこのシステムを運用する管理者がある程度は統一的な基準を持って，バラツキのない考課が行えるように作られるべきである．

(4) 人事考課マニュアル・ガイドブック等の考課用各種ツールの整備

　以上のようなことから，さらに，管理者が人事考課を日常的に展開するために必要な各種のツール類を用意するとよい．

　たとえば，まず第1に用意してほしいものとしては，「人事考課マニュアル」である．つまり，人事考課を進めるための自社版の手引書である．これは各社それぞれの考え方にもとづいて自社の「人事考課制度」の主旨，位置づけをハッキリと打ち出したものであり，またこれにもとづいて考課の具体的な作業が行えるような「ガイドブック」的な役割を果すものであるとよい．

(5) 管理者に対する評定者訓練の実施

　これまで多くの企業では，「評定者訓練」は，管理者を新たに登用する際に研修会を実施したり，また，研修という形式ではなく，人事部主催による簡単な説明を行ったりという程度のものが一般的であった．しかし，本来人事考課は，これまで述べてきたように，企業において重要な役割を持つわけである．

　今後は評定権をはじめて有することになった新任の管理者に対しての評定者訓練を実施することはもとより，すでに部門やプロジェクトを管理している管理者やプロジェクト・マネジャーに対しても，人事考課の基本的な考え方，そ

のしくみの概要,人事考課の手法に関する訓練を実施していく必要がある.

(6) 全従業員のコンセンサスを得るよう努力する

　人事考課は,単に考課する管理者の熱意と努力のみでは不十分である.大切なのは,被考課者に対して,自社の「人事考課システム」の全容をできる限り理解・納得が得られるよう努力することである.そのためには,人事考課の要素や基準などをよくPRし,また評価を自由に受入れられるようなオープンな職場の雰囲気づくり,風土づくりをすることが必要である.

　人事考課は,管理者のみの仕事ではない.むしろ,従業員1人ひとりが評価に対して,もっと問題意識を持ち,自社の評価システムをよく理解し,その上で自分の責任を果していくという姿勢が基本である.

2．これからの人事評価のあり方

　今日,各企業では,人事評価システムの基本方針の策定から具体的な手続き,帳票類に至るまで新しい工夫・努力がなされている.筆者は今後の改革の方向として次の5つを指摘しておきたい.(図表8-11)

図表8-11　人事評価の課題と展望

〈課題〉		〈展望〉
① 相対主義から「絶対主義」へ	→	「達成目標」の徹底周知
② 査定主義から「育成重視」へ	→	「挑戦的な仕事」や育成環境の重視
③ 減点主義から「加点主義」へ	→	「積極的活動」を支持
④ 秘密主義から「公開主義」へ	→	「自己申告」と結果のフィード・バック重視
⑤ プロセス重視から「成果」重視へ	→	マネジメントの日常化・人事情報システムの整備

このような考え方が定着することによってこれからの人事考課はマネジメントを支える人々とマネジメントの理念との統合を図ることが可能となる．

　そして人事考課は管理者のマネジメント・ツールとしての働きのみでなく従業員一人ひとりの日常行動の指針として定着するものとなっていくものと確信する．

注

（1）古くから日本企業に対してトータルな人事制度のモデルとして企業への導入に積極的であった日経連（現日本経団連）は，次のように定義している．

　仕事の困難度・責任度などをベースとした職能資格区分を設け，各職能資格区分に該当する職務遂行能力の種類や程度を明確にした職能資格基準を設定し，この基準にもとづいて人事処遇を行なう制度．職能資格制度では，役職位と資格とは切り離され，処遇の基本は資格となるため，年功的な処遇として職位を与えるという矛盾をなくせるなどのメリットがある．（「人事労務用語辞典」日経団連出版部より）

（2）「ヒューマン・アセスメント・プログラム」は，人的資源開発を進めるうえで重要な位置を占める人材評価プログラムの1つである．1950年代以降，アメリカにおいて管理職候補者を対象に，管理能力を事前に評価する目的で開発が進められた．アメリカでは，主に管理職登用時の選別に用いられてきたが，日本では，管理職能に限らず専門職能も含めたキャリア形成の一環として，能力開発の視点を取り入れたプログラムが開発・実施されている．

まとめ

　人事考課の実施プロセスでなによりも大切なことは，まず組織における人と業績の評価システムの全体像を正確に把握することである．さらに人事評価システムが企業のマネジメントプロセスとどのようなかかわりがあるのかを正確に把握しなければならない．

　とりわけ「管理職の役割」は大きい．

本章のキーワード

能力評定	業績評価
業績評定	能力考課
執務態度評定	絶対評価
潜在能力	顕在能力
フィード・バックをフォロー	調整

■ 研究課題

問題 1 人事考課のシステムについて，広義でのとらえ方と狭義のとらえ方のについて両者の説明を行いつつこのようにとらえることの意義を説明しなさい．

問題 2 トータルな人事評価システムにおいて，管理者は重要な役割を果たすことになるのかその理由を説明しなさい．

問題 3 人事考課における「フィード・バック」の意義とその注意点について説明しなさい．

■ 力だめし

問題 1 次の用語について，簡潔に説明しなさい．
① 執務態度考課／情意
② 職務遂行能力／職能
③ 業績考課／成果
④ 評価基準／評価尺度
⑤ 精神的熟練／精神的能力

問題 2 次の言葉についてそれぞれ対比しつつあなたの見解を述べなさい．
① 相対考課と絶対考課について，今後のあり方についてどのように考えるか．
② 人事考課結果の公開と被考課者によるフィード・バックのあり方について．

問題 3 身近にある人事評価システム，ないしは具体的な考課の手続き等に関して論評しなさい．

第9章

労働時間

―― 〈本章の目標〉 ――

1. 「労働時間」の正確なとらえ方を理解する．

2. 今日，勤務形態の変化に対応して労働時間管理の特例や変形が現れてきている．これらの適用範囲を理解する．

3. 労働時間短縮の方法・手順ならびにその基本原則を理解する．

4. 今後増加することが予想される新しい働き方・勤務時間形態についてその特徴を理解する．

はじめに

労働時間をいかに有効に管理・統制するかは現代企業にとって重要な課題である．それは企業経営者にとっては企業の損益に大きく影響を与える重要な要素であるからである．一方従業員にとっては，労働条件の一要素として出来る限り良い条件でありたいという希望があり，これまでもいかにして良い条件を獲得出来るかが課題であった．本章では，経営者，労働者双方にとって重要なテーマである労働時間管理について，その基本的なとらえ方・原則を確認する．

さらにこれからの世界的なライフスタイルの変化に対応し，人的資源管理の観点から「労働時間」のあり方について検討し，今後の労働時間管理の課題とその方法を検討する．

1. 労働時間管理の意義と概念

1．労働時間管理の意義

労働時間は，賃金とともに労働条件の中で最も重要な要素である．これは，労働者にとっては労働力の対価をなす部分であり，一定の時間を使用者の指揮命令下で働くことによって生活を営んでいくための資金を得るための時間である．したがって，労働者にとっては直接生活に影響を与える要素であることには違いない．また一方，企業としては，労働者に一定労働時間働いてもらい，これに対して賃金を支払うのであるから，企業としては，労働時間は人件費の算定根拠に該当するものである．

したがって，労働時間のとらえ方については，企業と労働者とでは視点がまったく異なっている．

２．労働時間の概念

「労働時間管理」でとらえる「労働時間」は現実には労働場面でのさまざまな場面で異なったとらえ方がされている．

- 「拘束時間」は，従業員が事業場の構内に入門してから，退門するまでの時間をいう．企業の構内にいることにより，一定の秩序を守り，一定の行為が禁止されるが，直接本来の仕事に従事していなくても，使用者の管理下にある時間を拘束時間または拘束労働時間と呼ぶ．
- 「労働時間」とは，従業員が使用者に労働を提供し，使用者の指揮命令に服している時間をいう．「労働基準法」上の労働時間は，労働契約上に定められた労働義務のある時間だけをいうのではなく，現実の具体的拘束状態に着目して，その時間が使用者の指揮命令下におかれているかどうかで判断する．

したがって，拘束時間は労働時間より広い概念で，休憩時間，構内手待時間をも含むものである．

- 「手待時間」は，現実に作業には従事していないが，就労のための指揮命令下にあって業務遂行のために待機している時間をいう．接客のための客待ち時間や工場での材料待ちの時間などが該当する．いずれにしても労働時間に含まれるのが一般的である．
- 「休憩時間」は，労働基準法第34条により，労働時間の途中に一定の長さの休憩時間をおかなければならない定め[1]になっているが，この休憩時間は，従業員が仕事から離れることを権利として保障されている時間のことであり，従業員の自由に処分し得る時間である．このことから休憩時間は労働時間には含まれないことになる．

2. 労働時間管理の原則

1．8時間労働制

　労働基準法によると,「使用者は,労働者に休憩時間を除き1日8時間,1週間について40時間を超えて労働させてはならない」[2]と規定されている.

　この1日というのは,暦日であり,午前0時から24時間と示している.この労働時間の1日8時間という根拠は,一般に1日24時間の枠の中で,睡眠,食事,身仕度などの生理的な時間と,社会的・文化的な時間との関係から決められているものである.

　この1日8時間労働制の原則には,いくつかの適用除外例が認められている.

　大きく分けると,1日8時間労働制を変形して適用することと,1日8時間労働を超える労働時間を認めるものの2つがある.

　この1日8時間を超える労働時間については,一部のサービス業などに認められている1日9時間労働制のものや変形労働時間制を採用している職場の場合と,割増賃金の支払い対象とするいわゆる時間外労働とに分けることができる.

2．休日と休暇

　休日とは,労働契約において労働義務を負わない日で,従業員は労働から解放されている日である.休日の与え方としては,全員に一斉に与える必要はなく,一斉休日制にするか,個人別休日制にするかは,企業の判断で決めることができる[3].

　休暇とは,当日は労働者が就労を必要としないで労働から解放されている点では休日と似ている.休日と違う点は,労働義務を負う日であるが,個別に就労義務を免除されている日であるということである.また休日は,使用者の方

が積極的に一定の期間の中に一定の日数を，労働義務のない日として従業員に与えなければならないのに対し，休暇は，従業員の指定または請求に対して，使用者が付与するものである点で大きな違いがある．

3．法定年次有給休暇

　法定年次有給休暇とは，労働基準法第39条により，従業員に必ず付与しなければならないと定められている休暇である．その要件は，入社後，満6ケ月間継続勤務した者で，かつ全労働日の80％以上出勤した者に対して10日間与えられ，以後6カ月以降1年ごとに1日（3年6カ月以降は2日）ずつ増やし，最高20日とされている．

　一方，会社は有給休暇として，法定休暇日数を上回って与えることもできる．入社の年から与えてもよく，出勤率が悪くても与えることはできる[4]．

　企業には自ずと限界はあるものの，働く人を大切にする企業は有給休暇制度がどれだけ充実しているかをチェックすると良い．

　法定有給休暇については，従業員の希望するときに与えねばならないなど，使用者側にとって，かなり制約条件があるが，会社が独自に設ける有給休暇については，その与え方や請求の手続きなど，使用者側で制限しても違法とはならない[5]．

3. 労働時間管理の例外

1．8時間労働制の変形

　労働基準法32条2項の規定によると，使用者は就業規則その他により1カ月を平均して，1週間の労働時間が40時間を超えない定めをしたときは，その定めにより規定にかかわらず，特定の日に8時間，または特定の週に40時間を超

えて労働させることができるとされている[6].

いわゆる「変形8時間労働制」を認めているわけである.

これによると,1日8時間を超えてもまた1週40時間を超えても,4週間を平均して1週40時間以内であればよいとされている.

この変形労働時間制を適用するためには,就業規則にその旨を明示し,8時間を超える日,および40時間を超える週については,あらかじめ明示しておかなければならない.

また,この時間を超える場合は,あくまでも時間外労働として扱わなければならないのである.

もちろん,交替制労働を採用する場合においても,この取扱いは同じく,シフトの編成,非番,休日などの特定が義務づけられている.

2.8時間労働の特例

商業,接客娯楽業,運輸交通,病院などの保健衛生業などについては,労働基準法40条の規定によって,労働時間,休憩などについては特例が認められ,別の規定が適用されている[7].

つまり「公衆の不便を避けるために必要なもの,その他特殊の必要があるものについては,その必要欠くべからざる限度で,第32条の労働時間および第34条の休憩に関する規定について,命令で別段の定めをすることができる.」と規定している.

この規定により,商業,映画館,演劇,その他の興業,保健衛生,接客娯楽業などは,特例および経過措置が認められているものである[8].

また,家族事業や管理者,監視労働等特殊な仕事については適用除外となっている[9].

4. 新しい労働時間形態

　労働時間の形態は，賃金算定の基準として，いわゆる出来高・扱い量による「個数単位」から「時間単位」が主流となってから，人事労務管理の重要な領域となっている．

　近代的な労働時間形態としては「週休2日制」と「変形労働時間制」に分けられるが，今日さらに多様な時間形態へと発展してきている．ここでは主要なものをとりあげることにする．

1．週休2日制

　週休2日制とは，1週1日の休日のほかにさらに別の日を休日にする方法で，毎週2日の休日を与える完全週休2日制から，1カ月のうち1週だけ2日休日にする月1回制に至るまで各種の形態がある．

(1) 導入の背景

　週休2日制が必要とされるようになった時代の背景としては，

①従業員の要望が賃金以外の労働条件向上を求めている……高度成長に伴い，生活水準，所得水準は大きく向上したが，労働条件の面では欧米に比べてまだ立ちおくれている．従業員の意識も，猛烈派よりも，生活を楽しみながらの余裕派に関心が向けられつつあるのが現状である．

②仕事の内容が変わってきている……技術革新が進んだ今日においては，新たな精密作業や緊張労働など，これまでと違った精神疲労や新たなストレスが増えてきている．このような疲労の回復を図るには，今まで以上の休日が必要とされ，スポーツなどを通じての体力づくりも大切になってきている．

③「ゆとり」や人間性の回復が求められている……仕事から解放され，社会

第9章　労働時間　263

的緊張感から逃れて,「ゆとり」や趣味の生活に没入する時間がほしいという声が高まっている.

④国際経済競争との関係からも先進諸国並みの労働条件が要請される……長時間労働にもとづく低賃金コストによる生産物の輸出は,世界から排斥されるもとであり,公正な競争の土俵づくりが求められている.

(2) 週休2日制のメリット

週休2日制を採用した場合のメリットとしては,次のようなことがあげられる.
①生産能率や時間効率の向上が期待できる.
②従業員の健康管理や自己啓発に役に立つ.
③採用面での有利性が増し,定着率も向上する.
④出勤率の向上にもつながっている.

(3) 週休2日制の課題

問題点としては,
①時間外・休日労働が増える傾向がみられる.結果的に総人件費増を招く懸念がある.
②実施に伴うPRの不足により,得意先や仕入先への連絡不徹底が発生することがある.つまりカスタマー・ユーザーサービスが低下することによる自社の不利をどう克服するか.
③休日前後の欠勤率の上昇や連休日あけの能率低下がみられる.週休2日制企業における月曜日の能率低下をどうくい留めるか,また連休あけのミス・ロスをどうくいとめるかは深刻な課題である.

問題点を克服し,週休2日制本来のメリットを生かすには,時間当たりの生産性や能率を全社的に見直し,時間外・休日労働の許可基準を厳しくするなど,労働時間管理の改善が必要となる.得意先へのPRについては,案内状,挨拶状などの事前PRを徹底させ,休日の生かし方については,企業側として従業員の指導・援助が有効となることを忘れてはならない.

2. 交替勤務制

定型的な労働時間制の変形として登場してきたものである.

1日の労働時間を複数に分割して労働者を交替で勤務させる方式をいう. 交替勤務の型としては, 2交替, 3交替, 4交替とさまざまな形態がある. これまで交替勤務制をとる職場は, 運輸・医療・通信・電気・ガスなどの公共サービス事業を中心に, 石油化学・鉄鋼のような連続操業を必要とする産業および映画・演芸など一部の娯楽産業に多くみられた. 今日では, これまで届出によって例外として認められていた職場以外にも多くの職場で交替勤務制は, 一般化しつつあるといえよう. 労働基準法によると, 交替制によって労働者を就業させる場合, 就業規則に定めなければならないとしている[10].

3. フレックス・タイム制

これは任意(自由)選択労働時間制と呼ばれ「変形労働時間」の一種と考えることができるものである.

フレックス・タイム制は, 1967年にコンサルタントのケメラー女史によって西ドイツのメッサー・シュミット社において実施されたのが始まりといわれており, フレキシブル・ワーキング・タイム(Flexible Working Hours System)の略称である. フレックス・タイム制は, 主として次の4つの要素から成り立っている.

(1) フレックス・タイムの構成
① フレキシブル・タイム
従業員各人が自己の始業・終業を自由に決定することができる時間帯をいう.
② コア・タイム
全従業員が必ず勤務しなければならない時間帯をいう.

③ 単位期間

単位期間をもって所定労働時間を定めるもので、この期間は1日、1週、4週、1カ月などである。

④ 労働時間の貸借制度

単位期間が1日のものを除いて、労働時間の貸借制度がある。所定労働時間と比較して、貸借の清算をするものである。

要するにフレックス・タイムとは、核となる固定時間の前後を自由に従業員の意思によって調整して出退勤できる制度で、単位期間の所定労働時間を超えた場合または不足した場合は、次の単位期間で清算できるシステムである。

従来の固定労働時間制度に比較し、人事労務管理上、フレックス・タイム制の効果は、次のようなものである。

(2) フレックス・タイムの効果

① 遅刻についての心配がなくなり、労働時間の拘束感を軽減できる。
② 通勤ラッシュを避けることができる。
③ 各個人の体調や自己都合に合わせた仕事ができる。
④ 従業員の自主性が尊重され、自由裁量の範囲が増すことにより、従業員の責任感が強まり、仕事の意欲も高まり、能率向上が期待できる。
⑤ 職場が民主的になり、チームワークも強まり、無断欠勤が減少する。
⑥ 会議、打ち合わせ、共同作業、連絡などがコア・タイムの範囲内で行われるので、時間の意識が高まり、効率的な時間の使い方が浸透する。
⑦ 時間外労働が大幅に減少する。
⑧ 企業イメージの向上につながり、求人対策面でも効果がある。
⑨ 女性をはじめ新しい労働力の職場進出に機会を創出する。

4. ワークシェアリング（Work Sharing）

欧米ではJob Sharingとも呼ばれ、いわば労働者の「仕事を短縮」ないしは

「分け合う」ことをいう．フレックス・タイムとほぼ同時期，1960年代からヨーロッパ諸国の労働者から提唱されてきた「労働の人間化」の流れから，新しい働き方のスタイルとして登場してきた「労働時間形態」の一つである．

労働時間短縮との関係でとらえると「Work time sharing」と呼ぶのがふさわしい．欧米では1980年代に入り，雇用の拡大を第1に考え，いかにして，失業者数を抑えるかが重要な課題となってきた．アメリカでは，不況下の航空会社でレイオフ回避策として導入され，また，イギリスでは1981年に新規学卒者を月あたり25日勤務制とし，2名で同一ジョブを担当するシステムを導入した例もある．いずれにしても今日世界的に雇用が停滞しており，このシステムは今後さらに注目されるであろう．また，日本でも，政府をはじめ日本経団連は積極的に導入することを提言している．

5．「みなし労働」時間

これまでの労働基準法で定められた労働時間制度では対応が困難な新しい時間管理の形態といえる．職場と仕事を対象として考案された労働基準法第38条の2に定められている労働時間算定規定によると，労働者が事業場外で労働する場合，実際にかかった労働時間の算定が困難なときは，その事業場における通常の所定労働時間労働したものと「みなし」てよいとしている．

この「みなし労働時間」には「事業場外労働」と「裁量労働」との2種がある．

(1) 事業場外労働

前出の労働基準法第38条2の1項において，次のように規定されている．

「労働者が労働時間の全部又は一部について事業場外で業務に従事した場合において，労働時間を算定し難いときは，所定労働時間労働したものとみなす．ただし，当該業務を遂行するためには通常所定労働時間を超えて労働することが必要となる場合においては，当該業務に関しては，命令で定めるところにより，当該業務の遂行に通常必要とされる時間労働したものとみなす．」

みなし労働時間制の対象となる事業場外労働は，
① 労働時間の全部または一部を事業場外で業務に従事し，
② 使用者の指揮監督が及ばないため，労働時間を算定することが困難な場合である．

(2) 裁量労働

これは平成6年4月1日施行の改正労働基準法により同法第38条2の4項で次のように定められている．

「業務の性質上その遂行の方法を大幅に当該業務に従事する労働者の裁量にゆだねる必要があるため当該業務の遂行の手段及び時間配分の決定等に関し具体的な指示をすることが困難なものとして命令で定める業務のうちから労働者に就かせることとする業務を定めるとともに，当該業務の遂行の手段及び時間配分の決定等に関し当該業務に従事する労働者に対し具体的な指示をしないこととする旨及びその労働時間の算定については当該協定で定めるところによることとする旨を定めた場合において，労働者を当該業務に就かせたときは，当該労働者は，命令で定めるところにより，その協定で定める時間労働したものとみなす．」

つまり，使用者が仕事の進め方や時間管理をせず，労働者に任せた方がよい業務が対象となる．

業務内容としては，次の6業種とされている．
① 新商品または新技術の研究開発等の業務
② 情報処理システムの分析または設計の業務
③ 記事の取材または編集の業務
④ デザイナーの業務
⑤ プロデューサーまたはディレクターの業務
⑥ ①〜⑤に掲げるもののほか，中央労働基準審議会の議を経て労働大臣（現厚生労働大臣）の指定する業務

この⑥項は今後労働形態の多様化に即して新規に追加することが可能である

が，現在次の6業務が指定されている．

① コピーライターの業務
② 公認会計士の業務
③ 弁護士の業務
④ 1級建築士の業務
⑤ 不動産鑑定士の業務
⑥ 弁理士の業務

さらに平成12年4月から，事業運営上の重要な決定が行われる事業場において，労使委員会で労働者の範囲，労働時間として算定される時間，労働者の健康および福祉を確保するための措置などの事項に関する決議をして，それを行政官庁に届けた場合に，これまでのとは別の，企画業務型裁量労働制を適用できるようになった．

6．その他の形態

情報化社会の発展に伴い，コンピューターによるネットワークは，新しいさまざまな勤務形態を生み出している．たとえば「在宅勤務」や「サテライト・オフィス」などが挙げられるが，これらは単に労働時間の新しい形態というよりも，これからの労働生活と家庭生活のあり方に関する新たな潮流ととらえるべきであろう．

(1) 在宅勤務制

勤務形態としては職場と住居とが同一場所であることに特徴がある．これまでの職住接近よりも一歩進み，職住一体ということであり，古くから家内労働とか商店あるいは自由業等の自営型の勤務形態であったものが，情報伝達技術の高度化に伴い発展してきたものである．したがって，OA機器の進歩等技術の発展が前提条件となるが，この形態の導入に際しては労働者の専門能力の高度化も必須条件である．つまり労働者に情報リテラシーおよびスペシャリ

ティーが要求される．

(2) サテライト・オフィス

　これは本社から離れた場所に一部の本社機能を担当する事務所を設けたり，さらに INS[11]，OA 機器の導入によりオフィスを分散させる新しいオフィスのあり方である．

　サテライトは主として働く人が職住接近をめざして都市周辺部に設ける場合と，さらにユーザーとの関係によるビジネスフロントとしてのサテライトが考えられるが，一般的には前者のことをいい，近年実験段階より実践段階に入り，良い効果を上げている企業が現れている．さらに新しい働き方としての SOHO（スモール・オフィス，ホーム・オフィス）は，もっとも進んだ働き方のスタイルといえよう．

5. 労働時間の短縮

1. 労働時間短縮の意義

　労働時間短縮の動きは，今や無視できない時代の流れである．週休2日制の具体化，休暇の増加など，より少ない労働時間でより多くの賃金を得，より豊かな生活を目ざすことをねらいとしている．

　労働時間の短縮の流れの背景として，

(1) 従業員の労働に対する考え方の変化があげられる

　　従業員は生きるために働きつづけるのではなく，人間としての多様な欲求を充足させつつ，人間らしい生活を求めるようになってきている．自由な余暇時間を増やすことにより，精神的には充実し，肉体的にも疲労からの回復を促し，このことが従業員の生きがいにつながり，究極的には生産性の向上

にも良い結果をもたらすことになるのである.

(2) 技術システムの高度化による神経の緊張

　緻密な作業や監視のために神経を集中する必要のある作業が増えてきているが，このような労働に長時間従事するとミスの発生も多くなり，労働効率は低下するのである．労働時間の短縮により，欠勤・災害・業務上疾病の減少，精神的疲労度の削減を図る必要がある．

(3) 各企業による労働時間の短縮の効果への理解

　企業規模を問わず労働時間短縮の動きがみられる中で，この動きにさからうと企業にとりデメリットが出てくる．つまり，
① 企業イメージの低下，
② 従業員のモラール（士気）の低下，
③ 労使関係の不円滑化，
④ 時間当たり作業効率の低下，
⑤ 入社希望者の減少による求人活動の困難性，などがある．

2．労働時間短縮の基本原理

　この「労働時間の短縮」という身近で具体的な課題に対して，今日の動きは「人的資源労政」の視点からは必ずしも適切であるとは思われない．

　その理由の第1としては，時間短縮が日本経済の国際摩擦の緩衝材としての役割を担おうとしているということである．このようなことから，第2は労働時間を単純に考え物理的に減少させることを目標にしてしまっているということである．

　以上の2点について，具体的にはどのようなことが考えられるか挙げてみる．
　まず第1については経済審議会のいわゆる新前川リポート[12]をはじめ，政策担当者がこぞってわが国の労働時間を年間2,000時間以内にするとか，残業

をなくしたり，休日を増加することを世界に向けて宣言していることである．これは日本にとっては画期的なことであった．もちろん労働時間の短縮には欧米諸国にみられる恒常的な失業率の上昇を減少させるための一助としての「ワーク・シェアリング」（仕事の分かち合い）という側面があることを考えると，わが国の労働時間の短縮が大きく貢献することは予想される．しかし，単に日本企業の労働時間を先進諸国なみに減少させることによって，世界経済の立て直しに直接的に貢献できるものとは考えられない．

　国際摩擦の解消にとって，より大切なことは，日本企業がいかに各国の企業やビジネスマンと協調して仕事をしていけるかであり，このためには日本企業の国際化，あるいは政治，経済面における国際協調を一層促進させることの方が先決であろう．つまり，世界経済における国際協調という観点から相互に協力し，協調関係を維持する努力を積み重ねていけば，その過程で当然労働時間が先進諸国と一致することにもなるであろうし，多くのノウハウや先端技術の開発等による国際協力ということになれば，日本企業の労働時間は世界のどの国よりも少なくなっているかもしれない．

　労働時間の短縮に関する第2の懸念すべきこととして，前述のような国際的な世論をうけてわが国政府も"日本人の働きすぎ"是正を緊急の政策課題としはじめたことである．労働時間短縮に向けてのさまざまな提言，施策が発表されている．このことは大変歓迎すべきことである．しかし，この内容についてはさらに論議をつくさなければならない．これまでの論議はいずれも今日のわが国の労働時間をとにかく物理的に年間2,000時間以下に減少させることを目標としていた．現在では週の労働時間は40時間とされており年間の平均労働時間も1,800時間にまで減少．しかし，これからは物理的な短縮も必要であるが，同時に余暇やゆとりをいかに創出していくかということにも目を向けるべきであろう．

3．労働時間短縮の進め方

(1) 短縮の変遷

　ここで人間労働が長い歴史的経過の中でどのような変遷をたどってきたかをしっかり見据える必要がある．人間の労働時間は元来，太陽の出ている日中に行うことから出発したものである．つまり始業時間は日の出の時間であり，終業時間は日の入りの時間であった．そして労働時間短縮の歴史は，まず1日の労働時間を16時間から12時間へ，さらに10時間から8時間へと減少させるよう経営者，労働者の双方が長い間なみなみならぬ努力を続けてきたということなのである．また日曜日を休業にあて，安息日として確実に休日にするよう努力してきた．そして，この日を家族全員の娯楽の日に当てたり，また宗教的な行事を行うことも休日の大切な使い道であった．したがって，これまでの労働時間短縮の2つ目の目標としては，確実に週1回，日曜日を休日とすることであった．

　さらに科学技術の進歩は生産性の増大をもたらし，人々が生きがいを求めて余暇の創造を積極的に行ってきた．つまり人々は週1回の休日確保が実現された後，次の目標として，休日をさらに増加させることによって年間の労働時間をより減少させることに挑戦してきたのである．

　先進ヨーロッパ諸国では，年間労働時間は1,700時間から1,800時間である．そしてフランスの経済学者フーラスティエは，近い将来人間の生涯を通じての労働時間は4万時間になる，と予測している．フーラスティエによると，次のような数式で算定できるという[13]．

　30時間／週×40週／年間＝1,200時間／年間，1,200時間×35年（生涯職業活動）＝42,000時間

　この結果，人間はごく近い将来，ほぼ一生の間に40,000時間しか働かない日がおとずれるというのである．現実にフランス・ドイツは手の届くところに来ている．日本はまだほぼ2倍の位置であり，夢の世界と言えよう．相当の努力が必要である．

(2) 短縮のステップ

　日本における労働時間短縮の進め方はこれまでの長い人類の発達とともに獲得してきた短縮の歴史とはまったく逆の議論や提案として行われていると思われる．

　つまり，年間の労働時間を短縮することを強く打ち出すあまり，その短縮に至るプロセスを軽視してしまう傾向がある．

　労働時間短縮の第一歩は，まず1日の労働時間をできるかぎり短縮していくことにある．したがって，今日の日本の企業では8時間であるがこれをまず7時間とか7時間半に短縮し，次に週の労働時間を短縮することをめざすことである．労働基準法によると，週の労働時間は40時間であるが，先進諸国は，すでに週の労働時間は40時間以下が一般的である．つまり1日7時間から7時間半で週休2日制とすれば，週35時間から37.5時間となる．

　このような積み上げを確実に行えば，さらに週の労働時間は40時間以下に減少させることが可能になる．次に年間の休日増を徐々に行っていくのである．現在の労働基準法では，年次有給休暇の最低付与日数は10日間であるが，少な

図表9－1　労働者1人平均年次有給休暇の取得状況

	付与日数	取得日数	取得率
	日	日	％
1998年	17.5	9.1	51.8
1999年	17.8	9.0	50.5
2001年（2000年度）	18.0	8.9	49.5
2002年（2001年度）	18.1	8.8	48.4
2003年（2002年度）	18.2	8.8	48.1
1,000人以上	19.5	10.4	53.1
300〜999人	18.1	8.2	45.2
100〜299人	17.2	7.9	45.8
30〜99人	17.0	7.3	43.1

（注）①「付与日数」には，繰越日数を含まない．
　　　②「取得率」は，取得資格のある労働者の取得日数計／付与日数計×100である．（厚生労働省「就労条件総合調査」2003.12より）

くとも20日間程度にしてもよい．

　さらに日本では有給休暇を確実に取得するよう企業としても配慮しなければならない[14]．

(3) 短縮への取り組み

　以上のように考えてみると，わが国の労働時間の短縮への道すじは，もう少しこれまでの短縮の経過や，今日の国際情勢等を考慮し，より具体的かつ着実な方法で進めていく必要があろう．そのポイントとしては次のようなことになろう．

　まず第1に，労働時間の短縮を日本独特な特殊なもの，とあまり意識することを避け，もう少し国際的視野に立って，私たち日本人が働くことによって，どのように諸外国と協調し，協力していくかを考えること．第2に労働時間を形式的かつ抽象的な視点から議論することよりも，より具体的な人間労働のこれまでの実践を通じて審議してきた過程を大切にすることである．つまり太陽の動きと，1日の労働時間との関係（たとえば欧米では，サマータイム[15]を採用している国があるが，これはどういう意味を持っているのかを考えてみるとよい．）について考えてみるとよい．

　さらに週1回家族そろって休日をとることの意味等々，今こそじっくり考えてみる必要があろう．

　近年の「祝日3連休化」の動きや「ツインホリデー」を推進しようという運動も徐々に浸透しつつあることも期待すべきであろう．

(4) 労働時間短縮の課題

　以上，労働時間短縮の流れの背景について検討したが，次に，時間短縮の場合の留意点について述べる．

　①就業規則上の労働時間は減少しても，従業員個々にみると残業時間が増加し，労働負荷の減少に役立っていないのでは意味がない．残業の増加をもたらさないで，能率を向上させるようにすべきである．

②時間短縮によって，従業員の賃金が減少しないように管理すべきである．

③休日が増えても，休日出勤が多くなる傾向にならないよう管理しなければならない．

④労働時間の減少分は，生産性の向上でカバーすべきであり，安易な人員増は行うべきではない．

注

(1) 労働時間が6時間を超える場合，45分の休憩を，また，8時間を超える場合は1時間の休憩時間を与えなければならないとしている．

第32条 ① 使用者は，労働者に，休憩時間を除き1週間について40時間を超えて，労働させてはならない．

② 使用者は，1週間の各日については，労働者に，休憩時間を除き1日について8時間を超えて，労働させてはならない．

(2) 労働基準法第32条1～2項

(休憩)

第34条 ① 使用者は，労働時間が6時間を超える場合においては少くとも45分，8時間を超える場合においては少くとも1時間の休憩時間を労働時間の途中に与えなければならない．

② 前項の休憩時間は，一せいに与えなければならない．但し，行政官庁の許可を受けた場合においては，この限りでない．

③ 使用者は，第一項の休憩時間を自由に利用させなければならない．

(3) 労働基準法第35条1～2項

(休日)

第35条 ① 使用者は，労働者に対して，毎週少くとも一回の休日を与えなければならない．

② 前項の規定は，4週間を通じ4日以上の休日を与える使用者については適用しない．

(4) 労働基準法第39条1～2項

(年次有給休暇)

第39条 ① 使用者は，その雇入れの日から起算して6箇月間継続勤務し全労働日の8割以上出勤した労働者に対して，継続し，又は分割した10労働日の

　　　　有給休暇を与えなければならない．
　　　②　使用者は，１年６箇月以上継続勤務した労働者に対しては，６箇月を超えて継続勤務する日から起算した継続勤務年数１年（当該労働者が全労働日の８割以上出勤した１年に限る．）ごとに，前項の日数に１労働日を加算した有給休暇を与えなければならない．ただし，総日数が20日を超える場合においては，その超える日数については有給休暇を与えることを要しない．
（５）労働基準法第39条４項
　　　④　使用者は，前３項の規定による有給休暇を労働者の請求する時季に与えなければならない．ただし，請求された時季に有給休暇を与えることが事業の正常な運営を妨げる場合においては，他の時季にこれを与えることができる．
（６）労働基準法第32条の２
第32条の２　使用者は，就業規則その他これに準ずるものにより，１箇月以内の一定の期間を平均し１週間当たりの労働時間が前条第１項の労働時間を超えない定めをした場合においては，同条の規定にかかわらず，その定めにより，特定された週において同項の労働時間又は特定された日において同条第２項の労働時間を超えて，労働させることができる．
（７）労働基準法第40条１～２項
（労働時間及び休憩の特例）
第40条　①　第８条第４号，第５号及び第８号から第17号までの事業で，公衆の不便を避けるために必要なものその他特殊の必要あるものについては，その必要避くべからざる限度で，第32条から第32条の５までの労働時間及び第34条の休憩に関する規定について，命令で別段の定めをすることができる．
　　　②　前項の規定による別段の定めは，この法律で定める基準に近いものであって，労働者の健康及び福祉を害しないものでなければならない．
（８）現在例外規定撤廃の動きがある．
（９）労働基準法第41条１～３項
（適用の除外）
第41条　この章，第６章及び第６章の２で定める労働時間，休憩及び休日に関する規定は，次の各号の１に該当する労働者については適用しない．

1 第8条第6号（林業を除く．）又は第7号の事業に従事する者
2 事業の種類にかかわらず監督若しくは管理の地位にある者又は機密の事務を取り扱う者
3 監視又は断続的労働に従事する者で，使用者が行政官庁の許可を受けたもの

(10) 労働基準法第89条1項
（作成及び届出の義務）
第89条 ① 常時10人以上の労働者を使用する使用者は，次に掲げる事項について就業規則を作成し，行政官庁に届け出なければならない．次に掲げる事項を変更した場合においても，同様とする．
1 始業及び終業の時刻，休憩時間，休日，休暇並びに労働者を2組以上に分けて交替に就業させる場合においては就業時転換に関する事項

(11) INS：Information Network System 高度情報通信システム．NTTが行うISDN計画のこと．

(12) 1987年発表されたリポート．座長（前川春雄氏）の名をとって「前川リポート」といわれる．この中で，「わが国の一人年間総労働時間は2,100時間台であり，2000年に向け，現在の英米の1,900時間を下回る1,800時間程度をできるだけ早期にめざすことが必要である」としている．

日本の「時短」はこのリポートにより本格的スタートを切ったといえる．

(13) Jean Fourastié：「Les 40000 heures」1965.
ジャン・フーラスティエ「四万時間」（長塚隆二訳）朝日新聞社

(14) 2003年度における日本人の年次有給休暇の取得率は48.1％である．
先進欧米諸国では，年休は完全消化することが一般化しており，日本人の働き過ぎ説はまだ健在といえよう．

(15) サマータイムは和製英語で通常欧米では"daylight saving time"と呼ばれている．早く夜が明ける夏の間に，時計を1時間繰り上げる制度である．日本では昭和23年から導入したが4年間で中止した．近年再び導入を推進する動きがある．

まとめ

　労働時間は古くから大変重要な労働条件の一つであるが，社会の変化とともにそのとらえ方と管理の内容が変化しつつある．その原因は労働の様式，方法などの変化と働く人々の意識の変化によるものである．これに伴い労働時間管理の原則も変わりつつある．

　また，新しい労働時間形態もさまざまなものが登場している．これらには多くのメリットがあるが，新しく実施するには，また新たな課題がある．

本章のキーワード

労働時間の概念　　　労働時間短縮
8時間労働制　　　　年次有給休暇
週休2日制　　　　　フレックス・タイム制
ワーク・シェアリング　みなし労働・裁量労働

■ 研究課題

第9章を熟読し,以下の問題に答えなさい.

問題 1 次にあげた各国の週当たりの労働時間はどれだけか.（最新）
① ドイツ：（　　　）時間／週
② フランス：（　　　）時間／週
③ 日本：（　　　）時間／週
④ ロシア：（　　　）時間／週
⑤ アメリカ：（　　　）時間／週

問題 2 次の言葉について，簡潔に説明しなさい.（200字程度で）
① 所定（内）労働時間：
② 所定外労働時間：
③ フレックス・タイム：
④ ワーク・シェアリング：
⑤ 裁量労働：

問題 3 労働時間管理において「労働時間短縮」が重要課題であることについて説明しなさい.

■ 力だめし

問題 1 日本人のいわゆる「働きすぎ」論に関してあなたの見解を述べなさい.

問題 2 日本人の労働と余暇観について具体的な事例を挙げてあなたの見解を述べなさい.

第10章

賃金管理

―― 〈本章の目標〉 ――

1. 「賃金」とは何か,その意義を労使双方の視点から理解する.

2. 賃金決定の内容・項目についてそのポイントを理解する.

3. 日本における賃金決定のメカニズムと「賃上げ」の方法を理解する.

4. 賃金制度の概要とそのポイントを理解する.

5. 日本の賃金制度の特徴と今後の課題について検討する.

はじめに

今日における「賃金」の意義について，その原則を理解することと，変化する経営環境下における賃金のあり方を考える．また「賃金」といえば仕事の価値や成果の表現とする欧米的な賃金観と，仕事に従事している人間のさまざまな要素をもとに算定する日本的な賃金観について，今日いずれの賃金観ともに再検討が迫られている．本章では，まずこれまでの日本的な賃金管理のあり方を総括し，今後の賃金管理の方向性についても，検討を加える．

1. 賃金管理の意義

賃金管理で取り扱う「賃金」は，その内容を列挙すると，次のような種類を挙げることができる．これは具体的な賃金項目となるわけであるがこの内容は極めて日本的な特徴を帯びるものである．

① 基本給——基準内賃金の大部分を占める毎月の給与であり，賞与，退職金の算定上の基礎であるから，賃金全体の中心になる賃金である．

② 諸手当——基準内賃金としての諸手当である．従業員各自の労働時間の変動にかかわらず支給される役職手当，資格手当，通勤手当，住宅手当等々がある．

さらに，基準外賃金としての諸手当である．従業員各自の労働時間の変動に伴って支給される時間外手当，休日手当，深夜勤務手当等々がある．

③ 賞与

④ 退職金——退職一時金，退職年金

⑤ 福利厚生費——法定福利費，法定外福利費

1．賃金の性格

賃金管理において賃金とは「労働の対価」である．それは，労働者の立場からは「所得」ないしは「生計費」であり，使用者の立場からは「コスト」ないしは「経費」としての人件費である．このように具体的に支払われる「賃金」が所得とコストという対立した二面性を有するわけである．さらに労働者・使用者の双方に共通して「モチベーション要因」としての側面もある．賃金管理において，賃金は，以上のような相反した2つの性格をもつと同時に，共通項もある．

2．賃金管理の目的

賃金管理の目的は，賃金の4つの性格と賃金管理の対象あるいは内容から，次のように考えられる．

① 賃金は労働の対価であるという性格については，労働基準法第11条で「賃金とは，賃金，給料，手当，賞与その他名称の如何を問わず，労働の対償として使用者が労働者に支払うすべてのものをいう」[1]と定義している．

また解釈上，福利厚生施策は賃金とはみなされない．また退職金，結婚祝金，死亡弔慰金，災害見舞金等の恩恵的給付は，原則として賃金とはみなされない．ただし，退職金，手当等であっても労働協約，就業規則，労働契約等によってあらかじめ支給条件の明確なものは，労働の対価の性格をもつものとして賃金とされる．

賃金の労働対価性についての労働基準法上の規定は，賃金における恩恵的，臨時的性格および使用者の恣意性を排して，労使が対等の立場で条件を決定するとともに均等待遇の原則を具体的に規定したものである．すなわち，賃金は労働の対価であるという性格は，賃金条件の設定において，労使は対等の立場を維持するとともに，差別的取扱いを排して，均等で公平な賃金制度の維持を目ざすことを意味する．

② 賃金は従業員にとって所得—生計費であるから,「労働者が人たるに値する生活を営むための必要を充たすべきものでなければならない（労働基準法第1条）」のであり，従業員の生活福祉を保障する賃金水準の維持を目ざすことである．

③ 賃金はコストである．労働基準法上での労働対価の考え方は，たとえば福利厚生を賃金に含めず，狭義に規定しているが，労務費の考え方からは，法定福利費の会社負担分および法定外福利費を含めた，広い意味で賃金をとらえる必要がある．

　すなわち，従業員に付帯する給付である基本給，諸手当，賞与，退職金，福利厚生費のすべてを賃金と考えてコスト計算する必要がある．このコスト論上の広義の賃金総額が付加価値に占める割合である労働分配率を適正に維持することが大切である．

④ 賃金のモチベーション要因は，ハーツバーグの動機づけ理論では衛生要因であるが，適正な賃金制度，賃金の支払方法は，動機づけ要因である「仕事」の達成度および成果の大・小を適正な「賃金」で表現（フィード・バック）することにより従業員の納得性，合意性を得ることができモチベーション機能を発揮することになる．

3. 賃金管理の体系

　賃金管理で取り上げる内容は，賃金水準（賃金額）と賃金制度（賃金形態と賃金体系）を骨子とする．

　賃金水準は，その決定要因・与件として生計費，企業の支払能力および世間相場がある．

　賃金制度は賃金形態（賃金の支払方法）と賃金体系がある．賃金体系という言葉は極めて日本的特殊性を帯びた用語である．その賃金体系の基礎をなす基本給は年功給体系，職能給体系および職務給体系（特に範囲職務給体系）がある．

　賞与・退職金という賃金もまた特殊日本的な賃金である．

特殊日本的な賃金体系の近代化は，一般的には基本給の職務給化を意味している．職務給という言葉もまた日本的用語といえる．本来の用語は job evaluation（「職務評価」）である．したがって職務給を理解するためには，職務評価方法の技術について具体的に理解しておかなければならない[2]．

　以上のように賃金管理は，労使対等の決定，均等で公平な処遇，従業員の生活福祉の保障，適正な労働分配率，モチベーションの高揚等を目的あるいは原則にする．

　こうした目的をもつ賃金管理は，賃金水準，賃金制度の問題を雇用管理・従業員関係管理・労使関係管理といった人的資源管理全体からトータルに取り扱わなければならない．

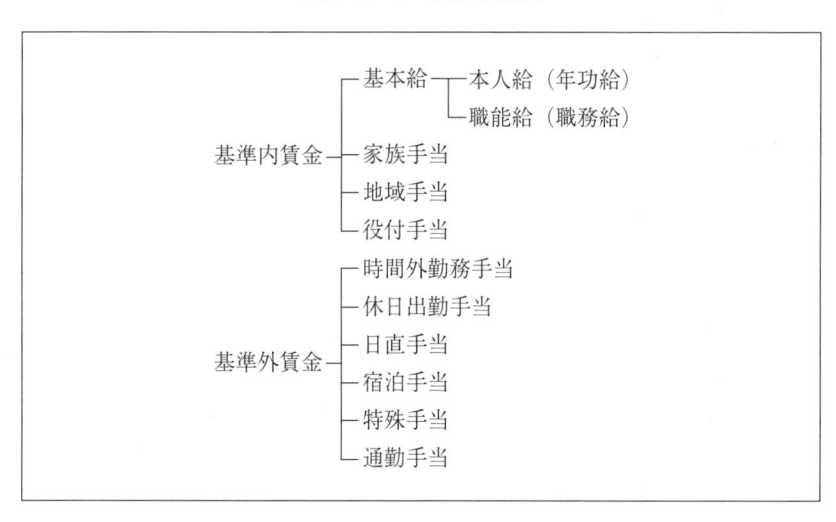

図表10－1　賃金体系図

```
                    ┌─基本給─┬─本人給（年功給）
                    │         └─職能給（職務給）
        基準内賃金─┼─家族手当
                    ├─地域手当
                    └─役付手当

                    ┌─時間外勤務手当
                    ├─休日出勤手当
        基準外賃金─┼─日直手当
                    ├─宿泊手当
                    ├─特殊手当
                    └─通勤手当
```

2. 賃金水準の管理

1. 賃金水準管理の意義

　賃金水準とは，賃金総額を従業員で割った平均賃金額を意味する．したがって，賃金水準の管理は，企業にとっての賃金総額の管理，および従業員にとっての個別賃金額の管理から成り立つ．

　これまでの日本企業における賃金水準決定するに際して考慮すべき与件としては「支払能力」「生計費」，および「世間相場」の３つの要因があった．最低賃金法第３条は，最低賃金の原則として「最低賃金は，労働者の生計費，類似の労働者の賃金および通常の事業の賃金支払能力を考慮して定められなければならない」と規定している．今日日本経団連では，個別企業の業績を中心に考え「支払能力」に見合った賃金水準の決定を提唱している．

2. 賃金水準決定のための条件

(1) 企業の支払能力

　賃金（賃金，給料，手当，賞与に加えて，退職金，福利厚生費等を含めた広い意味での賃金総額）は企業にとってコストであるから，企業の持続的経営のためには，賃金水準は適正人件費にもとづくものでなければならない．

　賃金水準と支払能力の関係は，労働分配率と生産性と価格の問題である．

$$賃金総額 = 付加価値 \times 労働分配率$$

$$賃金水準（平均賃金額） = \frac{賃金総額}{従業員数} = \frac{生産量}{従業員数} \times 価格 \times 労務費率$$

$$= 労働生産性 \times 価格 \times 労務費率$$

(2) 生計費

　賃金は従業員にとって所得である．賃金は従業員の生活福祉を保障できる水準を維持するとともに，労働力の安定的確保と労働力の質的向上を図ることができる水準を維持しなければならない．

　生計費を把握するためには，実態生計費による方法と理論生計費による方法がある．実態生計費による方法は，家計調査などにより家計の支出金額を求めて現実に必要とした生計費を求める．この資料の代表的なものとしては，総務庁統計局の家計調査がある．

　理論生計費による方法は，衣食住等の標準的な生活物量のモデルを設計して物価を乗じて算出する．そのうち全物量方式は，成人1日の必要カロリーから飲食物費を算出し，衛生学等による住宅，衣料その他の必要量を積み上げて全物量を算出する．飲食物費の算出にはマーケット・バスケット方式[3]がとられる．

　半物量方式は，飲食物のみを理論モデルで算出し，それを基礎にエンゲル方式で全体物量を割り出す．理論生計費の代表的な資料としては，人事院の標準生計費がある．

(3) 世間相場

　賃金の社会的水準である世間相場を無視することはできない．最低賃金法による社会的水準の最低限度の設定とともに，労働力の確保のために賃金の世間相場を与件にせざるをえない．代表的な資料としては，厚生労働省の毎月勤労統計がある．

　あるいは各地の商工会議所等で発表している各地域の「消費者物価指数」等を参考に決定することになる．一般的には地域ごとに決定し，さらに業界の動向を見極めながら決定することになる．

3. 総額賃金管理

　総額賃金管理は，一方では，財務管理における利益管理あるいは原価管理の

領域である．他方，人的資源管理では，労働分配率の決定方法・制度の問題である．その問題は帰するところ成果配分方式と団体交渉，あるいは決定参加方式の問題でもあるから，労使関係管理の領域である．

4．個別賃金額の管理

個別賃金の管理は，個々の従業員に対する賃金の適正配分，あるいは企業内の賃金格差の問題であり，個々の従業員に対する賃金水準を決定することである．この個別賃金水準の決定は，これまで日本では初任給の水準の決定，昇給および賃金制度（賃金形態・賃金体系）によって決定されていた．

(1) 初任給と昇給基準線

初任給は昇給基準線のスタートであるから，各企業の個別賃金水準の基礎になるが，労働力確保のために，その決定において世間相場という外部要因が強く働く．このため個別企業の事情・特性によって決定される昇給，賃金制度の全体的体系，あるいはバランスにインパクトを与えるから，その計画性が強く要求される．

昇給基準線は，従業員の初任格付から定年退職に至るまでの標準的な昇給ステップの経緯を示すものである．したがって従業員の年齢とともに変化する生計費に即応してデザインされる．要は，ライフ・サイクルに即応してデザインされるのであり，従業員の生涯所得が決定されることになる．わが国では年功・勤続による序列，賃金格差が一般的であるため，これまで特に昇給基準線のデザインが重視されてきた．

(2) 昇給とベース・アップ

昇給もベース・アップもいずれも賃金増額の方法の1つである．日本ではこれまでこの2つを総合して「賃上げ」がなされてきた．

① 昇給の特徴

　昇給は，賃金体系上の昇給であり，会社の賃金体系に沿った賃金額の増額を意味しており，具体的には，その会社での賃金曲線上を上に向かって一定の割合で移動することになる．一般には制度として確立された昇給制度の存在を前提とする．この昇給制度は，大きく分けると〈定期昇給〉と〈臨時昇給〉とから成り立っている．定期昇給は，基本給の一定部分が，年齢・勤続などの要素によって決められている場合，それらについての到達年齢をリンクした自動的な昇給体系を作っており，従業員個人としては，あらかじめ自分の将来についての賃金上昇の目安をある程度知ることができる．これに対して臨時昇給は，定期昇給とは別に行われるものである．これには全従業員を一斉に昇給させる，いわばベース・アップとよく似ているもの（しかし，あくまでも昇給基準線が変更を伴わないものであればベース・アップとは異なる）と，人事労務管理上の目的によって個々の従業員に対して行われるもので，休職者，出向者の復帰に伴う昇給，あるいは特定の検定資格試験に合格したり，さらに資格制度上の昇給による昇給などがあげられる．

　以上のように，昇給制度には，従業員の一人ひとり個別に昇給する場合と，全体が一度に昇給する場合とがある．そしてこの昇給の仕方には，自動的に昇給する自動昇給と，人事考課と結びついた査定昇給の2つの方法がある．

　近年査定を伴わない自動的な昇給は見直しが進められ公務員をはじめ日本の企業ではシステム上は過去のものとなっている．かわって各人の勤務成績，能力などの査定による昇給が中心となっている．

② ベース・アップの特徴

　これに対して，ベース・アップは賃金曲線そのものが全体として引き上げられることであり，いわば給与そのものの増額，改定である．

　また，昇給は主として個人を賃金曲線上にプロットし，個々の従業員の賃金額を増額させる，いわば"個人"を対象とした制度であるが，ベース・アップの方は，個人というよりは全体を対象としたものであり，賃金テーブルそのものを上方に書き替えるものである．

したがって増額,改定に際しては,労使が団体交渉によって行うのが一般的であり,昇給のように制度として明確化されていないので,あらかじめ引き上げられる額や時期は予想がつかないのが普通である.しかし,これまではそのほとんどが毎年の「春闘」[4]にからんで引き上げられていた.

ベース・アップの額は,その企業を取り巻く環境要因,とりわけ経済的な要因に影響される.自社の利益状態や景気の動向,さらには世間相場・消費者物価指数の上昇などによって影響を受けることになる.

しかし,現実にはこれまで自社の利益状態よりも世間相場による影響が大きく,このベース・アップのアップ率の決定は,今日の企業経営上の大きな問題の1つである.低成長下にある今日では日本経団連をはじめ経営者の主張はいわゆるベア・ゼロへと向かっている.

③　生産性基準による賃上げ

これまでの日本の賃上げは昇給とベースアップを組み合わせて総合して賃金額が決定され,最終の賃上げが決定されていた.そしてこの決定プロセスはいわゆる「春闘」によりなされていた.しかし,日本経団連は昭和45年から春季賃金交渉で賃金決定の原則として,個別企業の「生産性基準原理」を提唱している.[5] その基本原則は「生産性上昇の枠内で賃上げを行えば,インフレは起こらず経済も安定する」ということである.今後「春闘方式」の意義は軽くなっていくことが予想される.

要は個別企業の実績に応じて独自に賃金水準を決定するのが本来であり,事情によっては,ベース・ダウンがあり,さらに特別に水準を引きあげる企業があっても良い.

3. 賃金制度の管理

1. 賃金形態

　賃金形態とは，賃金の支払い形態あるいは賃金の支払いの基礎になる算定方式をいう．賃金形態の種類は，支払いの基礎あるいは単位を何に求めるかによって種別される．基本的には「能率」，ないしは「仕事の出来高」，仕事の処理に要した「時間」および仕事処理に働いた「能力」の3つの基準がある．

(1) 「能率」による賃金形態
①出来高払制

　　賃金＝出来高（個数）×賃率（賃金単価）

　「能率」を出来高（個数）でとらえる形態である．賃率が単一であるものは，単純出来高給であり，出来高に応じて賃率が異なるものは，異率（差別）出来高給である．出来高給の採用のためには，次のような条件が必要である．
- (a) 賃率は生活費を保障するものでなければならない．
- (b) 賃金の変更（カット）は極力避けねばならない．そのためには，標準作業時間，標準作業方法を設定する必要がある．
- (c) 従業員間の能力・習熟度の格差が出来高に反映されねばならない．
- (d) 個々の従業員の出来高が正確・迅速に計量されねばならない．

②割増制

　標準作業時間と実際作業時間の差である節約作業時間によって「能率」をとらえ，その節約分について割増を払う制度である．ハルシー割増制，ローワン割増制等[6]がある．

(2) 「時間」による賃金形態
　能率あるいは能力に関係なく，時間，日数，週，月単位で支払う定額給制度

である．時間給制，日給制，週給制，月給制である．

(3) 「能力」による賃金形態

組織が期待する能力により従業員の潜在的，顕在的能力をとらえて支払う賃金形態である．実態として職能給のほかに，日本においては職務給も能力給の性格を帯びることになる．

近年注目されている「コンピテンシー・マネジメント」は基本的には従来の枠組でいう能力主義賃金形態の発展したものといえよう[7]．

2．賃金体系

個々の従業員に支給する賃金の支払い基準の体系のことであり，また従業員に対する賃金配分の体系であるともいえる．

具体的には，賃金を構成する要素や種類の組み合わせのことである．基本給や諸手当などをどのような基準によって支払うか，ということを体系的にとらえたものである．

賃金体系は各企業において，基本になる賃金としてどのような形態のものをとるか，またどのような要素を組み合わせるかによって，さまざまな形が考えられるが，日本企業における一般的な賃金体系としては次のようなものとなっている．

(1) 賃金体系の要素

賃金体系を構成する要素としては，まず基準内賃金と基準外賃金に分けられる．基準内賃金は一般に時間外賃金としての割増計算をする基礎となるものであり，少なくともこの部分で従業員の生活を保障できなければならないものである．したがって，この部分は，毎月支給される額が変動しては生活が安定しないことになるので，いわば賃金の固定部分であるといえる．

これに対して，基準外賃金は特殊に支払われるもので，必ずしも固定的なも

のではなく，臨時的，例外的な勤務についた場合に付加されるものである．したがって，この部分は，今後原則的には整理され減少することが予想される．

(2) 今後の方向

　賃金項目が単純である西欧の場合には，賃金体系という概念はないが，年功型，生活保障型の基本給が中心であるわが国の場合には，さまざまな要素が付加されるので，賃金体系が必要となるのである．

　わが国の人事労務管理は，温情的あるいは経営家族的な性格を帯び，賃金支払いの考え方についても同様の思想が流れており，本来基本給部分に包含されるような内容のものまで，手当として付加され，独立した賃金項目となっているのである．

　近年，わが国の賃金水準は上昇し，ほぼ先進諸国なみとなっている．今後もこの傾向は続くと見られ，年功給，生活給を中心とした基本給体系から，しだいに職務・職能給の賃金体系へと移行する企業が増えつづけることが予想される．

　しかし，日本の場合，基本給部分で属人的な要素の比重は低下することはあっても，完全な職務給体系に移行するには相当の時間を必要とするであろう．

　今後は，基本給は，年齢部分は漸次縮小化しながら仕事給と職務給の二本立て，または職能給も加えた三本柱に推移することも予想される．

　また，その他の諸手当額は過去にあったように大きな景気動向の変化があった場合は，若干の加減はあるであろうが，一般的傾向としては基本給の中に繰り込まれ，賃金体系は簡素化の傾向へと向かうものと思われる．

3．基本給

　賃金体系は，賃金の構成形態である．特に基本給のもつ意味あいによって年功給体系，職能給体系，職務給体系と呼ばれるように，基本給は賃金体系を規定する．それは，基本給は賃金額に占める割合が大きい項目であるからである．

また，賞与，退職金の算定の基礎にもなることに留意する必要がある．

わが国では，これまで基本給は職務，職能，年齢，勤続，学歴，勤怠，業績といった要素を総合的に勘案して決定する総合決定給が多く採用されているが，基本給の動向パターンを類別すると，年功給型，職能給型，職務給型がある．今後は，賃金体系の項目整理と基本給の性格再検討が課題といえる．

4. 賃金支払原則

企業が従業員に賃金を支払うには一定の基準・ルールが存在する．その基準について，環境の変化が著しい今日にあっては，基準・基本原則については再検討がなされている．しかし，労働条件として最も重要な原則はまず基本を理解することが必要である．その上で今日的な課題にどのように対応すべきかを検討しなければならない．

(1) **賃金は，通貨で支払うこと**

これは当然なことであるが，法令もしくは労働協約に別段の定めがある場合，または命令で定める賃金について確実な支払いの方法で命令で定めるものによる場合には，通貨以外のもので支払ってもよいとする例外規定が設けられている．この例外規定は，通貨払いの原則を厳密に強制すると現実に適しない面もあるので当然すぎる規定である．

その一つの例としては，労働者の有する預金や貯金の口座への振り込みによる支払いがある．この金融機関の口座への振り込みは以下の条件により認められている（昭和50.2.25　基発第112号）．

① 労働者の個別の同意があること．
② 労働者の過半数で組織する労働組合，それがない場合には労働者の過半数を代表する者と使用者が，対象労働者の範囲その他について書面協定を締結すること．

③ 賃金支払日に，対象労働者個別に対し賃金計算書を交付すること．
④ 振り込まれた賃金は，所定賃金支払日の午前10時頃までに払い出しが可能であること．
⑤ 金融機関は労働者の便宜を十分配慮して定めること．

なお法的に認められている外国人労働者に対して，円以外の「通貨」を支払うことが可能であるか，今後の課題であろう．

(2) 労働者に直接支払うこと

これも当然すぎることであるが，このことをあまり厳格に守ると，病気欠勤中の夫の賃金を妻が代わりにもらいに行っても支払ってもらえないということになる．それでは困るので，労働省は「労働者は親権者その他の法定代理人に支払うこと，労働者の委任を受けた任意代理人に支払うことは，いずれも本条違反」（昭和63.3.14基発第150号）になるといっているが，「ただし，使者に対して賃金を支払うことは差し支えない．」（前同通達）としている．また，派遣労働者の賃金支払いについては，派遣先の使用者が，「派遣元の使用者からの賃金を手渡すことだけであれば，直接払いの原則には違反しないものであること．」（昭和61.6.6　基発第333号）といっている．

CD時代の今日，この規定は例外事例としての意味しかもたなくなっている．

(3) 賃金は，その全額を支払うこと

これも当然すぎることであるが，経営事情により一部しか支払われなかったり，借金等が控除されて手取りが少なくなったりということがないでもない．これは原則のひとつになっているが，法令に別段の定めがある場合，または労働者の過半数で組織する労働組合，それがない場合には労働者の過半数を代表する者と使用者が書面協定したものについては，賃金から控除してもよいことになっている．

法令で賃金から控除することが定められているものには，所得税や社会保険料等がある．労使の書面協定により控除されるものには，労働組合費や，親睦

会費などがある．

　なお，退職金については全額払いの原則の適用はあるが，自由な意思にもとづいて労働者が退職金債権を放棄した場合には全額払いの必要はないとする判例がある．

　社会保険料をはじめ，所得税，各種の納税についても多くの手続ミスが発生している今日，本来は賃金から差引くのではなく賃金全額を直接本人に支払い，公租公課等も各人がそれぞれ別途それぞれのシステムに応じて支払うべきであろう．

(4)　毎月1回以上支払うこと

　もちろんボーナスや退職金は別扱いになる．よくある精勤手当も，1カ月を超える期間の出勤成績によって支給されるものは，当然のことだが，毎月支給する必要はない（労基法施行規則第8条第1号）．しかし，毎月支給すべきものを，後に説明する割増賃金の算定基礎から除外しようとして，「1箇月を超える期間ごとに支払う」（労基法施行規則第21条4号）ことにしたりすると，この原則に触れるおそれが生ずることになる．

(5)　賃金は一定の期日に支払うこと

　この原則も近年「年俸制」賃金の導入が進み，また，仕事の意識が高まることにより，月一回でなく，「年金支給」のシステム同様に隔月払いも合理的かと思う．勿論，月2回支払うケースも今以上に存在しても良いだろう．

　労働者は，主として賃金収入により生活するため遅払いは違反となる．約束した期日に支払わなければならない．近年のCDサービスの時代にあっては，支払い日の時間についても明示することを忘れないことです．労働省は，次の場合には厳重対処することとしている（昭和24.3.14　基発第290号）．

　①　刑罰をもって支払いを強制されない他の債務を弁済しまたは弁済しようとしたために一定期日払いが不可能となったとき．

　②　使用者が賃金の借り入れについて努力しないために一定期日払いが不可

能になったとき．
③ 使用者が故意に逃避して都道府県労働基準局または労働基準監督署の呼び出しまたは報告の要求に応じないとき．
④ その他使用者が社会通念上なすべき最善の努力をなさなかったとき．

5. 日本の賃金制度

1．年功給体系

(1) 年功給体系

わが国独特の賃金体系で，一般に年功によって決められる賃金である．具体的には賃金決定の基準として勤続，年齢，学歴，勤務成績などがあり，このうちとくに勤続や年齢を重要視し，生涯雇用を前提として，生涯にわたって生活給を年齢別に保障しようとする賃金体系である．個人の能力や技術とは原則的には関係が薄く，どのような仕事に本人がたずさわっているかということについても問題としない．

(2) 年功型の賃金体系の特質

① 生活を保障し，労働者の意識を安定させる役割をもつ

つまり，長期的な展望に立ち，生涯を保障するという体系であるし，年齢が高くなるにつれて，ほぼ無条件に賃金が上昇するので，長い目で昇給に対する希望がもてる．

このことは，労使間の協調ムードを保つのに大きな役割を果たしている．

② 日本人の社会的意識に即しており，帰属意識の向上に役立つ

日本人は集団の秩序を維持するための配慮を行っている．この基礎として，先輩をたて，先輩の指導に従うという意識の強さがある．つまり，少なくとも賃金は年功というルールにもとづいて運営されるので，タテ型の秩序意識を側

面からささえる結果になっている．このことは，日本人の集団への帰属意識をより強めることになり，このような意識での特徴は，賃金のみでなく，他の人事労務管理の諸施策にも影響を与えている．
③　合理的な人事労務管理体系の根拠となっている

　年功にもとづく賃金は，前にも指摘したように，まず労働者の生活を保障し，将来計画を立てやすくするという，労働者自身に対する良い効果があるが，一方，人事労務管理を行う企業側としても，最もめんどうな労働条件である賃金配分の決定ルールが，だれにでも共通している年齢が指標であるために，賃金配分の作業が楽である．毎年の改定の手間も省けることになる．また，年功給賃金の完全なピラミッド型は，異動・昇進の際の経路が明確で人事異動が容易である．

　また，仕事の流れについても秩序がはっきりしていることは，命令報告のタテのパイプが整然とし，仕事の管理など統制がしやすい．

(3)　年功給体系の課題
①　安定ムードによる仕事への厳しさの欠如

　年功型の長所である従業員の生活安定はよいが，少なくとも意識的な努力はなくとも，よほどの失敗がないかぎり昇給や昇進が約束され，事なかれ主義が通用する雰囲気になる．ひいては仕事への積極的な姿勢が薄くなり，作業能率などが低下することになる．
②　ピラミッド型組織による従属的意識が強くなる

　年齢という厳然とした指標による人事労務管理体制は，いかなる理由があっても，先輩・上司に逆らえない体制といえる．したがって，つねに従属的な態度になりがちである．
③　能力開発への意欲に欠ける

　このようなことから，自ら新しい仕事に挑戦するとか，より新しい知識を吸収しようとする意欲が乏しくなる．

④ 没個性的になる

これは集団主義的傾向によるものであるが,集団が中心となり,個人の考えや,主張が弱くなり,雰囲気は明るいが,個人の長所が埋没する傾向が強くなる.

⑤ 業績に関係ない賃金原資の増大

年功給体系は企業の業績に関係なく自動的に賃金が増大するため人件費は毎年増加の一途をたどる.また,最近のように若年層が減少し,高年齢層が増加すると定期昇給分だけでも,ぼう大な賃金原資の増加となる.

(4) 今後の動向

内部条件としては,若年労働者の減少によるピラミッド型のくずれ,総体的な賃金水準の上昇,若年層の意識の変化,とりわけ仕事観や年輩者に対する意識の変化,定年制延長による中高年齢層の増加,また外部条件としては,経済環境の変化,国際社会での日本の立場等々の変化が進展している.このような状況の中で,年功型の賃金体系は,このままの状態で推移することはなくなり,大幅な手直しが予想される.今日すでにその徴候が目立ちはじめている.

2. 職能給体系

(1) 職能給体系の意義

職能給は,組織が期待する「職務」遂行能力を支払基準にした賃金形態である.ただし,その職務は,厳密な意味での職務調査・分析によって設計されたものである必要はない.職務をより広くとらえて,共通的な職務を集めた職種,あるいは,さらに広い意味での職掌あるいは職群(たとえば事務職,技能職,販売職,技術職,専門職,管理職)単位でとらえるのが一般的である.

職能給は,職群編成をせず単一化してしまうと,単に資格,たとえば理事・参与・参事・主事といったタテの資格序列のみとなり,昇進・昇格が年功基準で運営されるならば,従来の年功給体系と変わりがない.したがって,職能給

では職群，職種あるいは職務編成がベースとなるから，職能給は個別企業のすべての職務，あるいは職群を統一的に編成して序列化した制度である．

　職群は，大枠として一般職群，管理職群，専門職群を設定し，とくに専門職群の開発・編成を進めるとともに管理職群の純化を意図し，役職と資格処遇を明確に区別してゆく．たとえば異種部門を横断するプロジェクト・チームのリーダーとラインの管理者の機能的関係を明確にし，専門職と管理職に整理する．

　専門職群の編成が，単に既存の職務の分類・整理にとどまり，組織機能面の位置づけが不明確であるならば，専門職群は「引込み線」，管理職群は「本線」の意識を醸成することになる．

　職能給は，各企業の現状資格の価値基準が身分・年功あるいは職群――職種――職務のいずれの段階であっても，次の段階に移行しやすいところに基本的なメリットがある．

　今後は，資格ランク別の定員制を敷く方向にあるが，とくに管理職群は職務の明確化と職務編成にもとづき，職位数の定数化が図られることになる．これはまた，管理者の能力開発・選抜と表裏一体の関係をなすものである．

　以上のように職能給は，タテの資格序列とヨコの職務・職種の編成の組み合わせによって体系化される．したがって，タテの資格序列の指向にウエイトがかかれば，年功給体系的であり，ヨコの職群・職種編成の指向にウエイトがかかれば，職務給体系的である．すなわち，資格序列において従業員の身分・処遇を保障し，職群職務編成によって能力開発を意図するのである．

　ハーツバーグの動機づけ理論によれば，前者の機能が衛生要因となり，後者の機能が動機づけ要因になると考えられるし，このように考えると，職能給は「同一能力・同一賃金の原則」に立つ賃金体系であるといえる．

(2)　職務給と職能給の性格

　職務給は職務の相対的価値に対応した賃金であり，職能給は職務遂行能力に対応した賃金である．したがって，職務給では従業員は職務遂行能力のいかんを問わず担当する職務の重さとその遂行度によって賃金が決定されるのである．

これに対して職能給では従業員はいかなる職務についていようとも，また職務遂行能力が顕在化されていようと潜在的であろうと個人の保有能力があらかじめ予定されている職能等級基準のどのランクに位置づけられているかによって賃金が決定される．すなわち，職務給と職能給はともに同一労働・同一賃金を指向していることでは同じである．その違いは職務給の構想は職務を基準にしており，職能給の構想は期待される保有能力を基準にしていることである．

(3) 職能給の設定手順

職能給導入を目ざす場合，次のような手順に従って進めていくことになる．
① 従業員の調査
② 人事記録の作成
③ 職務分析により職務遂行能力に必要な資格要件を明らかにする．
④ 資格要件にもとづいて職能等級を決める．
⑤ 職能等級と賃金を結びつける．
⑥ 人事考課により各人の職能等級を格付けする．

3．範囲職務給体系

(1) 職務給の意義

① 単一職務給

職務給の形態には2種類あるが，単一職務給は，同一の職務に対して，単一の賃金を適用するものである．一般に賃金を決定する際には同一の職務をいくつかのグループに分けて職級区分を設け，職務に応じた賃金を決めるのである．

したがって，単一職務給の場合は，同一の職務，あるいは同一職級のあてはまるものは1本の職務給しか存在しないのである．

単一職務給は，技能程度の差の少ないものとか，また，その職務についてからも技能が向上する余地のないような場合に適している．

② 範囲職務給

これに対して，範囲職務給は，同じ職級に属する職務すべてを同一にするのではなく，さらに等級区分を行い，同一職級の内にある職務の賃金に幅をもたせるものである．

各職級の基準賃金を中心に，上下15〜20％程度の幅をもったものが一般的のようである．

範囲職務給の場合は，同一の職務内であっても，各人の能力や熟練の程度によって，普通は8段階程度の等級区分を設ける．したがって，この範囲職務給は個人の能力差，熟練の度合いにより差が現れるような職務に適用される．

したがって，この場合は同一職級内での能力の伸びに応じた昇給ということがあるので，運用に際しては，客観的な能力考課の方式をあらかじめ用意しておかなければならない．

一般的には，単一職務給型の場合は，現場系の職場で採用されることが

図表10−2　職務給の諸形態

```
職務給 ─┬─ 単一職務給①
         └─ 範囲職務給 ─┬─ 重複型②
                        ├─ 間隔型③
                        └─ 接合型④
```

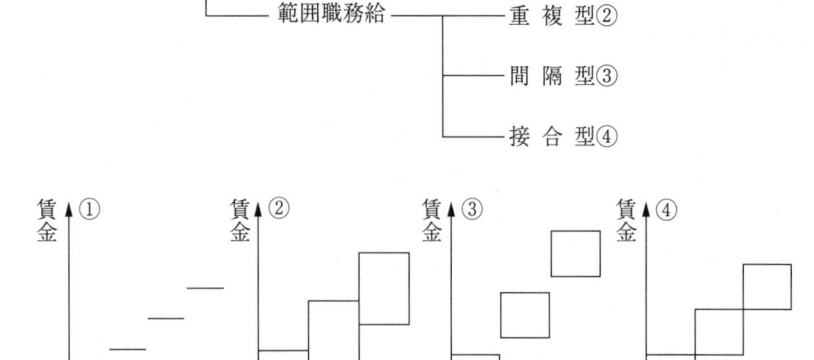

多いが，範囲職務給の場合は現場系のほか，事務系や技術系の職場に適用できる．

③ 運用方法

単一職務給の場合は，原則として同一職務内にあるかぎりは昇給ということは考えられない．上位の職級に変更になったときにはじめて賃金の上昇を伴うことになる．その他はベース・アップによって賃金水準の書き替えになった場合も賃金の増額になる．

一方，範囲職務給の場合は，昇給制度があるのがふつうで，同一職務内である一定年限が経過すると自動的に昇給する場合と，成績や能力を査定して昇給する査定昇給とがある．

またこの範囲職務給のなかには，さらに重複型，間隔型，接合型の3つの形態がある．

(2) 職務給を導入するための前提・準備条件

職務給導入のための前提・準備条件は次のとおりである．

① 職務が標準化しており，また安定していること
② 配置の適正化
③ 年功給あるいは職能給といった従来の基本給から職務給への調整が可能なこと．とくに賃金水準について
④ 従業員，とくに労働組合の了承が得られるほどに良好な労使慣行が形成されていること
⑤ 職務中心主義の人事労務管理体制が整備されていること

(3) 日本的職務給の特徴

① 範囲職務給であり，その範囲（階層）の幅が広い．あるいは上限がなく青天井の体をなしている
② その範囲の中での上昇は年功による自動昇給と成績査定による．必ずしも技能・熟練によらない

③ 基本給が職務給で一体化している条件のもとでは，①，②の特徴が顕著である

④ 併存型の場合は年齢給，勤続給，職務給の各々が純化される

(4) 範囲職務給を設定するための基本的手順

職務給とは職務序列（職務の相対的価値）に対応して賃金を決定する賃金形態であるから，その設定のための基本的手順は，①職務分析，②職務評価，③職務等級区分，④職務賃率の決定，である．

各ステップの留意点は大略次の通りである．

① 職務分析

職務分析は労務管理上の合目的性を備えた職務情報を提供する手続き・方法であるから，職務給設定のための職務分析は次の点に留意する．

1）わが国では職務編成・標準化が未整備であるといえるから，準備段階としてその整備を済ましておく必要がある．

2）職務給の中核になる職務評価の評価方法に応じた職務情報を提供する．たとえば点数法ならば評価要素ごとに各職務の特性・差位が顕著な職務情報を提供する．

② 職務評価

職務評価は職務の相対的価値の決定の手続き・方法であり，その方法には量的方法（点数法，要素比較法），非量的方法（分類法，序列法）がある．一般的には点数法がよく利用されるので，それに即して説明する．

点数法とは職務を要素に分析して各要素の評点の総合点を算定して点数表示する方法であるから，次の諸点に留意する．

1）評価要素は各職務に共通するとともに各職務を比較して差位のつく項目でなければならない．

2）評価要素のウエイトづけは理論的客観性を期しがたいので，労使の十分な話し合いと合意が必要である．

3）評価基準は過度に段階を細分化せずに必要最小限度にとどめる．

③　職務等級区分

　職務の評価点数にもとづいて機械的に等級区分・分類することは無理が生ずる．このため職務点数の分布図を作成し，それを参考に実情に応じた判断をする．

　普通は10～15職務である．

④　職務賃率の決定

　1）基準賃金線の設定

　各職務の基準職務賃率について世間相場，支払能力，生計費を考慮して賃金傾向線を作成し，それにもとづいて基準賃金線を設定する．

　2）号俸の設定

　各職務の号俸の数は上限と下限の範囲のとり方で決まるが，従来の昇給慣行，従業員の職務滞留期間などを考慮して決める．

　範囲職務給には重複型，間隔型，接合型があり，一般的には重複型をとるがあくまで現実妥当性にもとづいて設計されるべきである．

4．賞与と退職金

(1) 賞与

　賞与はまたボーナス，一時金と呼ばれ，夏季と年末の賃金（定例給）外的支給である．わが国の賞与に相当する例としては，アメリカでは，クリスマス手当，利潤分配的賞与があるが，その支給額はごく低いものである．ヨーロッパ諸国では，13カ月目の賃金と呼ばれる賃金1カ月分ほどの一時金が支給される例がある．しかしいずれにしろ，日本の賞与のように，慣行的に制度化された賃金外的支給は，諸外国では，社会的に一般化されておらず，その支給額も比較的に低いものであり，わが国の賞与はきわめて特殊日本的賃金である．

　賞与の性格については，一般的に次のような見解がある．

① 慣行説——わが国の盆暮れという社会的，風俗的慣行にのっとって支給される性格のものである．

② 生活補充的後払説——とくに戦後の急激なインフレショックという経済

的背景により生活補充的に後払いする性格のものである．
③ 恩恵説——功労報奨的性格のものであり，使用者の専断的な温情で支給される性格のものである．
④ 賃金調整的後払説——毎月定例的に支給される給与は，生活給であり，非弾力的性格のものであるが，景気変動その他の事情により企業の賃金支払能力は変動的なものである．この二律背反を処理するために総労務費を調整せざるを得ない．このために賞与に総額賃金の調整機能をもたせるとする性格である．

賞与に総額賃金調整機能を与えるために，賞与総額の算定基準を企業の業績および決算利潤にリンクさせれば，成果分配説あるいは利潤分配説となる．

賞与は，広く労働組合の団体交渉事項として慣行的契約となっており，使用者は暗黙的契約義務を負うものといえる．利潤分配制度に類似しているが，利潤分配制度は利益金処理であるが，賞与は経費処理で扱われる．

利潤分配制度は事前に，分配および個々の従業員に対する配分の算定方式が規定されているが，賞与は，事後に主に団体交渉によって処理される．したがって賞与と利潤分配制度は原則的には相違するものである．

労使で賞与を年間協定することができる．労働組合は，年2回の団体交渉によるエネルギー消耗を避け集中的な交渉を進めようとし，使用者は賞与を年間総額で決定することにより，総額賃金管理に計画性をもたせ経営の安定を図ろうとする．この両者の要請が一致した場合に集団的交渉で1年間の賞与を一度で決める制度を「年間臨時給」と呼ばれ日本の労使関係の長い慣行であった．

賞与制度の合理化の方向としては，賞与の定例的賃金への繰り込み，利潤分配制度あるいは成果配分制度にすることがある．

また，日本的賃金交渉方式として，多くの大企業でこれまで行われていた「年間臨時給」を春闘で決定するという慣行は過去のものとなっている．

(2) 退職金

退職金の支給には退職一時金と退職年金の形態がある．退職金の性格につい

ても，賞与の性格規定があてはまるのである．賞与はこれまで年間所得の一環で考えられ，退職金は生涯所得の一環として考えられていた．

　退職金は企業の年齢構成が中高年化するとともに，退職一時金の負担が支払能力をオーバーする事態が発生する．このこともあって近年退職金を企業年金とする方向へと変化しつつある．

5．年俸制賃金

(1) 年俸制の背景

　賃金はこれまでその支払い形態としては長い間月給制が一般的であった．この月給制はさらに日給制から発展してきたものである．さらに今日管理職や一部の専門職に対して年俸制の賃金を導入する企業が増加しつつある．

① 仕事内容の変化

　　このような賃金制度の変化は仕事内容の変化発展によるものと考えられる．まず支払いの単位が短いものから長いものへの変化である．これは単純で外見上も第三者が明らかにその働きぶりが評価できる仕事であれば短い単位で支払うことが可能であるし，また支払いの基礎となる基準も設定しやすいこととなる．しかし仕事の内容が外見からはよく判らないし，その仕事の成果も少なくとも1ヵ月あるいはそれ以上のサイクルでなければ評価しにくいといういわゆる「ホワイトカラー」と呼ばれる事務職の仕事は月単位で成果を測ることが可能となる．さらに近年管理職や専門職（事務，技術その他）では必ずしも1ヵ月単位で仕事の成果が現れるとは限らない．たとえば経営者であれば1年間を通じてあるいは1年度サイクルによって仕事が完結することになる．またプロ野球選手のように年間（1シーズン）を通じてその成果が測れる仕事については，1年間（1シーズン）を単位として賃金の算定を行うことになる．最近では仕事の単位が長期にわたるものが増え，また月間ではあまりにも仕事の繁閑があったり，

またきわめて専門性が高い仕事についてはその担当者が自分のペースで仕事を調節する方がスムーズに仕事を処理することができる．そのため近年ホワイトカラーの専門職化や技術者に対する期待の高度化が進むにつれて年俸制導入の条件が整ってきた．

② 実績主義への移行

これまでの日本の賃金は古くから生活保障型の年功にもとづく均一的な賃金であった．基本給に個人差が少ないものであった．しかし，近年仕事の実績に応じた賃金決定を行う実力主義，実績主義への傾向が強まってきている．このような変化に対応した賃金として年俸制が注目されてきた．現在年俸制を導入しているのは主として管理者および管理職同等の専門職となっている．しかし，一部先進的な企業では一般職にも導入の動きがある．

(2) 年俸制導入の留意点

属人的傾向が強いこれまでの日本の賃金とはまったく異なる仕事中心の賃金システムであるが，導入に際しては多くの整備すべきことがある．

① 達成目標の明確化

これまで若干の導入例はあるが日本の企業には定着しにくかった「目標による管理」の思想の定着と手法の導入が効果的である．

② 業績評価システムの整備

一人ひとりの業績をどのように評価するか，その達成基準の決定と達成度に応じて，成果配分をどのようにするかあらかじめ基本方針を決定し公表しておくことが必要である．

③ 創造・開発型事業の育成

年俸制を導入することにより，これまでの日本の複雑な賃金制度を簡素化・合理化するという効果が期待できる．また従業員一人ひとりが仕事への挑戦意欲を重視し，またそのことが個人的利益にもつながるよう企業としては十分に配慮しなければならない．そのためには企業としても絶えず新規事業を開発し，創造型企業へと体質を改めていく努力が必要である．

6．今後の課題

　企業環境の変化に伴い，これまでの日本的な賃金労管理の特徴は次第に変化しているが，日本企業における賃金をめぐる当面の課題として次のようなことが指摘される．

(1)　成果主義の進展への対応
(2)　各種付加給・手当等の再考
(3)　退職金，年金に対する国家政策への対応
(4)　ストックオプションの意義とその位置づけ
(5)　賃金観の変化とその対応

注

（1）　営業手当も家族手当，扶養手当も日本の法律では「労働の対償」と位置づけ「賃金」と定義づけている．職務（職種）主義の欧米諸国の賃金とは異なり属人主義の日本の賃金観を公式に明示したものといえよう．

（2）　村上良二「職務分析の日本的展開」に詳しく紹介してあるので，参照してほしい．

（3）　理論生計費算出のため，消費物資やサービスを物量で表示し，生活内容を示す方法．

（4）　春季闘争の略．日本独特の賃金闘争のこと．昭和29年，当時の総評議長太田薫氏の発案により，毎年3月ごろから産業別統一要求を掲げ，あらかじめ設定した闘争スケジュールにより，各傘下の労働組合が一斉に行う賃上げ要求．近年，「春闘の終焉」が叫ばれているが，あい変わらず労働用語として世間を賑わしている．

（5）　生産性基準原理　productivity standard principle　日本経営者団体連盟（日経連）が昭和45年以降の春季賃金交渉において，賃金決定の基本的原則として提唱した考え方で，生産性上昇の枠内で賃上げを行なえばインフレは起こらず，経済も安定するとして，生産性上昇に見合った賃上げを主張するもの．生産性としては，基本的には，実質国内経済生産性（実質ＧＤＰ／就業者数）をとるべきとしている．（日本経団連『人事用語辞典』より）

（6） 第2章参照
（7） コンピテンシー：competency，高業績者に共通してみられる行動特性のこと．人事制度の用語としては，ある職務や役割において優秀な成果を発揮する行動特性などと定義される．各職務や職位などに必要なコンピテンシーのレベルをモデル化することで，人事管理に応用される．1990年頃から主にアメリカ企業において，職務主義に代わって人の能力に注目して人事管理を行う手法として導入された．わが国企業においては，最近の成果主義への転換を中心とした人事制度改革の動きのなか，人材育成・能力開発や人事評価など，人事管理の各分野に活用できる新たなツールとして注目されている．

まとめ

賃金管理の領域は伝統的に変わらない項目によって構成されている．しかし，その具体的な内容については質的な変化を経てきた．その推移は社会の変化に大きく影響を受けている．この領域は最も基本的な労働条件であるため，その基本的な原理は極めて社会的性格を帯びている．また，日本においては具体的な展開・運用についても個別性が薄く，やや画一的になる傾向にあった．今後は賃金管理についても他の人的資源管理の領域とともに大きく変化していくことが予想される．

本章のキーワード

企業の支払能力	賃金支払原則
昇給	職能給
ベースアップ	職務給
春闘	年俸制賃金
賃金体系	成果主義

■ 研究課題

第10章を熟読し，以下の問題に答えなさい．

問題 1 日本企業における「賃金水準」決定の方法について説明しなさい．

問題 2 日本企業における「賃上げ」のメカニズムについて説明し，今後のあり方についてあなたの見解を述べなさい．

問題 3 「賃金支払い原則」に関してそのあり方について，あなたの見解を述べなさい．

■ 力だめし

本章を精読し，さらに関連した最新の資料・情報を参考にして以下の問題に答えなさい．

問題 1 次の言葉について簡潔に説明しなさい．
① ベース・アップ ② 労働分配率 ③ 生産性基準原理 ④ 年俸制賃金 ⑤ 職能給

問題 2 日本企業におけるこれからの「昇給」のあり方について，あなたの見解を述べなさい．

問題 3 成果主義賃金の日本企業への導入に関して，あなたの見解を述べなさい．

第11章

福利厚生・安全衛生

〈本章の目標〉

1. 日本企業における福利厚生が日本的人的資源管理の特質のひとつであることの理由，背景を理解する．

2. 福利厚生が企業内においてどのような役割を果たすものか，その効果，効用を理解する．

3. 日本における福利厚生がどのように変化していくか，具体的な施策とその方向づけについて予測する．

4. 企業が行う「安全衛生管理」の目標を理解する．

5. 安全で健康的な職場環境のあり方について，学ぶ．

はじめに

福利厚生に関する考え方，その諸施策等については，今日の人的資源管理の領域では最も変化が著しい分野といえよう．これまでの日本企業における福利厚生管理は，日本的人事労務管理を特徴づけるものとして世界的に注目を浴びてきた．

しかし，今日の経営環境下にあってこれらの施策も，徐々に変化の兆しが現れている．本章では，これまでの福利厚生管理の意義と具体的な内容を総括し，さらに今後のあり方についても検討を加えている．

1. 福利厚生の考え方

1．福利厚生の意義

福利厚生とは，従業員の生活を豊かなものにするために行う施策をいい，企業にとっては給付的な意味を持つものである．

労働を通して，その反対給付として従業員に支払われる賃金や「労働時間」等のいわゆる労働条件の範疇(はんちゅう)には入らない．

個別企業の利益を保障し，企業経営の安定，維持の上に，従業員の生活を保障していくことを原理としている資本主義社会において，福利厚生は極めて社会的性格を帯びたものであるといえる．

また福利厚生の対象としては，従業員のみでなく，家族をも含めて行うのがこの特徴である．場合によっては，従業員や家族の居住する地域社会を含めて対象とすることもある．

企業が人的資源管理施策の一環として福利厚生施策を実施するのは，大きく分けると，次の2つの考え方があげられる．

第1に，企業が従業員の福祉的な目的からサービスあるいは給付を行うとい

うものである．この場合は，考え方としては，経営共同体的な立場から行うことになる．

第2は，労働力としての人手の維持・保全・活用を支援することを目的として行うもので，つねに生産性の向上をめざし，生産への貢献を目標に行うものである．

日本企業におけるこれまでの考え方としては，後者の考え方が強かった．また明治維新以後のわが国の福利厚生に対する考え方としては，さらに恩恵的あるいは温情的な施策としてとらえられていた．しかし，第2次大戦後は，前者の傾向が強く，とくに近年では，一層その傾向が強くなってきた．

2．変化する福利厚生

福利厚生は，欧米諸国では社会が行う施策の1つと位置づけられているが，日本においては，企業内の人事労務管理施策の1つとされていた．

わが国の福利厚生施策は，これまで恩恵的な給付の一環，また人材の確保と維持ということを目的としていたが，企業の社会的責任が重視されている今日では，今後は量的には減少しつつも質的には期待は高まっていくと予想される．現実に従業員の意識変化に伴い，内容的にもこれまでのものとは大きく変わりつつある．

具体的には，これまでは現物給付的ないし生活補助的な内容を持つのであるが，最近では財産形成，企業年金，持家援助，育児・子育支援，介護サービス補助，あるいは将来に備えての独立自営のための支援等の施策が挙げられる．このような内容は，「福利厚生」というよりは，むしろ「企業内福祉」と呼ぶ方が適当である．

現在，福利厚生には費用面からみると，健康保険，厚生年金，雇用保険や労災保険等の法定福利とは住宅援助，生活援助，共済や文化・スポーツ活動援助等の法定外福利がある．ここでは法定外福利を中心に述べることとする．

福利厚生費の分類の一例を次にあげておく（図表11—1）．

図表11-1 「福利厚生」の範囲と施策

分類		施策
法定福利	社会保険料の事業主負担	健康保険，厚生年金，雇用保険，労災補償保険（通勤途上災害補償を含む）
	児童手当の会社拠出金	
	その他	身体障害者雇用納付金，石炭年金基金
法定外福利	住宅	給与住宅（単身用，世帯用） ＊住宅手当は除く． 持家援助（資金融資，分譲，利子補給，財形貯蓄）
	医療・保健	医療施設（病院，診療所，医務室，委託ベッド，休養室） 保健衛生（健康診断，人間ドック，薬品支給，工場内浴場） 　＊法定のものは除く．
	慶弔・共済・保険	慶弔見舞金制度，共済会，グループ保険（団体生命保険など）
	生活援護	給食（食堂，給食補助），購売（売店，購売会，生協），被服（作業衣の支給），通勤（通勤バス，駐車場），託児・育英（保育所，育英寮，育英資金貸付），家族援護（ホームヘルプ制度，生活相談）
	文化・体育・レクリエーション	文・体・レク施設（図書館，体育館，プール，集会場，海の家） 文・体・レク活動（講習会，文化祭，運動会，慰安旅行）
	その他	法定福利付加給付 財産形成（特殊会，社内預金）

出典：日経連『福利厚生費調査説明書』より

① 法定福利費—健康保険，厚生年金，雇用保険，労災保険
② 法定外福利費—住宅，医療保険，生活援護（給食・共済会・育英・慶弔金・現物給与），文化・体育・娯楽，その他（生命保険料，その他）

2. 日本における福利厚生の特徴

　わが国において福利厚生は，人事労務管理の一環としてというよりは，むしろ企業が行う社会施策としての意味を持ち，福利厚生の諸施策の充実度は，その企業の従業員に対する配慮の高さを示すものといえる．

　これまで福利厚生は，その時代的背景により，その根本理念に大きな影響を受けてきたが，これまで福利厚生がどのような位置づけをされてきたかを整理すると，おおむね次の3つに分けることができる．

① 恩恵的役割

　日本における福利厚生の伝統的な形態の一つである．労働者の最低限度の生活を保障するもので，いわば国家的な見地から行う施策といえる．たとえば，購買施設や住宅制度（社宅など）がこれにあたる．

　この視点からの福利厚生を充実させればさせるほど，従業員は企業に対し帰属心が高まっていくという効果がある．わが国が近代的な産業国家へと急ピッチで進んでこれたのは，企業における恩恵的な福利厚生が大きな力を発揮したことによるものといえる．

② 経営家族的役割

　日本の経営が，集団主義の論理にもとづいて運営されているのは少なくとも福利厚生施策が大きな影響を与えている．たとえば，従業員に対するさまざまな慶弔制度や家族参加のレクリエーション活動や従業員の子弟に対する学資援助等，さまざまな援助施策があげられる．最近では，直接従業員の家族を対象としたものの比重が少なくなりつつあるが，福利厚生の施策によって従業員間の連帯感が高まり，企業の発展を支える機能を担っていることに変りはない．

③　生きがい対策としての役割

　生きがい対策としての役割は，最近，特に重要視されてきたものである．生産技術の高度化からくる人間性喪失に対する反動としての生きがい，人間性回復への要求が世界的に高まりつつある．

　このような趨勢(すうせい)に対して，企業の福利厚生もしだいに変化せざるを得なくなってきた．すなわち，恩恵給付的な現物給与よりも，個人の生涯にわたる人生設計の援助であるとか，従業員個人の希望を反映した利益還元の方法などを採用する企業が増加する傾向にある．

　また，増えた余暇時間や自由時間を有効に活用するために，福利施策の一環として教養講座や自己啓発のための各種の企画を用意したりする企業も増えている．

3. 福利厚生施策の内容

1．日本企業における福利厚生施策

　今日，日本の企業にみられる福利厚生施策としては，大別すると次の3つの領域があげられる．

　①　従業員の健康のために行うもの

　診療所，医務室などの医療施設や保養所，さらに体育館，プール，海の家，山の家とか運動場などの健康増進用の設備など．

　②　現実の生活に役立てるために行うもの

　社宅，寮の提供，日用品生活物資などの購買事業，給食制度，土地の分譲その他があげられる．

　③　将来の生活設計のために行うもの

　共済制度，持ち家制度，貯金・財産形成への援助，企業年金や保険加入などがあげられる．

2．具体的内容

　具体的な内容については，法定福利に関しては，各企業ともほぼ大きな違いはないが，法定外福利については各社の取組みは全く異っている．とりわけ今日状況下にあっては各社各様の施策がなされている．

　① 健康管理・医療施策

　従業員の仕事上の健康管理，いわば労働力の保全管理としては，安全衛生管理の領域で取り扱うのであるが，日常の健康管理・予防衛生等については，福利厚生管理で扱う．具体的な内容としては，医務室，診療所，病院等の設置・管理，カウンセリング制度などがあげられる．今後重要視されるのは，産業医の充実や臨床担当医による日常の健康管理であろう．

　② 文化，レクリエーションに関する施策

　これまでは，従業員の日頃の勤労に報いるための慰安旅行や親睦会の開催が中心であったが，最近では，積極的に従業員の参加による教養・文化の向上を目ざすものへと変化しつつある．

　レクリエーションの企画を一方的に厚生担当の職員が立案するのではなく，従業員自身の手で企画し実施，運営するものが多くなっている．文化活動としては，各種のクラブ活動の奨励，育成があげられる．

　③ 生活援助に関する施策

　日用品の購買事業にはじまり，衣食住の全般にわたるものであるが，最近は社内保育所の設置やホームヘルパー制度，持ち家奨励制度など大きく充実してきている．

　④ 将来設計や生きがい実現のための施策

　勤労者財産形成制度，いわゆる財形が近年飛躍的に増加してきた．これは長期的目標に対して企業が援助するものであり，国家の政策として，勤労者福祉を充実させるための一環として進められているものである．高齢化・高学歴化社会に適した新しい型の福利施策といえる．

　財形の目標は住宅の入手のほか，子供の学資や結婚資金をはじめ，退職後の

生活設計のためにも役立つものである．その他，社内持株制度や企業年金等があげられる．

これらは，いずれも長期的展望の上に立った施策であり，従業員に対する人生設計上の援助活動を行うものである．

4. 今後の展開

経営管理の変化，社会生活の変化，労働者意識の変化などによって，今後の福利厚生のあり方も変化していくであろう．少なくとも，過去においては，「福利」ということばのひびきが，恩恵的な色彩を持っていたが，これからは物質的な豊かさや従業員の欲求の高度化，多様化傾向の進展などによって，従来考えられなかったようなさまざまな要求を権利として主張する傾向が強くなるであろう．

したがって，福利厚生のための企業負担は，今まで以上に増大するであろう．このような状況に対して，企業が講ずる方策として，次のようなことがあげられる．

① 従業員の欲求の変化に対応できるよう，施設や諸制度の点検，整備および利用状態の把握を怠らないこと．特に最近の傾向としては変化のテンポが速いので，福利厚生費の有効投資のためにも従業員に対する十分なニーズの把握を行うことが大切である．今後は単に画一的な制度の運営を行うのでなく，従業員の多様なニーズに応えた選択制の福祉の導入を試みている企業が急激に増加している[1]．

② さらに福利厚生を恩恵的給付でなく，経営共同体的考え方に立った新しい労使の共同運営方式をとり入れることが必要である．つまり，企業は単に利潤を追求することのみが目的ではなく，そこに働く人間の福祉の向上に役立たねばならないということが今後大きな課題となる．

③ これからの福利厚生は，単に一企業のみが考える人事労務管理の施策と

いうよりは，社会的役割としての意味が大きくなり，特に中小企業では，福利厚生の施設や諸方策について，同業者や地域社会と共同で管理運営していくということも考えていかなければならない．さらに従業員への福利施策を管理運営するというこれまでの発想から福利の有効化を福祉の事業化と考え，独立して運営し，社会的に貢献していくという発想も必要である．また，将来的には福祉という視点に立ち，受益者が相応に負担するシステムが，これまでの福利厚生にとって代わることになると予想される．

5. 職場の安全衛生

1．安全衛生管理の意義

　安全衛生は，人事労務管理の一分野で労働時間や賃金などと同じく労働条件管理の領域である．
　この目的としては，まず，労働環境としての職場の物理的・化学的環境条件を整備し，労働災害や疾病にかからないよう防止することである．
　さらに，より積極的に快適な環境を作り，労働者の勤労意欲の向上に役立たせようとするものです．
　労働災害や疾病が発生すると，企業としても貴重な労働力の消耗につながるばかりでなく，労働者にとっても，生活の足場を失うことになり大きな損失になる．したがって，安全衛生は，企業にとっても，労働者にとっても大きな問題である．
　特に重要な意味を持つのは，単に労働力の損失，生活の手段を守るということではなく，これらを担っている"人間"そのものが安全衛生の対象であり，健康と生命にかかわるものであるだけに，他の人事労務管理の領域に比べて一層重要な意味を持つのである．
　このことから，他の労働条件は労使双方の対立を生みやすいのに比べ，安全

衛生については対立抗争が比較的少ないのも，安全衛生のこのような特質からいえるのである．

2．「安全・衛生」管理のとらえ方

- 「安全」(管理)とは，"事故"の発生を防ぐことである．いいかえれば「危険」からの防止を意味する．具体的には「事故」とは「火災」や「爆発」のような突発的な"異常"事件をいう．そしてこのような異常事件の発生を予防することを「安全」(管理)という．
- 「衛生」(管理)とは，突発的な事故による以外の原因によって「正常」な健康が阻害されるのを防ぐことである．まず第一に行うこととして，「有害」作用からの防止への努力である．具体的には有害物による中毒や病原菌からの感染を予防して正常な健康状態を維持することをいう．

したがって，「安全管理」は事故を未然に防止し，従業員の「労働災害」による危険性を回避することが目的となる．また，「衛生管理」は，職業性疾病，つまり職業病に罹病しないよう，さらに従業員の健康維持を確保することである．

3．安全衛生管理の内容

(1) 安全衛生に関する法令

前述のような意味から，安全衛生についての基本事項については，労働基準法をはじめ数多くの法令が制定されている．

すなわち，労働基準法のほかに，労働安全衛生法，事務所衛生基準規則，じん肺法，労働災害防止団体法，鉱山安全法，火薬類取締法，高圧ガス取締法などがある．そのほかに労働災害や業務上疾病になったときの補償についての取り決めをしたものとして労働者災害補償保険法などがある．

(2) 労働安全衛生法の内容

災害や疾病の実態から，労働基準法の規定と関連の法規だけでは，労働災害や業務上疾病を防止することが困難となってきたこと，また特に最近高まってきた人間性尊重の精神からも，総合的な安全衛生行政への要望が強くなり，昭和47年10月，「労働安全衛生法」が施行された．この法律は，労災防止のための基準の確立，労災防止責任体制の明確化，事業者の安全活動の推進，従業員の安全と健康を守る諸方策，快適な作業環境づくりなどを目的として掲げている．

(3) 企業が行うべき安全衛生施策

「労働安全衛生法（以下，「労安法」）」では，企業として行わなければならない諸施策として，次のようなことを明示している．
① 労働災害防止計画を策定すること
② 安全衛生管理者の選任など安全衛生管理体制を確立すること
③ 労働者の危険または健康障害を防止するための措置を講じること
④ 機械等および有害物に関する規則
⑤ 労働者に対する安全衛生教育の実施
⑥ 作業環境を快適にする努力，および健康診断の実施
⑦ 安全または衛生に関する改善計画の作成，および作成に際して，労働者の代表の意見の聴取と計画案の遵守義務

などである．そのほか，該当事業場の建築等に対する届け出義務や立入検査をさせる，という規定がある．

4．「労働災害」・「職業病」の体系

労働災害および職業病について今日の労働省（現厚生労働省）見解による保障体系などを参考に整理すると次のとおりである．

図表11－2　労働災害・職業病の体系

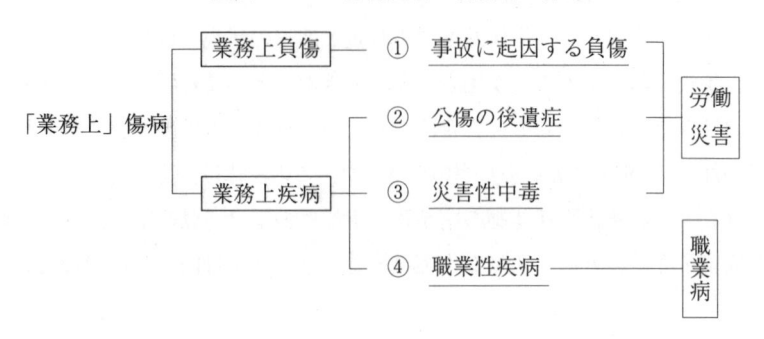

```
                    ┌─ 業務上負傷 ─── ① 事故に起因する負傷 ─┐
                    │                                        │
「業務上」傷病 ──────┤              ┌── ② 公傷の後遺症 ──────┤── 労働災害
                    │              │                        │
                    └─ 業務上疾病 ──┼── ③ 災害性中毒 ────────┘
                                   │
                                   └── ④ 職業性疾病 ─────────── 職業病
```

　　　　　　　　　　　　（業務に常在する有毒作用により発生する疾病）
　　　　　　　　　　　◎労働基準法施行規則，第35条分類（38種類）

5．「労働災害」のとらえ方

　労働災害のとらえ方としては現在次のような定義がある．

・「労働災害」："労働者の就業に係る建設物，設備，原材料，ガス，蒸気，粉じん等により，又は作業行動その他業務に起因して，労働者が負傷し疾病にかかり，または死亡すること"をいう．
　　　　　　　（労働安全衛生法　第2条一項）

・「労働災害」：「労働の場所において発生し，死亡又は人身障害を惹起した事故をいう」
　　　　（ILOの国際労働統計家会議　1962年10月採択 "業務災害
　　　　　統計に関する決議"）

以上の公的な根拠をもとに労働災害を次のように定義することができる．

　労働者が業務の遂行中，業務に起因して発生した災害により，死亡または身体の一部を喪失あるいは身体の一部の機能が不能になった場合，または療養のため1日以上（負傷当日を除く）の休業を伴った場合をいう．

6．企業が行う安全対策

事業主が行うべき安全対策としては，多くの課題があるが要約すると次の事項があげられる．
① 作業環境の整備
② 安全施設の完備（安全措置，機械）
③ 労働条件の改善
④ 服装，保護具の整備
⑤ 適正配置と年少者，婦人の保護
⑥ 避難訓練の実施
⑦ 安全規定と安全教育

6．職業病とその対策

1．職業病の定義

職業病は労働者が従事している労働の中に含まれる有害な因子によってもたらされる疾病をいう．
そこで有害な因子としてあげられるものとしては，
① 有害な作業環境条件
② 従事する人にとって不適な作業内容や作業方法，作業条件
などがあげられる．
今日「職業病」という法的な定義はなされていないが同義語として「職業性疾病」という言葉を用いている．
厚生労働省の見解によると，次のように説明している．
「慢性中毒症のような場合は，あらかじめその種類を規定しておき，一定の職業に従事する労働者に当該種類の職業性疾病が発生したなら，一応業務との因

果関係を推定し，当該疾病を発生せしめるにいたる作業内容，作業環境条件等が認められれば，反証のないかぎり業務上として取り扱うことが労働者保護の見地からも望ましい」（労働省（現厚生労働省）労災補償部見解）

　以上のことから，職業病は広義には業務上として取り扱われる疾病も含まれるが，狭義には有害物による影響で疾病となったものをいう．

２．職業病の防止策

　職業病を予防するためには，次のようなことを行う必要がある．
① 職業病を誘発するような有害物の使用を極力避ける．
② 作業工程，作業方法等に無理のないよう改善を行う．
③ 作業環境の整備――有害物の発生源を遮断するとか，排気，換気設備を完備する．
④ 保護具等の装着――防護マスクや，保護衣，耳栓等の装着の徹底
⑤ 作業条件の配慮――有害物を取り扱わなければならない仕事の場合，その物質によっては，暴露時間が長くならないよう制限するとか，また極力残業時間なども多くならないように配慮する．
⑥ 適正配置と交替制度の導入――人によっては眼が弱いとか，アレルギー体質であるとか，さまざまな特質を持っているのである．この点を考えて配置すること．
⑦ 健康管理――安全衛生教育と日頃から十分な休養と栄養補給をするよう指導したり，また有害物の危険性や取り扱い方などについての教育を徹底させておく必要がある．

３．労働安全遵守事項

　職場における労働安全衛生事項については，さまざまな法規や規則がある．

人事労務管理に関するものとしては，次のような法規をあげることができる．
・「労働基準法」・「労働安全衛生法・事務所衛生基準規則」
・「労働者災害補償保険法」・「労働安全衛生規則」・「作業環境測定法」
・「作業環境測定基準」など

(1) 基本事項

　企業が取りくむべき基本的な姿勢については次の2つの法律によって定められている．

① 「労働基準法」第42条
・「労働者の安全及衛生に関しては，労働安全衛生法の定めるところによる．」と明記している．

② 「労働安全衛生法」第1条，第64条
・「労働災害の防止のための危害防止基準の確立，責任体制の明確化および自主的活動促進の措置を講ずるなどその防止に関する総合的，計画的な対策を推進することにより職務における労働者の安全と健康を確保するとともに，快適な作業環境を促進することを目的とする．」(第1条)
・「事業者は，事業場における衛生の水準の向上を図るため作業環境を快適な状態に維持管理するように努めなければならない．」(第64条)[2]

(2) 主要な事項については，次のとおりである．(要約)

① 安全衛生教育
・「事業者は，労働者を雇い入れたときは，当該労働者に対し，その従事する業務に関する安全または衛生のための教育を行なわなければならない．」(労安法第59条)
・その他，作業内容を変更したり，危険，有害な業務に従事する場合も特別の教育を行うことが義務づけられている．

② 病者の就労禁止
・「伝染性の疾病，その他の疾病にかかっている者の就業を禁示しなければならない．」(労安法第68条)

③ 健康診断の実施

・「事業者は，労働者に対し，定めにより，医師による健康診断を行なわなければならない.」(労安法第66条)

④　健康教育，体育活動などの支援

・「事業者は，労働者に対する健康教育及び健康相談その他労働者の健康の保持・増進を図るため，必要な措置を継続的かつ計画的に講ずるように努めなければならない.」(労安法第69条)

・「事業者は労働者の健康の保持・増進を図るため，体育活動，レクリエーションその他の活動についての便宜を供与する等必要な措置を講ずるよう努めなければならない.」(労安法第70条)

⑤　安全管理体制

・「事業者は，一定の規模の事業場ごとに，総括安全衛生管理者を選任し，その者に安全管理者，衛生管理者などを指揮し，業務を総括させなければならない.」(労安法第10条)

・その他，「安全管理者」・「衛生管理者」・「安全衛生指導者」などの選任と業務規定を定めている.(労安法第11条・12条)

⑥　機械等に関する規制

・「危険な作業を必要とする機械等で製造をしようとする者の事前届出と許可を必要とする.」(労安法第37条)

・その他，使用制限，検定義務等の基準が示されている.(労安法第38条～45条)

⑦　有害物に関する規制

・「黄りんマッチ，ベンジン，ベンジンを含有する製剤，その他の労働者に重度の健康障害を生ずる物の製造，輸入，譲渡提供，または使用をしてはならない.」(労安法第55条)

・また有害物質の製造，取り扱いに関する管理基準が示されている.(労安法第56条～58条)

⑧　労働者の収容制限

・「事業者は，クレーンの運転その他の業務については，免許を受け，また，

指定の技能講習を受けたものでなければならない.」(労安法第61条)
⑨ 中高年齢者等への配慮
・「事業者は,中高年齢者その他労働災害の防止,その就業に当たって特に配慮を必要とする者については,これらの者の心身の条件に応じて適正な配慮を行なうように努めなければならない.」(労安法第62条)
⑩ 健康保持増進の措置
・「作業環境」を快適な状態に維持管理への努力(法安法第64条)
・その他,「作業環境の測定」(労安法第65条・66条)や「作業の管理」,(労安法第65条の3)や「作業時間の制限」(労安法第65条の4)等について基準が示されている.

以上の事項は基本的なものであり,各企業はこれをさらに具体的させるよう努力しなければならない.

7. 職場環境の管理

従業員が毎日快適に働き,しかも高い生産性を上げるには,従業員を取り巻いている環境諸条件が大きく影響するのであるが,この労働生産性を規定する諸要因には,大きく分けて,技術的側面(ないしは物的側面)と人間的側面とがある.そして,これらは現代の技術進歩によって大きく変化しつつある.

そこでわれわれは,この急速な変化に対処していくためには,どのようなことに配慮しなければならないか,効率的な職場環境整備のあり方について,以下述べていくことにする.

1. 職場環境のとらえ方

人間の行動を考えるとき,環境条件が大きく影響を及ぼすということを主張したのは,心理学者のクルト・レヴィン[3]である.かれは,人間行動を次の

ような図式で表した.

$B = f(P \cdot E)$

つまり人間の行動（Behavior）は，その人間自体の諸特性（Personality），たとえば遺伝的素質，肉体的特性，精神的特性，知能（感情的特質），人格，さらにその後の学習による技能・知識といった側面（個体条件）のみによって決定されるのではなく，以上のような人間の諸特性と，人間が存在するさまざまな環境条件（Environment）との関数として考えるべきであるというのである.

したがって，具体的に職場内での人間行動を規定するのは，各人の人格的側面のほかに，光・音・湿度などのいわゆる物理的環境条件をはじめ，職場における人間関係や作業条件（社会的環境条件）など，多くの要素が関係してくるのである.

以上のように考えると，働きやすい職場環境づくりを考えるには，従来のように単に作業場内における物理的環境条件のみを問題とするのではなく，いわゆる社会的な環境条件についても十分な検討を加える必要がある.

この社会的環境条件としては，職場組織や非公式な人間関係のつながりなどが，重要な要素として考えられる．高度情報化社会下にある今日の職場環境としては，複雑な人間関係はストレスとなると予想される．今後の職場環境の快適化を目ざして検討すべき課題である.

2．職場環境管理の内容

(1) 作業環境の法的基準

作業環境条件の評価基準として，作業者が作業環境についてどのように感じているか，その主観的な訴えをアンケートなどによって調査し，統計的なデータ処理によってできるかぎり客観性をもたせる，という方法がある.

しかし，今日では作業環境への認識が一段と高まりつつあり，科学的な測定方法によって測定分析を行うことが一般的になってきた．これは働く人々の，環境に対する意識の向上，さらに行政当局も積極的に取組んでいる結果といえ

よう．

　たとえば，作業環境の整備については，「事務所衛生基準規則」「労働安全衛生法」「作業環境測定法」などによって，その基準値が法的に示されており，事業主はこれを遵守するよう義務づけられている．特に「作業環境測定法」では，ある指定事業に関しては，作業環境の測定について，特別の資格を有する者「作業環境測定士」ないしは専門の機関「作業環境測定機関」が，「作業環境測定基準」に従って作業環境の測定を行うよう義務づけている．

(2) 温熱条件

　人間の体内では，化学的調整によってつねに多量の熱が産出されており，また物理的調整によっても熱の発散が行われ，体温が恒常に保たれている．この熱の発散は，気温・湿度・気流・熱（ふく射熱）の4つの因子によって影響される．

　低温・低湿・気流が大のときには，過冷状態となり，極端な場合には凍傷や，凍死を招くことにもなる．逆に高温・高湿・高熱の場合には，放熱がさまたげられ，うつ熱状態となり，これがひどくなると，熱中症や熱射病が起こることになる．

・温度

　健康な状態の人間が，快適でかつ能率よく行動できる温度条件を至適温度という．至適温度は，性，年齢，食物，体格，習慣，仕事の種類，さらには季節などによっても異なるが，通常は，気流が多少あって普通の着衣の状態で，気温は16～19℃とされている．

・湿度

　快適な湿度とは50～60％であるが，これは気温との関係で問題とされる場合が多い．一般に温湿度条件を表すものに，不快指数ということばが用いられている．これは次のような式によって求められている．

　　不快指数 $= 0.4 \times$ 〔乾球温度（°F）$-$ 湿球温度（°F）〕$+ 15$

不快指数が75以上になると50％以上の人が不快を感じるとされている．

なお「事務所衛生基準規則」によると，気温は10℃以下になったら暖房措置を行うこと，さらに冷房を行う場合には，外気温との差を少なく抑えるよう，その差を約7℃以内にすることが定められている．

(3) 騒音

職場の騒音による影響には個人差があるが，一般的には，最初は頭痛，耳鳴り，神経障害などが生じる者でも，しだいに"なれ"てしまう場合が多い．それだけに騒音下に長時間，継続的にさらされている作業員は，知らず知らずのうちに聴力の低下をきたし，いわゆる難聴者が現れることになる．通常は騒音が50〜55ホン以上の場所に長時間さらされていると，食欲不振，消化不良，注意力散漫，心悸亢進などの症状が出てくる．さらに80〜85ホン以上の騒音下にさらされていると，職業性難聴という一種の職業病が発生することがある．

騒音による影響は，従来から主として製造現場などで問題となっていたが，最近ではオフィスのOA化に伴って，OA機器類から発する作動音も問題となってきた．

昭和39年9月に労働省（現厚生労働省）通達として設けられた「キーパンチャーの作業管理基準」によると，騒音についての基準として，作業者の耳の位置で75ホン以下にするようにしなければならない．また「事務所衛生基準規則」では，コンピューター入力やタイプライターなどのOA機器を5台以上，集中して作業を行わせる場合は，作業室を専用にするとか，また，遮音，吸音の機能をもった隔壁にしなければならないと規制している．

(4) ガスおよび空気の汚染度

従業員が室内で仕事をする場合，その室内の空気が汚染されていると，従業員に不快感を与える．

室内の空気を汚染させ，従業員に対して悪影響を与えるものとしては，一酸化炭素，亜硫酸ガスがあげられる．

・ガス

炭酸ガスについては，事務所衛生基準規則によると，空気環境として0.5%以下にしなければならない．また中央管理方式の設備による場合の調整基準としては，0.1%（1,000ppm）以下にすることが義務づけられている．さらに一酸化炭素については，同じく同基準によると，50ppm以下とするように義務づけられている．

・換気

作業場内での換気量などの基準を定めるには，一般には炭酸ガスの濃度を目安にする．そこで空気中の炭酸ガスの基準値は0.1%として，成人男子の呼気の中に占める炭酸ガスの量を$0.0226m^3/l$とすると，1時間当たりの所要換気量はだいたい1人$20〜30m^3$となる．

なお，事務所衛生基準による気積基準としては，$10m^3$／人以上とするよう定められている．

(5) 照明と色彩

照明の良し悪しによって疲労が現れたり，さらにはちょっとしたミスやケガなどを引き起こしたりすることになる．つまり，照明が不十分である場合には，眼精疲労が起こり，頭痛や眼の痛み，不快感などが現れ仕事に悪影響を与えるのである．

労働安全衛生法，事務所衛生基準法では，照度については，

① 精密な作業で300ルクス以上，
② 普通の作業で150ルクス以上，
③ 粗作業で70ルクス以上

となっている．

また採光・照明の方法としては，局所照明と全般照明を併用し，明暗の対照を少なくすることを義務づけている．

(6) 振動

振動としては，クレーンやフォークリフトなどのような工場で行う作業用動

力車やダンプトラックなどの大型自動車の運転手，自動車のテスト・ドライバーさらに航空機のパイロットのような，乗物などから受ける全身振動と，チェーンソーやリベット・ハンマーなどの手持ち振動工具による局所振動があげられる．

全身振動による影響として代表的なものに胃腸障害がある．激しい振動によって内臓器官がゆさぶられることによって起こる胃下垂症などは，非常に多くみられるものである．そのほか全身振動は腰痛や椎間板ヘルニアなどの職業病を引き起こす原因ともなっている．

また局所振動は，木材の伐木に用いられているチェーンソー（電気のこぎり）による手指障害として話題になってきた．これは白ろう病と呼ばれているが，古くからあるレイノー氏様症候群という手指の神経系障害の，いわば現代版ともいえるものである．

振動工具類は，最近，多方面において使われ始めており，それだけにいろいろな職場でその障害が問題になってきている．たとえば，造船，機械工にみられるリベット打ちの作業や，手持ちグラインダー，スケーリング・ハンマー，さく岩機の操作，さらに道路工事などに用いるコンクリート・ブレーカーの使用などによっても同様の障害が発生している．

(7) 粉塵および有害物質

事務室や作業現場の空気を汚染するものには，有害ガスのほか，ある一定の容量の粒子（一般には10～15μ大のものを）塵埃と呼んでいる．

一般のオフィスでも，人の移動に伴う衣服の繊維クズや，事務作業による伝票類から発生する紙ほこりなどによって事務室が汚染される場合もある．また製造工場などでは，研磨，破砕などの工程から，それらの加工，原料などの粉塵が空気中に浮遊することになる．また鉱石採掘現場や炭坑などでは，古くから塵肺症の原因となっていた．

これらの粉塵については労働省（現厚生労働省）の通達があるが，これによると一般塵では，空気中1立方センチメートル中に粒子1,000個，または1立

方メートル中に15ミリグラムを許容限度としている．また遊離珪酸を50％以上含有する粉塵については，作業場所の空気1立方センチメートル中に粒子数700個，または1立方メートル中に10ミリグラムが許容限度となっている．

(8) 放射線

以上のほかに作業環境として，それぞれの職場独特の要因が考えられるが，最近では，放射線を取り扱う職場が多くなっており，放射線による障害が問題になっている．

3．作業環境条件の測定

　作業環境の現実を正しく把握し，そこで働く従業員にとってさらに快適な環境条件を整備するために昭和47年10月に制定された労働安全衛生法では，作業環境の測定に関する規定が整備され，作業環境条件の分析は，これまで以上に重要視されることになった．

　さらに昭和50年8月には，作業環境測定法が施行され，特定の作業場においては，作業環境の測定を国家資格を有する作業環境測定士に実施させるか，または労働省（現厚生労働省）に登録した作業環境測定機関に委託しなければならないと定められている．

　実際に作業環境を測定するには，科学的測定法によってデータを収集することになるのである．

　そのために測定者は，物理学的な専門知識と，環境測定の技術を必要とする．少なくとも法令対象の職場では，これらの知識・技術を備えた「作業環境測定士」を置かなければならない．

　また環境測定法の対象外であっても，労働安全衛生法や事務所衛生基準規則にもとづく環境基準を維持するために，測定士に準ずる知識・技術を持った者を配置することが望ましい．

8. 労働者の健康増進対策

　人的資源としての労働者に関して，今後の取り組みとしては，これまでの労働安全，衛生管理を超えた，新たな課題として次のようなことがあげられる．
(1)　「過重労働による健康障害防止のための総合対策」
(2)　職場におけるメンタルヘルス対策
(3)　産業保険推進センターおよび地域産業保険センター事業
(4)　快適職場づくりと喫煙対策

　これらの課題は個別企業のみではなく企業間での協力や，国家機関との相互協力によってさらに具体的な方策がなされることになる．
　その基本となる法律「健康増進法」[4]が平成15年5月施行され，国民すべてが健康の維持・増進を図ることが提唱されることとなった．

注
　（1）　ベネッセコーポレーションのカフェテリアをはじめ先進企業での新しい試みがなされている．
　（2）　近年この条項の持つ意義は大変重要となってきた．職場の喫煙は他の人には「受動喫煙」となる．本条項により労働者は「分煙指標」を示した．
　　　また健康増進法第25条では，施策管理者に対して「受動喫煙防止」が義務づけられている．
　（3）　Kurt Lewin（1890～1947）　ドイツの心理学者．ゲシュタルト心理学の第一人者として活躍し，「場」の理論を提唱し社会心理学を拓いた．
　（4）　平成14年8月2日公布，平成15年5月1日施行．国民の健康増進の総合的な推進のための基本事項が決められた．

まとめ

　日本企業における福利厚生は大きな役割を担ってきた．しかし企業の低成長が続き，従来のような福利厚生の内容は後退せざるを得ない．また労働者の意識の変化や社会生活の変化は新たな福利厚生の分野や運営方法を生み出してきている．このような変化によってこれまでの福利厚生を「福祉」という視点で再構成する必要があろう．

　また，労働安全衛生管理への取り組みは，労務管理の分野では古くから重要な役割を担っている．それはその企業の人間性尊重の人間観の現れと理解してよい．労働安全衛生関係の原則や諸原理は重要な社会的資産である人間の保護，活用をめざすものである．

本章のキーワード

生活補助的　　　　　　　労働安全衛生法
企業内福祉　　　　　　　安全対策
福利厚生施策　　　　　　安全管理体制
労働災害　　　　　　　　事務所衛生基準規則
職業病　　　　　　　　　職場環境対策

■ 研究課題

第11章を熟読のうえ次の設問に答えなさい．

問題　1　日本企業における福利厚生施策の特徴について分析・検討し，今後のあり方についてあなたの見解を述べなさい．

問題　2　企業における福利厚生管理を企業福祉と捉えることに関して，あなたの見解を述べなさい．

問題　3　次の用語について，簡潔に説明しなさい．（200字以内を目途に）
　　　　① 法定福利費　② 法定外福利費　③ 恩恵的施策
　　　　④ 確定拠出型企業年金　⑤ 職業性疾病

■ 力だめし

問題　1　社内持株制度または，ストック・オプション制度に関してこれらの「人的資源管理」における意義・役割について，あなたの見解を述べなさい．

問題　2　次の言葉について，具体例を挙げながら説明しなさい．
　　　　① カフェテリア・プラン　② 育児・子育て支援制度
　　　　③ 過労死

第12章

労使関係

―― 〈本章の目標〉 ――

1. 日本における労使関係の特徴について理解する．

2. 労使関係管理の具体的な制度について理解する．

3. 労使関係管理において労働組合はどのような役割を果たすか，主要な課題ごとにその内容や具体的な方法を学ぶ．

はじめに

今日日本企業における労使関係は大きな転換期にあるといえよう．

それは，労働者の意識の変化や企業を取り巻く社会・経済制度の変化に伴い，労働組合の組織率が年々減少化傾向をたどっており，いわゆる集団労働契約に関する労働組合の機能・役割を果たす場面が次第に減少を遂げている．しかし，このような傾向は労働組合の存在を無視したり，その機能そのものを軽視するものではない．本章では，これまでの労使関係管理の果たしてきた機能・役割を概括し，今後の日本企業における労使関係のあり方について検討する．

1. 労使関係管理の意義

1．労使関係管理

経営における労使関係は，企業が行う管理活動に関する諸領域のうち，人事労務管理の領域に関して，経営者と労働者とが協働的な関係を形成し，双方が経営体，組織体を仲介として，それぞれの目標を達成していく過程や方法等を対象とする．

具体的には「労使関係」は，次のような2つの側面から成り立つのである．1つは，経営における協働的関係を通じて，目標を達成することである．もう1つは，この目標達成過程における経営者と労働者間の労働力の提供とその代償給付の場面での両者の取引的関係または契約的関係である．

この労使間における協働関係と取引関係が，いわゆる労使関係の「二元性」という特殊な性格を帯びることになる．また労使関係の対象はつねに，経営者（使用者）と労働者の社会的側面である．そのために，労使関係は，これまで労使間の集団交渉という行動を前提として考えられていた．

労使関係管理は，賃金労働者と労働者で構成する労働組合と経営者との利害

調整を図り，さらに積極的に労使協調の慣行・協議場面を形成する人的資源管理の一領域である．わが国の労働組合は企業別労働組合あるいは企業内労働組合であり，団体交渉は個別交渉が一般的である．こうした日本的特殊事情を背景にして，労使関係管理は，これまでも人事労務管理上の１つの領域として独自の機能を果たしてきたのである．

2．労使関係の理念

　労使関係管理は，賃金労働者，とくにその団体である労働組合と使用者の利害調整，あるいは意思決定の調整を図り，積極的に労使協調の慣行の形成と協約を目ざすことが目的となる．この目的のための方法理論あるいは基本理念としては，産業民主主義論あるいは経営参加論がある．さらには，集団と集団の葛藤の問題をとりあげる行動科学的アプローチがある．

　産業民主主義論は，ヨーロッパの先進諸国において発展してきた理論である．それは，特に労働組合の発展に対応し，「経営権」との関連で労働者の最高経営意思決定への参画の方法理論としてさまざまな論議がなされ，各国がそれぞれ独自の制度・システムをあみだしてきた．

　また経営参加論についてはドイツにおいて，独特の発展が見られる．行動科学的アプローチはアメリカの労使関係の葛藤場面の紛争処理場面での効果が評価されている．

　労使関係の理念は，歴史的には，(1)封建専制主義，(2)慈恵的・温情主義，(3)産業民主主義へと順次推移発展してきた．

3．わが国の労使関係の特徴

　労使関係管理上の労使関係安定化のための主体的条件は，つぎの３点をあげることができる．
① 労使の信頼関係

② 経営労務方針の明確化
③ 労使の意思疎通
などがあげられる．
　こうした視点からわが国の労使関係の一般的特色をあげると，次のとおりである．
① 企業内労使関係が基本
　　　　わが国の労働組合の組織形態は，企業別労働組合が一般的である．職業別組合，産業別組合といった横断的組合と比較し，著しい特色を示している．企業の従業員であることが，組合結成あるいは組合員資格を有することの前提になる．したがって企業の倒産，解散は，また組合の解散でもある．こうした企業別組合であるために，団体交渉方式は個別交渉が中心となる．
② 労使協議制
　　　　労使間の意思疎通の方法としては，労使協議制が受け入れられやすく，またそれが重要な団体交渉を代行することにもなる，あるいは第二団体交渉の場になりかねない．
③ 苦情処理制度が未発達
　　　　団体交渉の結果としての労働協約の実施に伴う苦情処理が有名無実となってしまい，活用されないことがしばしば起こりうる．
④ 第一線の管理監督者層が労働組合員である
　　　　わが国の労働組合は，「監督的地位」にある第一線の管理監督者が組合に加入しているケースが一般的である．このため第一線の管理監督者は，経営の論理と組合の論理の橋渡し，あるいは結節点であることが役割上期待されることになる．結果的に，第一線管理監督者は労使双方の緩衝地帯ないしはコミュニケーションのパイプ役を果たすことになる．
⑤ 経営家族主義的関係
　　　　労使ともに経営家族主義的「ウチ」意識といった伝統的価値観をもつ．この伝統的価値観に根ざした運命共同体的意識が，わが国の企業における労使の信頼関係の基礎的な支えになっている．

⑥ 従業員に二重忠誠が期待される

　　企業内労働組合といった制度的条件と経営家族主義といった文化風土的条件から，従業員は企業忠誠心と組合忠誠心の二重忠誠の立場に置かれる．しかしその二重忠誠の立場も傾向としては，企業忠誠心にウエイトがかかることになり，企業への帰属心と職場への帰属心が強くなり強い精神的な絆を醸成することになる．このことから，日本の労働組合は欧米諸国の労働組合よりも穏健となるのである．

⑦ 世間相場形成の団体交渉方式

　　団体交渉に際して個別交渉を中心にしているにもかかわらず，労働分配基準は業績あるいは生産性といった個別企業のイニシアチブで決定しがたい．世間相場的なベースアップ論が中心となっている．また職種，職務の違いにもとづかない一律のベースアップ論が大勢を占めている．これは日本の労使とも形式的にはヨコ並びと「ソト」の風潮を大切にする行動基準にもとづくものと思われる．

⑧ 労使共催の事業

　　特に福利厚生的な事業あるいは行事については，経費面を含めて労使ともに積極的に共催する．つまり各種行事の企画・開催に関していえば，今日的な労使双方のコラボレーションが容易であるということである．

4．労使関係管理の制度

(1) 団体交渉と苦情処理制度

　労働者は，労働条件・生活条件の改善維持のために労働組合を結成する．団体交渉は，労働組合と使用者が労働条件・生活条件の基準を設定するために誠意をもって進める交渉である．

　団体交渉が妥結したならば，その内容を文書化し労働協約を作成する．苦情処理は，労働協約を実際に適用するに際して発生する個々の職場・組合員の苦情・トラブルを公平かつ迅速に処理するための制度である．

(2) 経営参加制度

経営参加制度は，労使協調・経営共同体の理念にもとづいて，従業員の資本参加，利益参加，決定参加を系統的に促進し，従業員の生活福祉の向上，働きがいと生産性の向上を目的にする．

資本参加の方法としては，従業員特殊制，労使共同出資などがある．利益参加の方法としては，利潤分配制，成果配分制（たとえばラッカー・プラン[1]，スキャンロン・プラン[2]）などがある．

決定参加の方法としては，経営意思決定への参画の程度・レベルにより，懇談・諮問，労使協議，共同決定などがある．

2. 団体交渉と苦情処理

1. 労働組合と団体交渉

(1) 労働組合

使用者と労働者という雇用関係（労使関係）は，「労働力」・「人材」という商品・財貨の売買契約関係でもある．使用者は「労働力」の買い手であり，その対価としての賃金を売り手である労働者に支払う．この交換対象としての「労働力」という商品は，一般の商品と異なり物理的に分離することができず，したがって労働力のみを貯蔵・蓄積することもできない．またこれまでの日本の労働市場は固定的であり，需給関係は不均衡となりがちであった．こうした「労働力」の商品としての特殊性のために，買い手である使用者は，売り手である労働者に対して経済的に優位な立場に立つことになる．

このため個々の「労働力」の売買関係を自由放任の契約自由の原則にゆだねると，労働者は弱者の立場に追い込まれ，生存生活権が侵害されることになる．このような歴史的事実を背景に，労働者は自ら団結して組合を結成することによって，使用者に対抗し，「労働力」の売買契約関係において対等の契約関係

の維持を図ることになる．こうした機能をもつ労働組合について，労働組合法（第2条）は次のように定義している．

「労働組合」とは，労働者が主体となって自主的に労働条件の維持改善その他経済的地位の向上を図ることを主たる目的として組織する団体またはその連合体をいう．ただし，下の各項のいずれかに該当するものは，この限りでない．
① 役員，雇入解雇昇進または異動に関して直接の権限を持つ監督的地位にある労働者，使用者の労働関係についての計画と方針とに関する機密の事項に接し，そのために職務上の義務と責任とに直接に抵触する監督的地位にある労働者その他使用者の利益を代表する者の参加を許すもの．いわゆる経営者，使用者の立場にあるものは除外．
② 団体の運営のための経費の支出につき使用者の経理上の援助を受けるもの
③ 共済事業その他福利事業のみを目的とするもの
④ 主として政治運動または社会運動を目的とするもの

(2) **労働組合の組織形態**
① 職業別組合……印刷工，施盤工といった職業あるいは職種を共通にする労働者が結成する労働組合．職業別労働組合は，各個別企業の枠にとらわれず，労働市場を横断的に結成される．労働市場内で各職業・職種別に単一の組合を指向する．また組合員資格は，熟練労働者であることが要求されるのである．イギリスやドイツにおいて見られる労働組合である．
② 産業別組合……自動車，鉄鋼といった産業を共通にする労働者が結成する労働組合．産業別労働組合は，同一産業に従事する労働者が等しく横断的に結成するのであり，熟練・未熟練は問わない．アメリカにおいて見られる労働組合である．
③ 一般組合……職業別あるいは産業別といった組合員資格としての特定の基準を設けず，労働者であればだれでも加入できる．未熟練労働者あるいは未組織労働者にとって加入しやすいといえる．最近日本でも徐々

に増加しつつある組合である．

④ 企業内組合……同一企業の労働者が結成する労働組合であり，職業別，産業別あるいは一般組合といった労働市場に横断的な組合（企業内組合に対して企業外組合）に比べて閉鎖的である．企業の従業員であることが組合員資格に優先するわけであり，企業の倒産，解散は，また組合の解散でもある．企業内組合は，わが国の労働組合の組織形態の中心的形態である．

(3) 団体交渉

　労働者は，自ら代表者を選出して労働条件・生活条件，その他の経済的地位の向上を図ることを目的に，自主的に団結して労働組合を組織する．

　団体交渉は，労働組合が使用者またはその団体と対等の立場に立って，両者の関係を規制する労働条件・生活条件の統一的な基準を設定するために交渉を進める場としてのチャネルである．交渉プロセスにおいて，労使の話し合いが行き詰まり，利害調整が不能となれば，労働組合は，ストライキその他の争議行為を手段として交渉の打開を図ろうとする．

　この意味で争議行為は，労使の交渉における葛藤場面と考えることができるのである．

　団体交渉は，労働組合にとっては，労働条件・生活条件の向上を目的とし，使用者にとっては，業務の正常な運営を図り，労使協調の慣行を形成することを目的とする一つの方法である．団体交渉が妥結したならば，その内容を文書化して労働協約を締結することになる．

2．労働協約

(1) 労働協約の意味

　労働協約とは，労働組合と使用者側との団体交渉を妥結した労働条件，生活条件，その他の事項を文書化したものである．

(2) 労働協約の手続き上の規制
① 労働協約の当事者
　労働者側の当事者は，労働組合という団体自体であり，使用者側の当事者は個々の使用者である．
② 労働協約成立の要件
　労働協約は書面に作成し，両当事者が署名または記名押印しなければならない．
③ 労働協約の期間
　労働協約は3年を超える有効期間の定めをすることはできない．

(3) 労働協約の内容
　労働協約の内容については，労組法上明確に規定されていないが，大略次のような内容領域である．
① 規範的領域
　　1）労働条件に関する条項（賃金，労働時間，休憩，休日，災害補償，安全衛生，退職金）
　　2）人事に関する条項（昇進，異動，賞罰，採用，解雇）
　　3）福利厚生に関する条項（社宅，休養，医療，体育などの施設）
② 債務的領域
　　ショップ制[3]，組合活動，団体交渉，争議に関する条項．
③ 制度的領域
　　労使協議会，苦情処理機関．

3．争議行為と不当労働行為

(1) 争議行為
① 争議行為の法的意義
　日本国憲法第28条は「勤労者の団結する権利及び団体交渉その他の団体行動をする権利は，これを保障する」と規定し，労働三権（団結権，団体交渉権，

第12章　労使関係　347

争議権）を保障している．特に，争議権については，労働組合法で正当な争議行為に関する刑事免責（労組法第1条2号），民事免責（同第8条），使用者の不当労働行為の禁止（同第7条）を規定し，争議権を保障している．
② 争議行為の正当性

争議行為は「同盟罷業，怠業，作業所閉鎖その他労働関係の当事者が，その主張を貫徹することを目的として行う行為及びこれに対抗する行為であって，業務の正常な運営を阻害するものをいう（労働関係調整法第7条）」．こうした争議行為の正当性については労働組合法上は「正当なもの」という抽象的規定にとどまる．したがって，争議行為の正当性は，労使関係上の慣行あるいは社会的通念から構成しなければならぬが，一般的には，その目的の正当性および手段の正当性の二側面から判断される．

③ 争議行為の目的の正当性

労働組合とは「労働者が主体となって自主的に労働条件の維持改善その他経済的地位の向上を図ることを主たる目的として組織する団体またはその連合体（労働組合法第2条）」である．したがって，争議行為の正当性は，まずその争議行為の目的が労働条件の維持改善その他経済的地位の向上を目ざすもの（経済スト）であるか否かで，判断されねばならない．したがって，同情スト，政治ストの正当性については，具体的事実関係にもとづいて判断されねばならない．

④ 争議行為の手段の正当性

争議行為は業務の正常な運営を阻害するための行為であるが，「いかなる場合においても，暴力の行使は，労働組合の正当な行為と解釈されてはならない（労組法第1条2号但書）」．また争議行為は，労働組合の民主的な統一的意思にもとづくものでなければならない．とくに「同盟罷業は，組合員又は組合員の直接無記名投票により選挙された代議員の直接無記名投票の過半数による決定を経なければ開始しないこと（労組法第5条2号8）」とされている．さらには，労働協約の債務的部分である平和義務条項との関連も考慮されねばならない．

労働組合による争議行為の手段としては，同盟罷業（ストライキ），怠業（サボタージュ），事業自主管理その他示威行為など多様な態様があり，具体的事情・事実関係にもとづいて判断されねばならない．他方，使用者による争議行為としては，作業所閉鎖（ロックアウト）がある．この争議行為の正当性は，労働組合の争議行為に対する使用者側の防衛措置と解されている．

(2) 不当労働行為

　労働組合法は使用者による労働三権（団結権・団体交渉権・争議権）の実質的な侵害行為を第7条で具体的に禁止し，労働三権の保障を補強している．労働組合法第7条で禁止されている使用者による不当労働行為の種類は次のとおりである．

① 　不利益取扱（差別取扱）

　労働者が労働組合員であること，労働組合に加入し，もしくはこれを結成しようとしたこと，もしくは労働組合の正当な行為をしたことをもって，その労働者を解雇し，その他，これに対して不利益な取り扱いをすること（1号前段）．

② 　黄犬契約（おうけん）

　労働者が労働組合に加入せず，もしくは労働組合から脱退することを雇用条件とすること（1号後段）．ただしユニオン・ショップ協定を妨げるものではない．これは黄犬契約が明らかに団結権の侵害行為であるのに対して，ユニオン・ショップ協定は労働組合の団結を強化するものだからである．

③ 　団体交渉の拒否

　使用者が雇用する労働者の代表者と団体交渉をすることを正当な理由がなくて拒むこと（2号）．これは明らかに団体交渉権の侵害であり，使用者が誠意をもって団体交渉に当たることを促す規定である．

④ 　支配介入

　労働者が労働組合を結成し，もしくは運営することを支配し，もしくはこれに介入すること（3号前段）．組合結成の妨害，あるいは妨害を目的に御用組合の結成・助長，あるいは運営上の諸種の支配介入は明らかに団結権の侵害と

なる.
⑤　経費援助

　労働組合の運営のための経費の支払いにつき経理上の援助を与えること（3号前段）．労組法第2条で労働組合とは，労働者が主体となって自主的に労働条件の維持改善その他経済的地位の向上を図ることを主たる目的として組織する団体またはその連合体をいうと，労働組合の自主性の要件を規定しており，第2条2号においても経費援助を受けるものを除外している．

⑥　その他，労働者の不当労働行為申立などを理由にした不利益取扱（4号）．

(3)　苦情処理制度

　苦情処理制度は，労働協約の実際上の適用に際し，解釈の不一致あるいは組合員の個別的な苦情・不満を処理する制度である．協約の細部の解釈・適用上の齟齬の調整を，そのつど団体交渉にかけるのは煩雑であり，紛争の種となる．迅速な解決の妨げとなるので，解釈の統一・理解を促進するために，この制度がある．しかしながら，わが国では協約で規定されていてもあまり活用されていない．その理由は，

①　使用者，組合員ともに関心が薄い．
②　労働協約の内容が未整備・抽象的な表現が多いために，職場・個人レベルで問題にすることができない．
③　職場委員・職場長の処理能力・経験・権限がない．
④　要するに仲裁の慣行がなく，苦情・解釈論争が団体交渉に移されてしまう．
⑤　組合員に権利意識が欠けるか，あるいは真剣に取り組む姿勢が乏しい．

(4)　苦情処理制度活用の留意点

それでは苦情処理制度を活かすにはどうするか．
その留意点は，

①　労働協約の内容を職場レベルまでに具体的に規定化する．
②　苦情処理制度については使用者・組合員に周知徹底する．

③ 苦情の申し立て者に対して不利益にならぬようにし，かつ迅速に処理する．
④ 労使ともに誠意をもち公正に処理する．
⑤ 特にわが国の職場長・第一線管理者は，人事労務管理上の権限がなく，処理能力に欠ける．職場長のリーダーシップを確立し，日常の人事労務管理をライン中心の体制にすることが，当面の課題である．

3. 経営参加制度と労使協議

1．経営参加制度

　経営参加制度は，労使協調・経営共同体の理念にもとづいて，従業員あるいは労働組合の経営参加を促進する制度である．その経営参加の形態には，広い意味で資本参加，利益参加および決定参加がある．狭義の経営参加制度は，決定参加の制度を意味する．
　資本参加の制度には，従業員特殊制度，あるいは労使共同出資などの制度がある．
　従業員特殊制度は，従業員の自社株所有を奨励することにより自社の株主として資本参加を促進する制度である．労使一体感を期待するものであり，自社株所有を奨励，促進する方法としては，従業員の自社株購入の便宜を図る方法，従業員と使用者が拠出して基金を設ける方法，あるいは利潤分配を株式で渡す方法等々，各企業の事情に応じて考案されてよい．
　労使共同出資は，たとえば定年退職者の再就職のために別会社を設立したり，また社員サービスの会社を設立する場合に使用者と労働組合が共同出資を行うなどがある．
　労使共同出資は，資本参加，利益参加および決定参加を含む最も広い意味での経営参加制度であるといえる．
　利益参加の制度には，利潤分配制，成果配分制などの制度がある．

利潤分配制は，利潤の動きにスライドする利潤の一定部分を原資にして分配する労使協定である．それは一定期間の開始前に協定されていなければならず，賞与とは明瞭に区別されねばならない．また適用対象も，従業員の多数を適用範囲とするものであり，一部の幹部を対象とするようなものではない．

　成果配分制の代表例としてはラッカー・プランがある．これは従業員に対する報酬を付加価値生産性にリンクして支払う制度である．これと同じリンク方式としてスキャンロン・プランがある．その特徴は売上収益にリンクすることである．いずれにしろ，経営成果である付加価値に対する統計的あるいは過去の実績を踏えて算定した労働分配率にもとづいて配分する制度である．

　決定参加の制度は，従業員代表あるいは労働組合の経営意思決定への参加を図る制度であるが，その参加の程度は懇談・諮問，協議，共同決定といったレベルが考えられる．

　労使懇談会は決定あるいは結論を求める場ではなく，労使の意見交流を進め良好な人間関係を形成することが目的である．諮問は，従業員全体に関係する経営上の問題について，従業員の代表あるいは委員会に意見を聴取することにより，従業員の理解とコンセンサスを得ようとするものである．懇談・諮問のレベルを経営参加制度としてとらえるか否かは，その運用の実態次第といえよう．

　共同決定は，労使対等の決定権と責任をもつ経営参加制度である．共同決定は，日本ではあまり実例は見られないが，経営参加制度として，労使ともにいかに取り組むべきか今後の基本課題といえる．

2．労使協議

(1) 労使協議と団体交渉の意義

　労使協議と団体交渉の意義を理解するためには，「労使関係の二元性」を理論的基礎として，両者の相互補完関係について理解しなければならない．

　経営の管理過程では，労使は組織のマネジメントを担う管理職と直接仕事

を遂行する作業職としてそれぞれの役割を果たす協働的な職能関係にある．他方，経営結果の評価の場面では，労使は労働力の売り手と買い手という競合的な取引関係になる．この経営における労使関係の職能関係と取引関係が「労使関係の二元性」である．

労使協議とは，労使関係の協働的な職能関係においては協力的な人間関係を形成する制度である．団体交渉は，労使間の利害対立を伴う取引関係をより公正に調整することをめざした制度である．

日本の労働組合はこの「二元性」が合理的に機能することにより労使関係が安定し，企業と労働組合の安定的な共存関係が維持できたものと評価できる．

(2) **労使協議の基本的性格**

労使協議は，法的な規定にもとづく制度ではなく任意の制度である．したがって実際の制度については，その性格も多様であるが，統一的な基本型とされる労使協議の一般的性格は，「労使が職能上の対等な立場を前提に，生産性の向上の諸問題を協議事項にして，その意思決定に労働者が参加する任意の経営参加制度」である．こうした労使協議の基本的性格に対して，団体交渉は憲法28条の労働基本権（団結権・団体交渉権・争議権）と，具体的には労働組合法に規定された法定の制度である．

すなわち団体交渉は，労働者の基本権にもとづくものであり，使用者は正当な理由がなければ，拒否することは不当労働行為として禁止される．団体交渉事項は，使用者が応ずれば経営上のすべての問題が対象になる．しかし，一般的には労働条件（賃金・労働時間・休日・安全衛生），その他生活条件に関する事項に限定される．

このように労使協議制は，生産性の向上の諸問題を協議事項にする任意の経営参加制度である．これに対して，団体交渉は労働条件あるいは生活条件の向上といった成果配分上の諸問題を交渉事項にする法定の経営参加制度である．

以下に，基本型である労使協議を中心にその具体的性格については次の3

点をあげることができる．
① 労使協議はあくまで職能的な対等の立場にもとづく協議である

　労使は対等の立場に立つが，あくまで職能的な対等の立場を意味するのである．使用者の職能的責任は経営管理責任であるから，協議の最終的な決定権はあくまで使用者に留保されるのであり，労働者に最終的決定権を認める性質のものではない．

　労使協議は共同決定ではなく，使用者に最終的決定とその責任が問われ，労働者に対しては問われない．ただし使用者に最終的決定権が留保されるからといって，それは専断的な決定権ではなく，労働者に拒否権が留保される．

　これに対して，団体交渉は労働者の労働基本権にもとづく制度であり，使用者の交渉拒否は認められず，団体交渉は共同決定であり，交渉によって決定不能が生じれば争議へと移行することになる．

② 労使協議は生産性の向上の諸問題が協議事項である

　団体交渉は労働条件・生活条件の向上の諸問題が交渉事項となる．このように取り上げるべき問題領域の区別をすることが必要であるが，重要なことは問題領域の規定ではなく，その問題の取り上げ方である．労使協議は問題としては生産性をいかに向上させるかといったあくまで成果増大の問題として取り上げ，団体交渉では達成した成果をどのように分配するか，成果配分の問題として取り上げるのである．

③ 労使協議の当事者は使用者と労働者の代表である

　労働者の代表は任意であり，必ずしも労働組合であることを必要としない．しかし，わが国の労働組合は企業別組合であるため，労働組合が労使協議の当事者になるケースが多いが，労働組合がなくとも労使協議は制度として成立する．これに対して団体交渉の当事者は，使用者と協約能力を持つ労働組合であり，労働者個人ではない．

(3) **労使協議の実際的性格**

　労使協議は，団体交渉との相互補完の関係で考えられるべきものである．

図表12-1 労働組合の組織率

年	労働組合数 注1)	労働組合員数 注1) 人	対前年比 組合数 %	対前年比 組合員数 %	推定組織率 注2) %
1970（昭45）	60,954	11,604,770	3.6	3.2	35.4
1975（昭50）	69,333	12,590,400	2.2	1.0	34.4
1980（昭55）	72,693	12,369,262	1.3	0.5	30.8
1985（昭60）	74,499	12,417,527	-0.1	-0.4	28.9
1990（平02）	72,202	12,264,509	-0.6	0.3	25.2
1995（平07）	70,839	12,613,582	-1.2	-0.7	23.8
2000（平12）	68,737	11,538,557	-0.9	-2.4	21.5
2001（平13）	67,706	11,212,108	-1.5	-2.8	20.7
2002（平14）	65,642	10,800,608	-3.0	-3.7	20.2
2003（平15）	63,955	10,437,123	-2.6	-2.5	19.6
2004（平16）	62,805	10,309,000			19.2

(注) 1) 労働組合数は単位労働組合，労働組合員数は単一労働組合を集計したものである．単位労働組合とは，単位組織組合（下部組織をもたない組合）と単一組織組合（下部組織をもつ組合）の最下部組織である単位扱組合とをそれぞれ1組合として集計したものである．単一労働組合とは，単位組織組合と単一組織組合の本部をそれぞれ1組合として集計したものである．
2) 組合員数を雇用者数（総務庁統計局「労働力調査」各年6月分）で除し100を乗じて算出したものである．
3)「労働組合数，労働組合員数及び推定組織率の推移」より作表

出典：厚生労働省「労働組合基礎調査」（各年6月30日現在）

しかし，それは労働組合の有無にかかわらず任意の制度として実施できるため，その実際的性格は多様である．それをすでに述べた基本型と比べて類型化すると，懇談型とか，団体交渉代用型など実に多様な型が存在する．

いずれにしても，労働協議が事前の根回しや労使の合意形成に大きな役割を担うことには違いない．

4. 今後の課題

労使関係はいわゆる狭義の労務管理の分野として人事労務管理の発展過程でこれまで重要な役割を担ってきた．

とりわけ日本の労使関係は特殊のものであること，つまり企業ないしは企業内労働組合という組織形態については現在多くの議論がある．しかし今日，日本的人事労務管理の「三種の神器」は大きく変貌しようとしているなかで，この「企業別組合」についてはまだ大きく変化する状況ではない．

近年労働組合の組織率がしだいに低下してきており，20％を割り込んでいる．（図表12-1）これは産業構造の変化に伴って，労働市場が大きく変化してきていることや，労働者の意識の変化等によりいわゆる「二重の忠誠[4]」といった日本人の労働組合観がゆらぎつつあることに起因していると考える．むしろ，最近では労使関係で悩んでいる欧米諸国の経営者からは注目されはじめている．

日本の労使関係における今後の大きな課題は欧米的な経営意思決定プロセスに労働者の集団や組織をどのように参加させるか，また事業展開や経営活動に対していかに協働していくかであろう．

注
(1) アメリカの会計士．アラン・ラッカーにより提唱されたもの．付加価値額を基準にして賃金総額を決定する生産性成果配分方式．
(2) アメリカのジョセス・スキャンロンによって提唱されたもの．労働者の努力で生産性が向上し，人件費コストが節約された場合，その節約分を生産奨励金として労働者に分配しようとする成果配分方式．
(3) ショップ制：労働組合員資格と従業員資格の範囲や関係を定めるもので，たとえば従業員は労働組合員にならなければならず，組合からの脱退もしくは除名の場合は解雇するというのがユニオン・ショップ制である．
(4) 「二重の忠誠」

まとめ

労使関係管理の発展過程は労務管理の生成発展過程そのものであり，また，この過程が人事労務管理の近代化の過程であるといえよう．労使関係はあくまでも集団労働関係を担うマネジメント分野である．したがってその内容は価値が対立する労働条件についての交渉場面に関する諸制度，手続きである．日本における労使関係管理は今後さらに大きく変化していくことが予想される．

本章のキーワード

企業別（内）労働組合　　　労働協約
産業民主主義論　　　　　　不当労働行為
労使関係の「二元性」　　　苦情処理制度
経営参加制度　　　　　　　労使協議

■ 研究課題

本章を熟読の上，以下の設問に答えなさい．

問題　1　日本の労使関係の特徴について，あなたが最も顕著であると思われる事柄を中心に説明しなさい．

問題　2　次の言葉を簡潔に説明しなさい．
　　　　　① 企業別組合　② 団体交渉　③ 経営参加制度
　　　　　④ 労働協約　⑤ 苦情処理制度

問題　3　近年の労働組合の組織率低下傾向についてあなたの見解を述べなさい．

■ 力だめし

さらなる研究のために，以下の問題に挑戦しなさい．

問題　1　今日の企業環境下にあって，労働組合の役割・使命についてあなたはどのように考えるか，所説を述べなさい．

問題　2　日本の労使関係の特徴について，外国の具体例を取り上げつつ比較論評を試みなさい．

参考文献

　本書で充分にふれてない事柄や省略している事項，さらにもう少し異なった説明も参考にしてほしいと思う．以下に紹介する文献は，このような意味から選定したものである．

A．人的資源管理論
1. 高橋　俊介『ヒューマン・リソース・マネジメント』ダイヤモンド社，2004年
2. 高木　晴夫『人的資源マネジメント戦略』有斐閣，2004年
3. 佐護　譽『人的資源管理概論』文眞堂，2004年
4. 岩出　博『戦略的人的資源管理論の実相』泉文堂，2002年
5. 花岡　正夫『人的資源管理論』白桃書房，2001年
6. 梶原　豊『人的資源管理論』同友館，2001年
7. 二神　恭一『企業と人材・人的資源管理』八千代出版，2000年
8. 平野　文彦（編著）『人的資源管理論』税務経理協会，2000年
9. E．マッケナ・N．ビーチ（伊藤・田中監訳）『ヒューマン・リソース・マネジメント』税務経理協会，2000年
10. 島　弘（編著）『人的資源管理論』ミネルヴァ書房，2000年
11. 野呂　一郎『HRMとは何か』多賀出版，1998年
12. 西川　清之『人的資源管理入門』学文社，1997年
13. 中井　節雄『人的資源開発管理論』同友館，1995年

B．人事労務管理論
1. 廣石　忠司『ゼミナール人事労務』八千代出版，2005年
2. 鈴木　滋『エッセンス人事労務管理』税務経理協会，2002年
3. 今野浩一郎・佐藤博樹『人事管理入門』日本経済新聞社，2002年
4. 竹内　一夫『基礎コース人事労務管理』サイエンス社，2001年
5. 佐藤弘樹・藤村博之・八代充史『マテリアル人事労務管理』有斐閣，2000年
6. 森五郎監修・岩出博『新版LECTURE 人事労務管理』泉文堂，2000年
7. 佐藤博樹・藤村博之・八代充史『新しい人事労務管理』有斐閣アルマ，1999年
8. 岩出　博『これからの人事労務管理』泉文堂，1998年
9. 森　五郎（編著）『現代日本の人事労務管理』有斐閣，1995年
10. 津田　真澂『新・人事労務管理』有斐閣，1995年
11. 津田　真澂『人事労務管理』ミネルヴァ書房，1993年

C．労務管理論
1. 島袋　嘉昌『新労務原論』中央経済社，1996年

2. 山下　昌美『現代労務管理の再構築』白桃書房，1994年
3. 関口　功『労務管理論』（三訂版）同友館，1993年
4. 長谷川　廣『現代の労務管理』中央経済社，1989年
5. 森　五郎（編）『労務管理論』（新版）有斐閣，1989年
6. 森　五郎『新訂労務管理論』泉文堂，1969年

D．課題的なもの
 1. 金井　寿宏他『会社の元気は人事がつくる』日本経団連出版，2002年
 2. 樋口　美雄『人事経済学』生産性出版，2001年
 3. 日経連能力主義管理研究会『能力主義管理（新装版）』日経連出版部，2001年
 4. 渡辺　峻『人的資源の組織と管理』中央経済社，2000年
 5. 大橋　靖雄『人的資源の組織戦略』中央経済社，2000年
 6. 笹島　芳雄『キーワードで読む人事・労務管理の潮流』労働法令協会，2000年
 7. 原田・安井・黒田（編著）『新・日本的経営と労務管理』ミネルヴァ書房，2000年
 8. 藤本　雅彦『人事管理の戦略的構築』税務経理協会，1999年
 9. 遠藤　公嗣『日本の人事査定』ミネルヴァ書房，1999年
10. エドワードP・ラジアー（樋口・清家訳）『人事と組織の経済学』日本経済新聞社，1998年
11. 八代　尚宏『人事部はもういらない』講談社，1998年
12. 小野　旭『変化する日本的雇用慣行』日本労働研究機構，1997年
13. 八代　尚宏『日本的雇用慣行の経済学』日本経済新聞社，1997年
14. 奥林　康司（編著）『変革期の人的資源管理』中央経済社，1995年
15. 猪木武徳・樋口美雄『日本の雇用システムと労働市場』日本経済新聞社，1995年
16. 小池　和男『日本の雇用システム』東洋経済新報社，1994年
17. 高梨　昌『変わる日本型雇用』日本経済新聞社，1994年
18. 法政大学大原社会問題研究所（編著）『労働の人間化の新展開』総合労働研究所，1993年
19. 奥林康司・吉田和夫『現代の労務管理』ミネルヴァ書房，1991年
20. 菊野一雄・平野武久『雇用管理の新ビジョン』中央経済社，1989年
21. 間　宏『日本経営の系譜』文眞堂，1989年
22. 津田　真澂『経営戦略と基盤人事』日経連弘報部，1987年
23. 伊丹　敬之『人本主義』筑摩書房，1987年
24. 津田　真澂『人事管理の現代的課題』税務経理協会，1981年
25. 岩田　龍子『日本的経営の編成原理』文眞堂，1977年
26. ゲーリーS・ベッカー（佐野陽子訳）『人的資本』東洋経済新報社，1976年

索 引

あ 行

安全衛生　321
一時帰休　128
インターンシップ　102
インフォーマルグループ　39
インフォーマル組織　41
Well-beingのための四原則　57
衛生管理　322
SCQ　147
SD　168
STP　150
SPI　102
X－Y理論　47
MTP　144
エントリーシート　102
黄犬契約　349
OJT　151, 168
OJT計画表　216
Off-JT　168

か 行

階層別教育　144
科学的管理　30
課業　32
学習企業　19
学習社会　134
感情　39
管理者の「技法」　41
危機的状況　43
企業内教育　134
企業内福祉　315
企業年金　320
企業別労働組合　10

基本給　282
キャリア・ゴール　156
キャリア・ディベロップメント・プログラム　108
キャリア・デザイン　156
キャリア・パス　188
キャリア・パターン　188
キャリア・フィールド　188
キャリア・プラン　156
キャリア目標　182
休憩時間　259
QC手法　148
休日　260
教育訓練　132
業績考課　228, 236
協働精神　35
苦情処理制度　342
クレイトン法　34
経営家族主義　9
経営参加制度　344
経営参加論　341
ゲゼルシャフト　9
ゲマインシャフト　9
健康増進法　336
コア・タイム　265
貢献出来る「能力」　63
貢献度　234
公式組織　39
拘束時間　259
拘束労働時間　259
交替勤務制　265
交替制労働　262
行動規範　39
子飼制度　13

雇用管理　　5, 74
　──の方針　　75
雇用調整　　127
コンピテンシー・マネジメント　　292

さ　行

在宅勤務制　　269
最低賃金　　286
才能　　62
裁量労働　　267
作業環境条件　　330
作業環境測定士　　331
作業環境測定法　　331
査定昇給　　289
サテライト・オフィス　　269
サーブリッグ　　33
サマータイム　　275
産業合理化　　17
産業別組合　　345
産業民主主義論　　341
三種の神器　　10
GHQ　　144
GHQ 労働諮問団　　18
GM 社ローズタウン工場　　57
CCS 講座　　145
CDP　　155
JST　　19, 147
自己啓発援助制度　　187
自己申告制度　　122, 155, 187
システム 4 理論　　47
事前評価　　114
悉皆教育　　12
執務態度考課　　228
自動昇給　　289
事務所衛生基準規則　　322
社会−技術システム論　　5860
社会的能力　　40

社内公募制　　111
社内試験制度導入　　116
社内持株制度　　320
週休 2 日制　　263
従業員関係管理　　5
従業員特殊制度　　351
終身雇用制度　　10
集団討論　　103
集団面接　　103
出向　　128
春闘　　290
春闘方式　　19
生涯学習　　135
生涯教育　　132
生涯設計援助制度　　154
昇給基準線　　288
昇給　　288
賞与　　282, 305
職業能力開発促進法　　138
職業病　　322
職業別組合　　345
職能給体系　　284, 299
職能資格制度　　19, 83, 89, 211
職能等級基準　　90
職能要件　　90
職能　　32
職場開発　　191
職場環境　　329
職場ぐるみ　　206
職場診断　　192, 196
職場内教育　　204
職務拡大　　58, 61
職務給体系　　284
職務再設計　　61
職務充実　　61
職務設計論　　60
職務評価　　304

職務分析　304
職歴開発制度　154
ショップ制　347
ジョブ・ローテーション　108, 174
人材開発　132
人材開発システム　157
人材目録　186
人事異動　109
人事院　18
人事記録　121
人事情報システム　184
人事トータル・システム　83
人事評価　224
人事労務管理の性格　4
人事労務管理の目標　4
人事労務管理　2, 30
スキルズ・インベントリー　121
成果配分制　352
生産管理　30
生産性基準原理　19, 290
絶対評価　234, 238
ZD　151
センシティビティ・トレーニング　151
先任権　42
争議行為　348
相対評価　238
組織開発　153, 191
組織率　340
卒業方式　111
SOHO　270

た 行

退職金　282
退職面接　123
大統領科学諮問委員会　43
態度　39
タテ型社会　9

タビストック人間関係研究所　58
多面的評価　114
単一職務給　301
単純出来高制　31
団体交渉　341
チームワーク　41
チャレンジ・システム　111
調整　35
賃上げ　288
賃金管理　282
賃金曲線　289
賃金形態　284, 291
賃金水準　284
賃金制度　284
賃金総額　286
賃金体系　284
ツインホリデー　275
定期異動　110
TWI　144
定年制度　126
テイラー　31
適正人件費　80
手待時間　259
伝習工　14
動機づけ－衛生理論　46
同盟罷業　349
友子同盟　14

な 行

仲間集団　39
成行管理　30
二重忠誠　343
人間化工場　59
人間化プログラム　57
年功給体系　284, 298
年功序列制度　10
年俸制　307

能率向上の3S　33
能力　62
能力考課　228, 234
能力主義宣言　19

　　は　行

配置転換　128
範囲職務給　302
PST　150
非公式組織　39
ビジネス・キャリア制度　138
ヒューマン・アセスメント　156
ヒューマン・アセスメント・システム
　　114
標準　32
評定者訓練　252
フィード・バック　241
「複線型」人事システム　116
福利厚生　314
福利厚生費　282
不当労働行為　349
フーラスティエ　273
フレックス・タイム制　265
ベース・アップ　288
ヘリック・マコビー　55
変形労働時間制　260
法定外福利　315
法定年次有給休暇　261
法定福利　315

　　ま　行

マーケット・バスケット　287
マネジリアル・グリッド理論　47
未成熟－成熟モデル　46
みなし労働時間　267

面接評定表　106
目標管理制度　187, 211
目標による管理　19
問題解決能力　63

　　や　行

欲求5段階説（欲求階層説）　45

　　ら　行

ライン管理者　41
ライン人事管理　41
ラングラン　134
利益分配制度　30
リカレント教育　135
陸軍人事委員会　34
利潤分配制　352
リーダーシップ　40
稟議制度　9
ルール　39
労使関係管理　6, 340
労使協議制　342
労使共同出資　351
労使懇談会　352
労働安全衛生法　322
労働災害　321
労働三権　347
労働の対価　283
労働の人間化　46, 54
　　――を推進する基本方針　57
労働分配率　80, 284
労働保護立法　15
労務管理　2, 30

　　わ　行

割増賃金制度　31

著者紹介

村上良三 （むらかみ　りょうぞう）
1938年　愛媛県生まれ
1961年　法政大学社会学部　卒業
1968年　法政大学大学院社会科学研究科修士課程修了
　　　　産業能率短期大学入職　短大講師，研究所主任研究員
　　　　産能大学　経営情報学部教授，学部長を経て　現在青森中央学院大学経営法学部，同大学院地域マネジメント研究科教授

〔主要著書〕
『経営社会の人間行動』（共訳，ダイヤモンド社，1971年）
『動機づけの技術』（共訳，産能短期大学出版部，1973年）
『労務管理の要点』（共著，評言社，1979年）
『職務分析の日本的展開』（東京布井出版，1981年）
『人事考課ハンドブック』（法令総合出版，1987年）
『人材活用フォーマット』（共著，法令総合出版，1989年）
『人材開発』（産能大学，1996年）
『人事労務管理』（産能大学，1996年）
『人事情報システム』（産能大学，1997年）
『経営教育論』（共著，学文社，2000年）
『人的資源管理論』（共著，税務経理協会，2000年）
『キャリア・ガイダンスとカウンセリング』（共訳，同友舘，2004年）

人事マネジメントの理論と実践

2005年8月10日　第一版第一刷発行

著　者　村　上　良　三
発行者　田　中　千津子
発行所　㈱　学　文　社

〒153-0064　東京都目黒区下目黒3-6-1
電話（03）3715-1501（代表）　振替　00130-9-98842
http://www.gakubunsha.com

乱丁・落丁は，本社にてお取替え致します。　印刷／新灯印刷
定価は，カバー，売上カードに表示してあります。　〈検印省略〉

ISBN4-7620-1442-7